1 MONTH OF
FREE
READING

at
www.ForgottenBooks.com

By purchasing this book you are eligible for one month membership to ForgottenBooks.com, giving you unlimited access to our entire collection of over 1,000,000 titles via our web site and mobile apps.

To claim your free month visit:
www.forgottenbooks.com/free1008324

ISBN 978-0-332-23452-6
PIBN 11008324

MÉMOIRES

ET

VOYAGES.

—

TOME Ier.

LE NORMANT FILS, IMPRIMEUR DU ROI,

RUE DE SEINE, N° 8, F S C.

MÉMOIRES

ET VOYAGES,

LETTRES ÉCRITES A DIVERSES ÉPOQUES,

PENDANT DES COURSES

EN SUISSE, EN CALABRE, EN ANGLETERRE, ET EN ÉCOSSE.

Par M. de Custine,

DEUXIÈME ÉDITION.

PARIS.

ALEX. VEZARD, LIBRAIRE-ÉDITEUR, PASSAGE CHOISEUL, N° 46.
LE NORMANT PÈRE, RUE DE SEINE, N° 8.

1850.

On a pensé que ces fragmens de plusieurs voyages écrits par la même personne, à des époques très-éloignées, acquerraient un degré d'intérêt de plus, en paraissant ensemble. Il peut sembler curieux de comparer diverses parties de l'Europe entre elles à de grands intervalles, et de suivre en même temps la marche d'un esprit, en confrontant le voyageur avec lui-même. Un homme indépendant, s'il est toujours sincère, attachera le lecteur, quelle que soit la diversité de leurs opinions, surtout aujourd'hui où si peu de gens sont réellement de leur avis. Un voyageur qui craint de mentir plus que de se contredire, a toujours une espèce de droit à l'attention des autres, pourvu qu'il joigne à cette bonne foi trop rare quelque talent pour décrire les objets extérieurs,

1.   1

Oɴ a pensé que ces fragmens de plusieurs voyages écrits par la même personne, à des époques très-éloignées, acquerraient un degré d'intérêt de plus, en paraissant ensemble. Il peut sembler curieux de comparer diverses parties de l'Europe entre elles à de grands intervalles, et de suivre en même temps la marche d'un esprit, en confrontant le voyageur avec lui-même. Un homme indépendant, s'il est toujours sincère, attachera le lecteur, quelle que soit la diversité de leurs opinions, surtout aujourd'hui où si peu de gens sont réellement de leur avis. Un voyageur qui craint de mentir plus que de se contredire, a toujours une espèce de droit à l'attention des autres, pourvu qu'il joigne à cette bonne foi trop rare quelque talent pour décrire les objets extérieurs,

I.   1

et pour analyser ses propres sensations! En nous remettant le soin de publier ces souvenirs, l'auteur n'a pu répondre que de ses intentions; c'est au public à décider si elles ont été remplies. Il n'est pas nécessaire de dire que les lettres sur la Suisse et l'Italie ont été écrites dans son extrême jeunesse. On y verra une ame agitée par l'espoir de l'enthousiasme, plus que par sa présence, et qui aspire aux émotions de la sensibilité avant de les connaître! Peut-être s'intéressera-t-on à l'inexpérience d'un esprit aussi étonné de lui-même, que du monde, et s'amusera-t-on du voyageur autant que du voyage. On trouvera le tableau du pays fort incomplet; mais la représentation vivante et dramatique d'une course rapide dans une contrée aussi peu connue que les Calabres, pourra plaire à ceux qui aiment mieux s'amuser que s'instruire. Cette partie du livre n'est pas une description méthodique de l'Italie; c'est la lithographie d'un voyage. Un vif sentiment des beautés de la nature, faculté assez rare parmi les Français, donne à tout l'ouvrage une teinte d'originalité qui quelquefois peut suppléer à l'importance des sujets. Le romanesque des idées, le cadre bizarre du récit, l'exaltation du style provoqueront des critiques, mais aujourd'hui en France, il y a si peu de jeunesse, même dans les enfans, que les défauts naturels à l'âge de l'ignorance y sont devenus presque des exceptions. Exprimer ce que tout le monde aurait dû sentir, est maintenant un moyen d'originalité, tant la marche de la nature est contrariée chez nous par des vanités sociales! Ce genre de distinction fera, nous l'espérons, pardonner à l'auteur les écarts et les abus de son imagination; et, si l'on reproche à ces fragmens d'avoir tout le décousu de la vérité, on se félicitera du moins de n'y pas trouver l'insipide artifice de l'écrivain. Ce n'est point un livre, ce sont des confidences publiées. Mais au point de dégoût littéraire où nous sommes parvenus, on ne lit plus que ce qui n'a pas été écrit pour être lu; il n'y a de succès assuré qu'aux productions qui ne suivent pas leur destination naturelle, et sitôt que le lecteur pense que l'écrivain s'adresse à lui, il devient hostile ou défiant. Dans ce siècle de déception et de clairvoyance, la publication volontaire suffit pour décréditer un livre. Celui-ci se recommande aujourd'hui par ce qu'on lui aurait reproché jadis.

Le voyageur échappera plus difficilement aux critiques que lui attireront ses jugemens sur l'Angleterre. Contraires aux opinions reçues, ils choqueront d'autant plus le grand nombre des lecteurs qu'ils sont formés dans un âge plus mûr; la malveillance, ce moyen infaillible de succès dans la conversation, manque souvent son but dans les livres, où l'enthousiasme sert, mieux que la causticité, le talent de l'auteur. Mais si, dans les lettres

sur l'Angleterre, on voit beaucoup de mauvaise hu-
meur, on n'y reconnaîtra jamais de mauvaise inten-
tion. Ce qui y domine, c'est la disposition chagrine
d'un esprit qui a perdu plus qu'il n'a gagné à ac-
quérir l'expérience des hommes et des choses. Trop
souvent, chez les gens à imagination, les préjugés
succèdent aux illusions ! mais, puisqu'il faut dire
son secret, l'auteur de ces esquisses tenait moins à
être approuvé qu'à être lu. Dès long-temps habitué
aux inconvéniens de son imagination, il était trop
juste pour ne pas se soumettre lui-même aux pré-
ventions des autres ; et, pourvu que ses détracteurs
l'eussent suivi jusqu'au bout, il se serait résigné à
toute leur sévérité.

Journal adressé à l'ami que j'aurai [1].

Bâle, ce 29 mai 1811.

Je viens à vous, mon ami ; Sara ne me donne aucun moyen de lui écrire, elle m'abandonne ! Vous seul me restez, vous répondez à mon imagination, car vous n'existez encore qu'en elle ! Si le ciel exauçait mes vœux, vous seriez avec moi et je n'aurais plus besoin d'écrire, puisqu'il suffirait à mon cœur d'être entendu d'un seul cœur.

Nous sommes arrivés ici depuis deux jours.

---

[1] Il eût été facile de retrancher ce titre enfantin, de même que de mettre un peu d'ordre dans les parties les plus irrégulières des souvenirs que nous publions ; mais alors on aurait composé un ouvrage, et nui à la vérité, qui fait le principal mérite de ces fragmens. D'ailleurs, il semble que l'art de défaire des livres soit plus analogue au goût du jour que celui d'en faire.
(*Note de l'Editeur.*)

Jamais je n'ai été moins disposé à sentir les beautés de la nature. La route de Paris à Bâle, par Troyes, Langres et Vesoul, traverse le pays le plus triste qu'on puisse se figurer. D'immenses plaines qui paraissent incultes tant elles sont nues, des coteaux arides, des vallées désertes, plutôt que sauvages, tels sont les tableaux qui nous ont récréé la vue pendant cent lieues. Nous n'avons cessé de répéter quatre jours de suite : le vilain pays que le centre de la France!!.... Un si triste spectacle avait émoussé en moi la faculté de voir; et en posant le pied sur ce sol de la Suisse, que j'ai si long-temps regardé comme la terre promise, je n'éprouvai pas l'émotion à laquelle j'aurais dû m'attendre. La position de l'auberge des Trois Rois est agréable, nos fenêtres donnent sur le Rhin, dont le rapide courant et les détours produisent un bel effet. Hier nous n'avons rien vu qu'un salon ennuyeux, dont une lettre de recommandation nous avait procuré l'entrée; mais j'y ai été frappé de la modestie patriotique d'un des premiers magistrats de la ville. Je m'écriai en apercevant une très-belle gravure, représentant le Mont-Blanc : quelle

prodigieuse montagne ! Et le maître de la
maison de me répondre avec cet inimitable
accent suisse, que je recommande à votre mé-
moire, si vous l'avez entendu une seule fois :
*Oui ; pour un petit pays comme la Suisse, elle
est assez élevée.* Convenez que ce mot suffit
pour faire aimer un homme et un pays !......
Aujourd'hui nous avons parcouru la ville. La
Bibliothèque est riche en tableaux d'Hol-
bein, qui a rendu à merveille plusieurs des
sujets de la Passion. On nous a montré les
dessins de sa fameuse Danse des Morts ; c'est
tout ce qu'il en reste aujourd'hui. Je ne crois
pas qu'il soit possible de porter plus loin
qu'Holbein ne l'a fait dans cet ouvrage, la
hardiesse des pensées et le désordre de l'ima-
gination. On y reconnaît à travers beaucoup
de bizarrerie, un noble sentiment de mépris
pour la vie ; cette teinte d'ironie est pour le
génie le complément de la supériorité, comme
elle est le sceau de la médiocrité dans les es-
prits ordinaires. Je n'ai jamais pu voir le dé-
goût de l'existence fortement exprimé, sans
me sentir tenté d'aller tout de suite exposer
la mienne. Rien n'élève l'homme comme le
dédain du plus grand don qu'il ait reçu !

Nous avons fait ce soir au jardin d'Arlesheim un goûté parfait, avec les meilleures gens du monde. Il est impossible d'être plus obligeans pour leurs hôtes, que ne le sont les Bâlois. Leur manière franche et cordiale fait bien voir l'inutilité de l'esprit dans le commerce de la vie. Je ne veux pas dire par là qu'ils n'aient que de la bonté, mais leur bienveillance plaît tant dès l'abord, qu'elle ne permet pas de désirer autre chose; on voit ce qu'ils pensent, et l'on trouve inutile d'écouter ce qu'ils disent : de là vient que leur accent ne me choque plus. Moi, je vous choque par l'impertinence de mes éloges : on n'est pas Français pour rien!.....

Nous partons demain pour Schaffouse et Constance.

Lauffenbourg, ce 3o mai.

Rien de ravissant comme le pays que nous venons de traverser. Le Rhin, qu'on quitte par momens pour le revoir sous des aspects toujours nouveaux, prête un grand charme à toute cette contrée. Je n'ai pas encore vu les parties les plus fameuses de la Suisse, je ne puis donc faire de comparaison ; mais où trouver un fleuve aussi majestueux que le Rhin! La position du village de Reni, près de Sekingen m'a paru pittoresque. Placé à mi-côte, il domine le fleuve et toute la vallée ; on aperçoit devant soi la petite forteresse de Sekingen, une des villes forestières ; elle produit dans le paysage un effet agréable. Cependant j'aime encore mieux Lauffenbourg. Le Rhin s'y précipite entre des rochers avec une violence extraordinaire. Vue du pont, cette espèce de cascade, ou plutôt de *rapide*, ne produit pas beaucoup d'effet; mais en suivant un sentier pratiqué le long du fleuve, sur les rochers qui forment son lit, on s'approche du courant, et l'on est étonné de son impétuosité : on se demande comment on n'avait pas été frappé d'abord d'un spectacle si digne d'attention. Au-delà du sentier, j'ai grimpé sur un rocher difficile à gravir; à son sommet je me suis trouvé dans des lisières de prés suspendus au-dessus des précipices. De ces hauteurs la vue plonge sur le fleuve qui paraît couler au fond d'un abîme. D'un côté on aperçoit la ville de Lauffenbourg, avec son pont sur le Rhin, et de l'autre la riche vallée qui se prolonge vers Bâle. On est étonné de retrouver coulant doucement au milieu de prairies semées de bouquets d'arbres, cette même eau qu'on vient de voir se briser en poussière sur des rochers. La végétation est belle dans cette vallée, et j'y ai remarqué des forêts de pins d'un grand effet. Je suis ravi de tout! Vous trouverez mes éloges insipides; mais songez, mon ami, à la joie que me cause la vue d'une belle nature !!... Contempler des sites nouveaux est le plus grand plaisir que je connaisse, et jusqu'ici la pas-

sion des voyages a été dominante en moi!....
Peut-être qu'après avoir parcouru les plus fameuses contrées des Alpes, je rayerai les superlatifs dont je viens de vous fatiguer, et qui m'ôteraient alors les moyens d'exprimer une admiration mieux méritée. Mais je me fais une loi de vous dire toujours ce que je sens; je veux être vrai au risque de vous paraître monotone. D'ailleurs qui sait si je serai jamais assez heureux pour pouvoir vous ennuyer de la lecture de ce journal! Où êtes-vous maintenant? êtes-vous seulement au monde? et moi, quel rêveur je suis! la vie est un ennuyeux mystère. N'a-t-il pas fallu de l'adresse au sort pour nous paraître à la fois mystérieux et ennuyeux?

J'avais renoncé à écrire. La paresse, le dégoût m'avaient vaincu. Je désespérais de pouvoir vous donner l'idée des lieux, et même celle de mes impressions. Depuis huit jours nous avons vu la cascade de Schaffouse, le lac de Constance avec l'île de Meinau, le canton d'Appenzell, Zurich, etc. etc. Mais la tristesse de mon âme avait jeté un voile sur tous ces objets; comment peindre ce qu'on voit mal? Aujourd'hui je romps le silence malgré moi. Une promenade sur le lac m'a causé des émotions si profondes, que je me croirais coupable de ne pas vous les raconter! Sara, que n'étiez-vous près de moi! Plus j'avais de joie, plus j'avais de regrets. Que le plaisir est cruel lorsqu'il fait vibrer les cordes de la douleur!

Nous sommes sortis de l'auberge à sept

heures du soir. Une barque, toute pavoisée et peinte de couleurs brillantes, nous attendait sur le port. Quatre rameurs, élégamment habillés, étaient placés au milieu de cette barque ; vers la poupe s'élevait un pavillon en forme de tente où l'on nous fit asseoir ; à l'autre extrémité on avait placé des musiciens. Nous sortons de Zurich au bruit des fanfares et des chants d'allégresse ; bientôt chaque coup de rame nous fait découvrir de nouveaux points de vue, toujours plus magnifiques à mesure qu'on avance : d'abord ce sont les tours et les différens édifices de la ville, illuminés par le soleil du soir, puis des coteaux couverts de vignobles, de bouquets d'arbres, de maisons. Plus loin on voit des forêts de pins, des villages, des prairies ; en avançant encore davantage, on découvre une vaste étendue d'eau ; la vue s'enfonce dans le golfe de Richtershwyl, et l'on aperçoit la chaîne des Hautes-Alpes, cachée d'abord en partie par les coteaux de Kusnacht. Tout à coup nos rameurs s'arrêtent, un silence profond succède au bruit des flots et des instrumens ; la surface unie du lac, immobile comme ses rives, réfléchit des coteaux cou-

verts de bois et de pâturages ; on craint de
respirer...... Un cor seul fait entendre des
sons prolongés ; l'écho les répète. La beauté
du temps, la tranquillité de ce lac, dont
l'azur est plus brillant que le ciel même, les
montagnes perdues dans les nuages, et qui
se colorent tour à tour des teintes les plus
suaves et les plus éclatantes : tout contribue
à m'enchanter. Figurez-vous un conte de
fée, un rêve, tout ce qu'il y a de plus in-
vraisemblable, et vous vous ferez peut-être
une idee de notre promenade sur le plus
joli lac de la Suisse, à la fin du plus beau
jour de l'année. Rien ne manquait à cette
fête que vous et Sara ! Si vous me deman-
diez ce que j'ai éprouvé, je dirais que je
ne le sais pas moi-même. Je jouissais d'un
plaisir inexprimable, et je désirais encore de
plus grands biens, puis je craignais ce que
je souhaitais, puis j'aurais voulu mourir,
mourir de joie !..... Bientôt je rougis de ma
faiblesse, je me sens importuné par les ac-
cords des instrumens qui ne sont plus en
harmonie avec la disposition de mon ame,
enfin..... Mais je renonce à vous peindre les
impressions que j'ai reçues, bien que leur

souvenir ne puisse s'effacer de ma mémoire.
Voulez-vous savoir quel est le génie ordon-
nateur de cette fête magique ? Ce n'est point
un enchanteur, c'est un aubergiste, homme
à moitié fou, qui ne rêve que parties de
plaisir, surprises, musique, chanteurs ;
à dîner même, il écorche les oreilles de
ses hôtes par des concerts qui perdent beau-
coup à n'être pas répétés par les échos du
lac. *M. Peter* est un roi d'auberge, c'est le
Murat du canton de Zurich : il a une ma-
rine, il a des canons, il a des tabatières
qui chantent, des portes qui s'ouvrent toutes
seules, des légions de serviteurs, des saltim-
banques, des transparens ; il ne lui manque
rien pour faire jouer les plus beaux mélo-
drames du monde, et l'on peut apprendre
chez lui jusqu'où la civilisation et la mécani-
que sont portées de nos jours en Suisse. Nous
partons demain pour l'Albis, où nous verrons
coucher le soleil, si soleil il y a !...

Zurich, ce 11 juin.

Nous voici revenus de notre excursion sur l'Albis et le lac de Zurich : c'est-à-dire dans le plus agréable, si ce n'est le plus beau pays de la Suisse. Je ne vous en parlerai pas aujourd'hui ; je veux m'occuper de l'arriéré.

Vous savez, comme tout le monde, combien l'Appenzell est intéressant ; l'aspect du pays est extraordinaire, on n'y remarque, au premier coup-d'œil, aucune espèce de culture, et cependant chaque montagne est couverte d'une multitude d'habitations. Tout le canton n'est qu'une immense prairie, montueuse et parsemée de bouquets de bois ; néanmoins il est très-peuplé. Les maisons sont jetées au hasard dans la campagne ; isolées au milieu des pâturages, elles paraissent plutôt les tentes de quelque peuple nomade que les foyers paternels d'hommes

vivant dans une société régulière. Le peuple
de ces riantes contrées a conservé ; du moins
aux yeux faciles à tromper des voyageurs,
une partie de la simplicité des premiers âges.
Les étrangers sont ici l'objet d'une bienveil-
lance générale : jamais on ne les salue sans
leur souhaiter un bon voyage, une bonne
santé ou quelqu'autre bien. J'ai passé trop
peu de temps chez ces hommes simples, et
j'entends trop mal leur langue pour connaître
leurs mœurs ; mais j'ai remarqué chez eux
un usage qui m'a touché. Je voyais le long
des chemins, près de chaque maison, une
collection plus ou moins nombreuse de pe-
tites planches noires sur lesquelles on avait
peint des croix et des têtes de mort. Je de-
mandai l'idée qu'on y attachait : on me ré-
pondit que lorsqu'il mourait quelqu'un dans
une famille, ceux qui lui survivaient ne man-
quaient jamais de mettre devant leur maison
une planche sur laquelle ils écrivaient le nom
du mort, la date de sa naissance, ainsi que
celle de son décès, afin, ajouta mon guide,
que tous les passans prient pour le repos de
l'ame du défunt. Bien des gens trouvent cet
usage ridicule ; j'aime le peuple assez simple

pour l'avoir conservé malgré les dédains de
ses voisins. Quoi de plus touchant que la con-
fiance de ces bonnes gens dans la bienveil-
lance des inconnus ?

J'ai vu peu de chose que je puisse com-
parer au vallon d'Appenzell, par une belle
soirée. Le chemin qui conduit de ce bourg
aux eaux de Wisbaden traverse des prairies
délicieuses en côtoyant toujours la Sitter. On
aperçoit devant soi, et à peu de distance, le
superbe Sentis, le Gamer et beaucoup d'au-
tres montagnes qui ferment la vallée vers le
sud-est; des bois couronnent les hauteurs les
plus rapprochées. Rien ne peut donner l'idée
de la paix qui règne dans ces lieux au mo-
ment du coucher du soleil. Il faut entendre la
voix des chevriers rappelant leurs troupeaux,
le bruit des clochettes attachées au col des
bestiaux; il faut voir ces pâturages toujours
frais, se colorer d'un vert plus brillant,
comme pour répondre aux derniers adieux
du jour..... Joignez à cette scène pastorale,
l'odeur des montagnes et le murmure d'une
rivière rapide, encaissée dans des rochers
couverts de sapins, et la lune qui vient faire
succéder à ce spectacle frappant des scènes

plus douces, plus vaporeuses..... Ah! mon ami, pourquoi le bonheur n'est-il qu'en nous-mêmes ? je l'aurais trouvé dans le vallon d'Appenzell.

J'ai fait avec ma mère une course au Wild-kirchlein, à une lieue et demie d'Appenzell, et dans l'intérieur des montagnes. Cet ermi-tage est placé, comme un nid d'oiseaux, dans une espèce de niche qui se trouve à la moitié d'une paroi de rochers, haute de trois à quatre cents pieds. Vous pouvez vous figurer la difficulté du chemin qui mène à ce ré-duit. Il est taillé en partie dans le roc, et suspendu au-dessus d'effrayans précipices. Près d'arriver au terme de la course, on est obligé de passer sur des planches adossées à la muraille de rochers, dans un endroit où, probablement, la pierre était trop dure pour qu'on pût y pratiquer un sentier plus com-mode. Le moindre garde-fou paraîtrait du luxe aux chevriers de ces contrées, et ils ont trouvé superflu de rassurer l'imagination du pauvre voyageur par le plus frêle appui; deux jeunes pâtres, qui nous escortaient, s'amu-saient à nous donner le vertige en marchant nu-pieds et en équilibre sur une petite gaule

de sapin, placée en dehors contre la planche
qui nous supportait, et suspendue comme
elle au-dessus d'un précipice de quelques
centaines de pieds. J'avoue que je tremblais
en voyant ma mère me suivre par un tel
chemin; mais elle ne veut ni me quitter ni
m'empêcher de faire aucune excursion. J'a-
vais tellement peur de sa peur que je perdais
tout sang-froid en pensant qu'il faudrait re-
descendre ce que nous avions déjà monté. Je
cachais mon angoisse avec soin, car ma mère
avançait sans inquiétude, et par conséquent
sans danger. Lorsqu'on est à l'ermitage, on
trouve une grotte de deux cents pas de long
par laquelle on arrive de l'autre côté du roc;
on franchit ensuite une corniche étroite et qui
vous mène sur le sommet de la montagne
appelée l'Eben-Alp. On y jouit d'une très-
belle vue, la neige y reste toute l'année. Le
gazon très-court qui recouvre en partie ce
haut sommet, est parsemé de plantes alpines.
En regardant vers le précipice, nous avons
aperçu un aigle planant à une grande distance
au-dessous de nos pieds : il nous paraissait
de la grosseur d'une hirondelle. A une heure
après midi, nous étions de retour à Wis-

baden sans accident, mais non sans fati-
gue.

Je ne reproche aux sites du canton d'Ap-
penzell qu'un peu de monotonie. On se lasse-
rait bientôt d'une verdure non interrompue,
si ce n'est par quelques bouquets de sapins un
peu trop maigres, ou par des maisons parfai-
tement semblables entr'elles et qui s'élèvent
toutes nues au milieu de la prairie ; il semble
qu'on vient de les bâtir et qu'on doit plus
tard les entourer d'arbres et de barrières. Un
autre défaut que je trouve aux paysages de
l'Appenzell, c'est que les grands tableaux
qu'offrent quelques-unes des plus hautes mon-
tagnes de ce canton, ne sont pas assez accom-
pagnés, et qu'on passe trop brusquement
des scènes douces et pastorales aux horreurs
des contrées les plus sauvages. Les surprises,
les contrastes heurtés sont beaux dans les
livres, où tout est factice ; en réalité, le bi-
zarre étonne plus qu'il ne plaît. L'imagina-
tion est artiste, le beau seul peut la captiver
tout entière. Dans la course que nous avons
faite au Wildkirchlein, j'ai été attristé de
voir l'acharnement avec lequel les jeunes
montagnards nous demandaient l'aumône. On

a peine à se faire une idée de leur amour
pour l'argent. Je demandai à l'un d'eux ce
qu'il en pouvait faire dans un pays comme
le sien. Il me répondit qu'il voulait s'acheter
des chemises; je vis qu'il en avait besoin, et
je trouvai le motif de sa demande si hon-
nête que je doublai le don que je lui avais
fait. Il est triste de comparer le montagnard
dépendant de ses besoins, entouré d'en-
traves, chargé de chaînes, avec une nature
qui ne connaît ni frein ni obstacle, et qui,
toute puissante dans le désert, semble avoir
fondé sa liberté sur l'esclavage de l'homme.

Je ne vous ai rien dit de Schaffouse. Cette
merveille tant vantée n'a pas trompé mon
espoir, parce que cet espoir était modeste.
Ma mère avait eu soin de me prévenir contre
le danger de l'exagération, et je ne m'atten-
dais à rien de mieux qu'à ce que j'ai vu. Mais
il faut convenir que si j'en avais cru les ta-
bleaux de Coxe et de tant d'autres, j'aurais
été mécontent du modèle. La cascade du Rhin
fait peu d'effet parce qu'elle est trop basse
pour sa largeur; de loin on la prendrait pour
une retenue d'eau formée à dessein, afin de
bâtir quelqu'usine sur un courant détourné.

Il n'y a d'admirable, dans cette cataracte, que l'énorme masse d'eau qui y tourne sur elle-même ; c'est une mer qui se déroule ; mais le cadre de cette grande scène est pauvre, rien de majestueux, rien de sauvage n'y parle à l'imagination ; j'aime encore mieux Lauffenbourg. A Schaffouse il faudrait ne voir absolument que la chute d'eau et pouvoir se cacher les ignobles coteaux couverts de vignes dont le fleuve est bordé. Ces bourgeoises marques de culture déshonorent le Rhin, au moment où il fait l'acte d'indépendance le plus éclatant, puisqu'il échappe d'un saut à l'industrie, à la navigation, et qu'il oppose au commerce une barrière insurmontable. Je n'ai compris l'admiration des voyageurs que sur le petit échafaudage construit au bas du rocher de Lauffen. Quant au bruit des eaux, il ne vous empêche jamais de vous entendre parler, quelque près que vous soyez de la chute. Le pays que traverse le chemin de Schaffouse à Constance est d'une beauté parfaite, mais dans le genre fertile, plutôt que dans le genre pittoresque.

Je n'écris plus ; l'obligation de rendre
compte de tout aurait fini par m'ôter la fa-
culté de sentir. Je ne regardais plus pour voir,
mais pour dire ce que j'avais vu ! Je jouis ce-
pendant de la nature ; pourquoi les expressions
me sont-elles refusées quand je veux la décrire ?
Les mots ne succèdent plus aux mots, les pen-
sées ne suivent plus les pensées, dès que je
parle d'autre chose que de mes sentimens les
plus secrets. Qu'il me serait facile de peindre
la profonde tristesse de mon ame ! à dix-huit
ans je sens que tout est fini pour moi dans ce
monde, et cependant des devoirs sacrés m'em-
pêchent de le quitter ! Ce voyage tant désiré
n'est point le bonheur ; c'était le seul plaisir
pour lequel je me croyais du goût, et j'en re-

connais le vide à chaque pas; Sans ma mère
j'irais cacher mes inquiétudes dans un cloître
où chaque jour de souffrance m'approcherait
du ciel; mais je suis condamné à languir dans
le monde, sans profit comme sans illusion.
Les tourmens de mon cœur sont inexprima-
bles autant qu'incompréhensibles. Mon ami,
venez deviner, venez m'expliquer ce que
j'ai, ce que je suis. Je me sens d'une faiblesse
honteuse, d'une tristesse d'autant plus ef-
frayante que je n'en puis discerner la vraie
cause. La jeunesse est pour moi une fièvre;
la gaîté me fait mal, je n'aspire qu'à des af-
fections puissantes et sérieuses. Si je ne me
livre à l'emportement de l'amour le plus vio-
lent, à l'abandon d'un sentiment qui m'ab-
sorbe entièrement, je serai mort ou fou avant
un an! Je cherche, j'invente, je me crée une
passion, je suis amoureux de l'amour, et la
première femme qui me permettra de lui
dire qu'elle est le premier intérêt de ma
vie, le deviendra. Pourquoi Sara ne m'é-
crit-elle plus? Qu'elle craint peu ma dou-
leur!!.. Elle ne la conçoit pas; son ame est
si forte, et la mienne!.... Ah! mon ami,
moins que jamais je me sens digne d'elle!

D'ailleurs il est peu de femmes capables
d'accepter tout ce qu'une ame vraiment
passionnée leur offre. Pour recevoir il faut
se sentir la faculté de rendre, et je crois
qu'il n'est personne sur la terre qui ne fût
épouvanté d'inspirer la tendresse que je brûle
d'éprouver. Il y a trop de responsabilité à se
laisser aimer avec l'abandon que je puis, que
je veux mettre dans le sentiment. L'amour
n'est point un jeu pour moi, c'est une apo-.
théose; aussi n'en connais-je point d'inno-
cent. Toute affection devient coupable dans
un cœur qui n'a que des idoles, et pour qui
la personne qu'il aime n'est rien, si elle ne
prend la place de tout, et de Dieu même ! Je
me complais dans la tristesse monotone et si-
lencieuse qui me consume; et je déteste tout
ce qui m'en distrait. Je n'aurais pas cru qu'un
malade pût ainsi s'attacher à son mal ! Hier à
table d'hôtes, je me suis efforcé de dire quel-
ques mots dans une discussion qui s'éleva sur
la religion, sur les trappistes, sur la philoso-
phie allemande; jamais je n'ai accompli une
tâche plus pénible qu'en sortant de mes rêve-
ries pendant ces courts instans. Je me disais,
étonné de m'entendre parler, après toute une

journée de silence : quoi! je discute encore,
comme si je n'étais pas indifférent à tout!...
Je ne puis continuer... Adieu, mon ami, un
tel état ne durera pas ; je sens qu'il faut chan-
ger, ou mourir.

Extrait d'une Lettre à Sara.

Genève, ce 8 juillet 1811.

Ce qui peut me rendre heureux, je l'ignore encore aujourd'hui,... je l'ignorerai toujours. Plus je me donne de mouvement, plus je m'efforce de secouer mes chaînes, et plus leur poids m'accable. Il semble que je prenne à mon ame toute l'activité que je donne à mon corps. Je n'ai plus le temps de penser, à peine de sentir; cependant je ne vis pas encore tout-à-fait dans le monde extérieur, je ne puis m'oublier autant que je le voudrais!... Je reconnais avec effroi que la nature ne suffit pas à mon ame, elle m'intéresse, elle me charme; mais par momens! je voudrais toujours faire autre chose que ce que je fais, être ailleurs

qu'où je suis; je voudrais m'entourer de dé-
serts et perdre de vue les pays civilisés. Je
me trouve désenchanté en Suisse par ce qui
plaît à beaucoup d'autres : par le contraste
de l'industrie humaine et d'une nature sau-
vage. Si je veux demeurer dans quelque
vallée bien retirée, bien solitaire, je com-
mence par la peupler des êtres nécessaires à
mon bonheur; j'y arrange ma vie, j'y jouis
d'un repos immuable, je m'y crois oublié des
hommes, affranchi de la gêne que leur im-
pose leur commerce de vanité... Tout à coup
le bruit d'un atelier vient frapper mon
oreille! Rien n'est moins en harmonie avec
la solitude et la majesté des montagnes que
le bruit des machines et le frétillement des
hommes autour d'une usine! J'ai été vive-
ment choqué de contrastes semblables dans
le canton de Saint-Galles, et surtout dans le
Jura où les maisons d'horloger ont remplacé
les chalets. Les oppositions trop frappantes
sont du domaine de l'esprit, plus que de ce-
lui du cœur ou des yeux; elles ne me satis-
font jamais entièrement! Je n'ai point encore
fait de course sur les Hautes-Alpes; mais,
dans la partie de la Suisse que nous venons

de parcourir, j'ai trouvé presque partout que les hommes avaient gâté la nature. Nous attendons ici le beau temps afin de partir pour Chamouni, et de là en passant le col de Balme, nous remonterons le Valais jusqu'aux eaux de Leush au pied de la Gemmi, que nous traverserons pour redescendre à Thoun. Je laisserai ma mère dans le pays d'Hasli pendant dix ou douze jours, pour m'en aller aux glaciers de l'Aar, rarement visités par les voyageurs; je veux parcourir aussi quelques unes des hautes vallées de ces contrées, telles que celle de Minden entre le Valais et l'Italie, et celle de Loësche près des bains de Leush. Les étrangers ne pénètrent jamais dans cette dernière; j'irai y chercher un peuple qui n'ait point entendu parler des autres, qui tienne un peu moins à l'argent que la plupart des Suisses, et qui témoigne aux étrangers une vénération moins servile. L'hospitalité de ce pays m'importune parce qu'elle manque de dignité. En arrivant en Suisse, un étranger se croirait au milieu d'un peuple d'aubergistes qui passe sa vie à attendre le premier venu pour l'accabler de marques d'amitié. Il est telle ville du pays de

Vaud, dont chaque habitant met son amour-
propre à avoir reçu dans l'année plus d'in-
connus que ses voisins; il résulte de ce genre
de vanité, que tout arrivant devient la proie
d'une rage hospitalière qui lui paraît d'autant
moins touchante qu'il en discerne bientôt le
principe; il faut l'avouer, ce principe est
moins l'envie d'obliger les passans, que de
contrarier ses amis! La réputation de faire
les honneurs de la ville à *tous les étrangers*
est ici ce qui élève le plus une maîtresse de
maison dans l'opinion publique. Vous me trou-
verez injuste; songez que j'admets de nom-
breuses exceptions; ma mauvaise humeur me
rend sévère, mais point ingrat.

Vous vous moquerez de moi, si je vous dis
que j'ai commencé un journal de mon voyage,
et qu'il est adressé à un être fantastique : il
y a quelques mois que j'avais entrepris d'é-
crire l'histoire de ma vie jour par jour, afin
de pouvoir me faire connaître tout entier à
mon *ami à venir;* je ne mis pas de suite à ce
projet, parce que vos lettres vinrent me dis-
traire de tout; mais depuis que vous semblez
vouloir m'abandonner, je suis retourné à cet
ami que mon cœur appelle, et qui, du moins,

n'a pas encore pu encourir les reproches que
je vous fais si souvent.

Je ne vous écrirai plus jusqu'à ce que vous
m'ayez donné un moyen de vous faire par-
venir cette lettre.

Extrait d'une seconde Lettre à Sara.

Du Mont-Anvert, près de Chamouni,
15 juillet, à sept heures du soir.

Malgré ma résolution, je ne puis résister au désir de vous écrire du Mont-Anvert, où je me trouve en ce moment. J'y suis monté ce matin avec ma mère, mais elle m'y a a laissé; j'y coucherai afin de pouvoir demain traverser la mer de Glace au point du jour, et parvenir par la montagne du Couvercle, jusqu'au-delà du glacier de Taléfre, à un endroit appelé le Jardin. On lui a. donné ce nom parce que la terre n'y reste jamais couverte de neige, et qu'on y voit fleurir toutes les plantes des Alpes à côté de glaces éternelles, mais qui respectent ce petit coin de terre ; on pense que ce phénomène est dû à des sources d'eau chaude souterraines.

Depuis deux jours que nous avons quitté Genève, ma vie est une espèce de fièvre. Je ne suis plus ce que j'étais ; mon imagination plane sans cesse au-dessus de pics inaccessibles, elle plonge dans des abîmes sans fond ; ce pays réalise toutes les chimères de la tête la plus exaltée. Ici la nature, affranchie des règles ordinaires, dédaignerait de se soumettre à l'ordre commun ; les grands hommes ont des priviléges qui n'appartiennent qu'à leur génie ; on en peut dire autant des hautes montagnes : tout y paraît nouveau, tout y surprend les sens, tout y trompe le jugement : distance, forme, hauteur, rien n'y est appréciable aux yeux du spectateur inexpérimenté ; c'est un monde différent du nôtre, on y arrive enfant, il faut y apprendre un nouveau mode d'existence, il faut s'y faire une autre manière d'user de ses sens. Qu'on ne me parle plus de *nature morte*, on sent ici que la Divinité est partout, et que les pierres sont pénétrées comme nous-mêmes d'une puissance créatrice! Quand on me dit que les rochers sont insensibles, je crois entendre un enfant soutenir que l'aiguille d'une montre ne marche pas, parce qu'il ne la voit pas se mouvoir.

Il m'a fallu contempler pendant des heures entières l'étonnant spectacle qui s'offre à mes regards pour en concevoir toute la magnificence! Rien n'est volontaire dans ce qu'on éprouve au milieu d'un pays qui, à chaque pas que vous y faites, vous anéantit, vous terrasse d'admiration. Mais les tableaux y sont trop gigantesques ; c'est plus grand que nature , comme disait un enfant en apercevant la mer, et j'éprouve plus d'étonnement que de satisfaction.

Je vous écris sur mes genoux, assis à l'air devant un petit temple élevé *à la nature* par M. Des Portes. Le soleil, couché depuis long-temps pour la vallée, éclaire encore plusieurs des hauts sommets qui forment l'enceinte de la mer de Glace. En vain cherche-rait-on ici le calme d'une belle soirée des pays habitables; la nature est dans un travail continuel... Je la vois enfanter, préparer des merveilles; la terre est à son premier jour!!.. Je vais pénétrer les mystères de la création. Dieu dit aux torrens : allez, fécondez leurs plaines, baignez leurs prairies, enrichissez leurs villes, portez mes louanges jusqu'à leurs oreilles, égayez leurs regards par la limpidité de vos eaux, effrayez leur imagination par la rapidité de votre cours ;... pardonnez-moi toute cette poésie, je ne puis à moins que cela, vous peindre ce que j'éprouve, ni vous donner une idée de ce que je vois.... Si vous admiriez avec moi l'éclat de ces pics qui réfléchissent les derniers rayons du soleil, vous ne trouveriez plus d'exagération dans mes paroles. Tout semble se mouvoir autour de moi : la terre est comme en fusion, tout y devient lumière, rien de solide, rien d'opaque n'est encore créé : les rochers ne sont que les restes du chaos : la splendeur dont brille la neige effacerait l'éclat du ciel le plus pur, Je vois à mes pieds la tempête enchaînée, il semble que cette glace n'attende qu'un signe du Très-Haut pour rompre ses entraves, et s'agiter comme l'Océan....... Rien ne peut donner l'idée de ce qu'on éprouve ici, surtout, je le répète, après y avoir passé plusieurs heures de suite!

Un vent glacial me force à rentrer. Le temps a été admirable tout le jour, mais je crains pour demain; on voit beaucoup de nuages vers le couchant.

Le vent ébranle notre frêle abri ; la grêle tombe en abondance ; un moment a suffi pour nous faire passer de l'été à l'hiver ; s'il pleuvait demain, je serais forcé de renoncer à la course du Jardin : les guides disent que le temps n'est pas encore dérangé ; mais quand il pleut à la hauteur où nous sommes, il neige sur les montagnes supérieures, et je crains de trouver les passages trop dangereux ! La neige nouvellement tombée trompe quelquefois les guides les plus expérimentés, en leur dérobant la vue des crevasses.

Je vais me coucher sur un lit, non de mousse, mais de rhododendrons en fleurs. Mes guides viennent d'en aller cueillir des brassées tout auprès de la glace.

Chamouni, ce 17 juillet 1811.

On n'a pas d'idée de l'effrayante majesté des montagnes, lorsqu'on ne voit à Chamouni que ce que tout le monde y peut voir. Mais pour pénétrer jusqu'aux solitudes que je viens de parcourir, il faut quelque courage, de la force, et surtout un vif désir de contempler une nature nouvelle. Hier, à trois heures et demie du matin, voyant la tempête apaisée, et le ciel d'une sérénité parfaite, je me suis mis en marche avec mes deux guides, qui passent pour être des meilleurs de Chamouni. Un sentier, d'abord facile, nous conduisit bientôt à des rochers que, dans mon inexpérience, je regardais comme impossibles à franchir. D'un côté, ils s'élèvent

presque à pic , à des hauteurs prodigieuses ;
de l'autre, on les voit s'abaisser verticalement
au-dessous de soi , jusqu'au bord du glacier
sur lequel on est comme suspendu. Ils sont
formés par un assemblage de couches verti-
cales extrêmement minces , et l'on n'a , pour
poser le pied , que l'épaisseur d'une de ces
couches, qui souvent ne surpasse pas un pouce
ou un pouce et demi. Arrivé là , je dis à mes
guides que je n'étais sûr que de ma tête , et
que , s'ils ne se chargeaient des mouvemens
de mes pieds , nous ne pourrions nous tirer de
ce mauvais pas. Ils se mirent à rire, en di-
sant : « *Ah! bah! quand vous reviendrez ce*
soir, vous vous croirez ici sur la grande route. »
Encouragé de la sorte, je me mets, sans répli-
quer, en devoir d'avancer. Les premiers pas se
franchissent assez facilement ; et je me crois
déjà hors d'embarras, quand je vois qu'une
arête de rochers va me barrer le chemin. Sa
surface, ne présentant aucune aspérité, ne pou-
vait offrir le moindre appui au pied le plus
agile ; il fallait sauter par-dessus , et perché
comme je l'étais , je ne savais comment pren-
dre mon élan. L'un des guides marchait de-
vant moi ; cet homme , appuyant de toute sa

force la pointe de son bâton ferré contre le milieu du roc, me dit de poser le pied sur ce frêle soutien, et de passer promptement de l'autre côté. Je le fis, et me trouvai bien-heureux d'être sorti sans accident d'un pas-sage que je m'obstinais à croire le plus mau-vais de ma route, quoique mes guides ne ces-sassent de me répéter que nous ne faisions que préluder aux grandes difficultés du jour. Je vis bientôt qu'ils n'exagéraient rien, car je fus obligé de traverser les crevasses du gla-cier sur des *arétes* de glaces, qui souvent n'a-vaient pas plus d'une main de largeur, où il fallait quelquefois faire deux pas, et d'où l'on se voyait, à droite et à gauche, suspendu au-dessus de précipices sans fond! Ce qui augmentait la difficulté et même le danger du chemin, c'était l'idée qui me revenait à chaque passage scabreux, qu'il faudrait le franchir une seconde fois pour revenir au gîte.

Au milieu des plus grands embarras de la marche, je ne pouvais m'empêcher souvent d'oublier ma peine, tant le spectacle qui s'offrait à mes regards me causait d'admira-tion. L'illusion croissait à chaque pas; la

terre habitable n'existait plus pour moi; je me
voyais tout seul jeté au milieu d'une planète
inconnue, et je croyais aborder quelqu'un des
mondes semés dans l'espace. Je gardais un
silence religieux, espérant engager mes guides
à suivre mon exemple; je rougissais de n'être
qu'homme, et de venir promener ma misère
au milieu d'une nature fraîchement empreinte
de la main du Créateur. Plus je m'enfonçais
dans ces profondes solitudes, plus je me sen-
tais saisi de respect : j'étais pénétré de la
présence de Dieu, qui seul anime les lieux
où l'homme n'est pas encore parvenu. L'es-
prit presque égaré, j'oubliais que d'autres
avaient mille fois traversé ces déserts que je
me flattais de découvrir; et, dans mon dé-
lire, je me croyais au premier jour du monde.
Tout à coup, un bruit faible se fait entendre,
un bruit qui n'est pas ceux de la nature; je
lève les yeux, et j'aperçois quelque chose
qui se meut sur la glace, en s'avançant au-
devant de nous. Je voudrais vous peindre ma
surprise, je dirais presque ma terreur; je
jouissais de ma peur; ce sentiment me prou-
vait que j'étais sorti des habitudes ordi-
naires de la vie. Ce que je voyais devant moi

était noir ; je distinguais des formes bizarres, j'observais des mouvemens tantôt brusques, tantôt pénibles et lents : il me semblait entendre des sons lugubres : Quel est l'être, disais-je en frissonnant, qui peut sortir du sein de ces abîmes? Ce ne peut être un homme ; mon imagination se créait des fantômes, et la société des êtres naturels ne lui suffisait plus... Mais je l'entends ; il chante... Je le vois marcher, je distingue ses traits ; il a des yeux étincelans, des cheveux noirs... C'est un homme... Quoi! ce n'est qu'un homme!!! En effet, j'entends bientôt mes guides s'écrier : Voilà le berger qui vient de *porter les moutons* de l'autre côté de la mer de Glace [1]. Ces paroles me tirèrent d'une sorte de léthargie qui n'était pas sans quelque douceur ; honteux de mes rêveries, je me mis à examiner cet être en qui j'aurais voulu découvrir quelque chose d'extraordinaire, comme pour motiver les émotions que venait de me causer son apparition. C'était un petit vieillard d'une

---

[1] Les hommes parviennent à franchir des passages qui arrêtent les bêtes les plus agiles, et j'ai vu près de Chamouni tout un troupeau de chèvres porté par le berger dans un pâturage qui serait resté inaccessible au peu d'intelligence des animaux.

figure pittoresque. Les haillons dont il était
vêtu eussent paru assez blancs partout ailleurs
que sur la neige ; sa voix était rauque, sa
démarche inégale ; les sons qui m'avaient
frappé d'abord n'étaient qu'un chant national
répété tristement par les échos du glacier ;
un chapeau bizarrement relevé et surmonté
d'une longue plume d'aigle, donnait à ce
vieil habitant des montagnes un air sauvage.
Nous demandâmes à cet homme quelques ren-
seignemens sur le chemin que nous avions à
suivre ; il nous dit qu'il était difficile, et ne
nous en souhaita pas moins un bon voyage,
après que je lui eus payé sa plume d'aigle ce
qu'il voulut. Le premier glacier, vulgaire-
ment appelé la mer de Glace, étant franchi,
nous eûmes à gravir quinze pieds de rochers
absolument à pic. Pour les escalader, un des
guides monta sur les épaules de son camarade,
puis il s'aida des pieds, des mains et des ge-
noux : quand il fut arrivé au premier endroit
où son pied pouvait se poser avec fermeté,
cet homme me jeta une corde à laquelle je
m'attachai, pour me faire hisser comme un
paquet jusqu'au-dessus de la muraille qui nous
séparait. Ce récit de mes *exploits*, tout abrégé

qu'il est, vous paraît peut-être déjà bien long. Je vous ferai grâce des crevasses cachées sous la neige, et qu'il fallait sonder avec précaution, des pierres qui s'éboulaient sous mes pieds, et roulaient avec fracas jusqu'au fond des précipices; enfin de mille autres difficultés dont le récit ne serait intéressant que pour moi. Nous autres, voyageurs, nous nous croyons trop souvent payés de nos fatigues, en partageant avec nos amis l'ennui que nous avons été leur chercher bien loin.

Ne vous exagérez pas les dangers que j'ai courus; je viens de vous peindre avec fidélité l'impression du premier moment; mais le soir, en revenant, il m'a semblé qu'un bon génie avait comblé les précipices, et je ne vis plus de raison pour ressentir la plus légère frayeur. Par quelle puissance l'habitude sait-elle ainsi changer la crainte en sécurité? C'est donc de notre ame que part l'impression que les objets extérieurs nous semblent produire sur elle? Ah! Sara, pourquoi ne vous êtes-vous pas montrée à mes regards dans ces déserts qui ne me parlaient que de vous? Vous auriez été frappée d'un silence dont rien ne peut donner l'idée; il saisit de

crainte à l'égal du bruit le plus effrayant.
Dans ces solitudes glacées les vibrations de
l'air sont suspendues comme le cours de
l'eau, l'hiver est éternel, il étend l'empire
de la mort sur toute la nature, et l'on dirait
que le son même est gelé. Si de loin en loin
quelque bruit se fait entendre, c'est celui du
tonnerre causé par le craquement des gla-
ciers, par des éboulemens de rochers, ou par
les obélisques de glace qui s'écroulent sur
eux-mêmes. Des vallées éclatantes de blan-
cheur paraissent fermées de toutes parts par
des ceintures de rocs noirs, et dont les poin-
tes trop aiguës ne peuvent donner de prise
aux neiges qui tombent le long de leurs
flancs et s'entassent à leurs pieds. Ces pyra-
mides de rochers se blanchissent pourtant
par momens lorsque la poussière éclatante
de l'avalanche, tombée des plus hauts som-
mets, tapisse la pente des montagnes et
glisse dans les précipices. Tant d'horreurs
ne présentent cependant pas l'image de la
destruction; au contraire, on se croit dans un
monde qui va commencer. Pénétré d'un res-
pect religieux, on prête l'oreille, et l'on
craint de perdre la première parole du Créa-

teur près d'interrompre le repos de l'éternité, pour animer une terre nouvelle. Cette nature, encore au pouvoir du néant, n'attend que l'ordre de Dieu pour verdir, pour s'échauffer, pour se peupler et pour effacer l'éclat de notre vieille terre. Je ne puis croire à la destruction de la terre, depuis que j'ai vu de près les ressources de notre univers ; l'intérieur des hautes montagnes est comme un arsenal où Dieu tient en réserve des richesses qui suffiraient aux besoins de mille planètes comme la nôtre. Qui pourrait se figurer les admirables teintes de la glace, lorsque le soleil vient à l'éclairer ? Les plus fertiles campagnes n'ont jamais offert aux regards un spectacle semblable à celui que présentent les pyramides des glaciers au moment du crépuscule. Dans l'ombre, on les croirait de marbre ; avec la lumière, elles deviennent transparentes et se changent en cristaux de couleurs. Leurs teintes varient selon leur épaisseur ; tantôt bleues, tantôt vertes ; elles paraissent par momens du blanc le plus éclatant, d'un rouge pourpre ou d'un violet foncé..... Je ne puis parler qu'à votre esprit, et ce sont tous vos sens qu'il faudrait frapper à la fois pour vous

donner l'idée d'un monde si différent des ré-
gions habitables.

Un coup de soleil que j'ai reçu sur les
pieds, en allant au Jardin, nous a forcés de
rester ici deux jours. J'avais ôté mes souliers
et mes bas pour marcher plus sûrement dans
les mauvais pas, et mes pieds furent brûlés
par le soleil, dont les rayons, réfléchis sur
la neige, deviennent plus ardens que des
flammes. Je viens de me lever à peu près
guéri; l'aspect de ce pays me remplit d'é-
tonnement, et ce sentiment me fait du bien.
La surprise est la volupté de l'esprit!

Ce soir, après un violent orage, le Mont-
Blanc vient de se montrer dégagé de nua-
ges; les troupeaux retournent au bercail,
on entend de toutes parts la voix des che-
vriers et le bêlement des agneaux; un léger
brouillard blanchit déjà le fond de la vallée;
il se promène au gré du vent, et donne à
chaque objet près duquel il s'arrête, une
forme fantastique. Vers l'orient, de sombres
nuages obscurcissent encore les montagnes,
tandis que le couchant se montre tout bril-
lant des derniers rayons du soleil. Quel
pays!..... Chaque heure du jour amène un

spectacle nouveau ! et la nature , mobile comme l'esprit, semble se modeler au gré de mes rêveries ! C'est une musique dont les modulations obéissent aux caprices de ma pensée.

Extrait d'une Lettre à Sara.

Zuri-Simmen, petit village du Simmenthal, 3 août 1811.

Quoique vous ne me donniez plus aucun moyen de vous envoyer mes lettres, je veux me figurer que vous lirez ce que j'écris; comment ne pas vous dire que vous seule occupez mon esprit, et que je vous associe à tous mes plaisirs? Malgré moi je reprends à l'espérance, Sara, vous pensez à moi souvent, je le sens; je vous entends au fond de mon cœur!... Je ne comprends rien au sentiment que vous m'inspirez! Je sais seulement que c'est vous seule que j'aime, et que je vous aimerai toujours, dans quelque abandon que vous paraissiez me laisser. Je ne vous accuse pas de votre silence , je vous plains du mal qu'il me cause.

Je voulais vous raconter mon voyage , je n'ai pu vous parler que de mes rêveries.

Après une course dans le Simmenthal, nous voici retenus à Thoun par la pluie. Je veux profiter de ce repos forcé pour vous raconter, aussi brièvement que possible, notre voyage depuis le départ de Chamouni.

La vue du fameux col de Balme répond à sa réputation : je ne vous en dirai rien de plus. On peut étudier les beautés de la vallée de Chamouni dans les salons de Paris ; il a pris à tout le monde une telle passion pour la mer de Glace, qu'on n'entend parler au pied du Mont-Blanc, que des habitans de la Chaussée-d'Antin et du faubourg Saint-Honoré. Je vous laisse à penser combien de tels rapprochemens ajoutent à l'impression que me cause la vue des montagnes! Je ne suis pas sorti d'admiration ni d'impatience pendant tout le temps que j'ai passé à Chamouni ;

et ces deux sentimens contraires m'ont laissé le souvenir le plus désagréable.

Nous avons eu dans le Valais une chaleur étouffante; moi, qui ne la crains pas, je l'ai trouvée insupportable, surtout à Sion. Les trois collines bâties qui dominent cette ville font un effet pittoresque, lorsqu'on remonte un peu le Rhône en sortant de Sion. Les Valaisans m'ont paru sales, paresseux et opiniâtres; on ne gagne rien à se fâcher contre eux; ils n'en font pas moins bien lentement le contraire de ce qu'on leur demande. Au reste on dit que les habitans de quelques parties du Haut-Valais sont fort recommandables par leur courage, par la simplicité de leurs mœurs et par leur attachement à la religion. J'ai déjà visité une des vallées les plus écartées de ce pays, celle de Loësche [1], et j'y ai trouvé des hommes différens de ceux des bords du Rhône.

Notre arrivée aux eaux de Leush m'a fait une grande impression; nous étions partis de Sierres, à cinq heures du matin, par un temps

---

[1] Ce n'est point la vallée où se trouvent les eaux de Leush, dont le nom a quelque ressemblance avec celui de Loesche; d'où il arrive que souvent on confond ces deux contrées.

couvert ; à peine sortis de la brûlante vallée
du Rhône, nous commençâmes à respirer. En
ce pays il faut peu de temps pour faire un long
voyage. Au bout de deux heures de marche,
nous pouvions nous croire à cent lieues du
village où nous avions couché. La verdure
éclatante du pampre avait fait place aux teintes
rembrunies des pins ; ces arbres sont jetés sur
les plus sombres rochers, comme pour les obs-
curcir encore. Mes yeux fatigués par l'aridité
des coteaux de Sierres, se reposaient avec
plaisir sur les prairies qui tapissent toute la
chaîne des montagnes inférieures. Plusieurs
villages, par leur position pittoresque, sem-
blaient destinés uniquement à embellir cette
heureuse contrée. La couleur singulière et la
jolie forme de leurs maisons de bois, sup-
portées par quatre pieux, à quelques pieds
de terre, attiraient nos regards, ainsi que
les groupes d'arbres dispersés sur le pen-
chant des coteaux. On traverse un chemin
taillé dans le roc au bord d'un précipice,
dont l'œil a peine à distinguer le fond. On
l'appelle les Galeries ; il conduit au village
d'Inden. La montagne sur laquelle est bâti
ce hameau s'avance, comme une presqu'île de

verdure, au milieu de noirs abîmes et de rocs formidables. Bien des fois j'ai retourné la tête pour revoir l'effet vraiment magique de ce beau site, dans un pays fécond en tableaux frappans. Nous n'étions plus qu'à une lieue de Leush, lorsque les brouillards, se déchirant par lambeaux, laissèrent passer quelques rayons du soleil, qui tombaient toujours sur les objets qu'on voulait voir éclairés. Si le vent venait à souffler, en un moment la scène était changée! Au milieu d'une magnifique décoration de nuages, se présentaient tour à tour des rochers, du ciel, des arbres; la nature avait le désordre et l'éclat d'une fête. Bientôt j'aperçus devant moi une énorme muraille de rochers, entièrement dépouillés de végétation; des bandes de nuages la coupaient à la moitié de sa hauteur, et son sommet, dégagé de vapeurs, s'avançait jusqu'au milieu du ciel presque sur ma tête. Une cascade, dont on ne voyait pas l'origine, tombait du haut des nues, où l'on aurait dit qu'elle prenait sa source; et cette eau mystérieuse semblait sortir des nuages pour unir les cieux avec la terre. En abaissant mes regards vers les objets plus rapprochés, je voyais des

ruisseaux limpides, des chemins bordés de
jolies barrières, des maisons pittoresques,
enfin, tout ce qui pouvait contraster avec
la partie supérieure du tableau que je viens
d'essayer de vous décrire. Je n'oublierai
jamais cette matinée ; il me reste de la
vallée de Leush l'idée qu'elle est une des
contrées les plus extraordinaires des Al-
pes. La végétation y cesse tout à coup au
pied de rocs épouvantables que l'œil suit
avec peine jusqu'à leur sommet, et qui sont
comme le commencement d'un monde in-
connu..... Mais je vous accable de détails
peu intéressans, pour qui n'a pas comme
moi la manie des sites. Je vous parlerai une
autre fois de ma course dans la vallée de
Loësche et du passage de la Gemmi.

Suite de la même Lettre.

Lauterbrunn, ce 7 août

Au lieu de continuer le récit que j'ai interrompu il y a trois jours, j'en vais commencer un plus intéressant. Vous souriez de mon désordre, pardonnez-le moi sans autre forme de procès; je n'ai pas le temps de l'excuser, encore moins d'y remédier.

Hier soir j'ai commis une imprudence condamnable. J'avais été voir avec ma mère la cascade du Trummelbach, à une lieue de Lauterbrunn. Le guide me dit qu'il y avait un chemin très-mauvais et même dangereux, par lequel on pouvait parvenir jusqu'au haut de la vallée appelée Trummelthal, du torrent de Trummel qui lui donne son nom. Il ajouta

que ce chemin n'était connu et fréquenté que
des chevriers et des chasseurs de chamois.
C'était assez pour me donner le désir de vi-
siter cette vallée si sauvage. Je demandai
combien de temps il me faudrait pour la par-
courir. On me dit qu'en deux heures et demie
je pourrais être de retour à l'auberge. Il était
six heures et demie ; je priai ma mère de s'en
retourner en voiture comme elle était venue,
et je lui promis de rentrer à neuf heures.
Elle me cacha avec sa bonté ordinaire, l'in-
quiétude que lui causait mon absence, à une
heure si avancée, et me laissa partir accom-
pagne du guide. A peine avions-nous marché
cinq minutes, que je commençai à regretter
d'avoir quitté ma mère, et cependant pour
rien au monde, je ne serais retourné sur mes
pas. Les montagnes produisent sur moi un
effet dont je ne puis rendre raison. En con-
templant *ces géants*, je tombe dans le délire.
Si j'entends nommer un roc inaccessible, je
brûle de le gravir; si l'on me parle d'un che-
min impraticable, je ne puis renoncer à l'es-
sayer, dussé-je n'y rien voir, et n'y trouver
que fatigue et qu'ennui. Je suis tellement
tourmenté du besoin de m'aventurer, que

tout me paraît intéressant, pourvu qu'il y ait
du danger. Plus un chemin est scabreux, plus
je me sens élevé au-dessus de moi-même, par
l'effroi auquel je me suis exposé volontaire-
ment, en choisissant ce passage : je frémis ;
mon cœur bat de joie, mon courage aug-
mente, je mesure ma hardiesse, et je me crois
capable des plus grands efforts. Un nouveau
monde se découvre à mes yeux : j'éprouvai
toutes ces émotions en montant au Trummel-
thal. Dans cet instant je me sentais digne de
vous. Si vous saviez combien je vous aime,
quand mon ame s'élève au-dessus de ce
monde !... Le seul bonheur de l'homme est de
sortir des routes ordinaires et de briser les
indignes entraves qui le forcent à ramper ici
bas!! Je ne suis jamais si content ni si fier,
que lorsqu'en pénétrant dans de profondes so-
litudes, je crois voir la nature s'opposer à mon
passage, entasser rocher sur rocher, faire tom-
ber du haut des nues d'énormes cataractes et
pousser la fureur jusqu'à se faire la guerre à
elle-même pour épouvanter l'homme ! Hier
soir j'ai contemplé avec une sorte d'orgueil,
les débris d'une forêt renversée tout entière
il y a peu d'années, *par le vent d'une avalan-*

che ! quelle contrée j'ai parcourue ! je découvrais les remparts du ciel ! d'immenses tours de granit et de cristal s'élevaient jusqu'aux nues, des cascades effroyables s'engloutissaient dans des abîmes qu'elles-mêmes s'étaient creusés; la nature en ces lieux m'expliquait mon cœur, je le retrouvais avec toutes ses bizarreries, et j'ose dire avec toute sa noblesse ! !

Il me fallait grimper par un chemin que je n'essayerai pas de vous décrire; je vous dirai seulement qu'il m'a paru beaucoup plus difficile que tout ce que j'ai vu en allant au Jardin; mais mon ardeur me faisait oublier jusqu'à la nuit, dont les ombres montaient déjà vers nous du fond des vallées! J'aimais à comparer les sites qui s'offraient à mes regards avec ce que j'avais vu jusque là de plus affreux et de plus terrible dans les montagnes. Je ne retrouvais point le silence des glaciers de Chamouni, où la terre encore paraît ensevelie dans son premier sommeil; au contraire j'étais effrayé du mouvement et de l'activité dévorante d'une nature qui n'épargne aucun moyen pour arriver à son but : ce but est de revenir à la vie par la destruction! Mon œil attristé ne se reposait que sur des débris, et je m'efforçais de pénétrer le mystère de la mort dont je voyais l'emblème à chaque pas. Je m'abaissais avec terreur devant la volonté qui pèse sur l'univers; volonté tellement immuable qu'elle paraît presque la fatalité! Dieu se montrait à moi, mais armé de toute sa colère; brisant son ouvrage et préludant à la justice des derniers jours. Des blocs immenses qui naguère menaçaient les cieux, roulés au fond d'un précipice, disparaissaient sous un peu de mousse; des neiges, des glaces, des eaux égarées dans leur cours, des arbres dépouillés par l'éternel hiver de la mort, augmentaient l'horreur d'une scène qui ne s'effacera jamais de ma mémoire. Le jour nous quittait, tous les objets se confondaient dans les ténèbres, les vallées se comblaient, les monts s'aplanissaient; plus de formes, plus de couleurs; la terre avait encore le mouvement du chaos, mais ce reste de vie allait s'éteindre aussi dans l'obscurité : la nuit égalise tout comme la mort. Au milieu de l'agitation universelle de la nature, l'inaccessible *Jungfrau* demeurait seule immobile, et l'éclat de ses glaciers, qui restaient comme suspendus dans les airs, sur-

vivait à celui du soleil. Nous marchions de-
puis une heure au-dessus des plus affreux pré-
cipices ; je demandai à l'homme qui me con-
duisait, si nous serions obligés de revenir sur
nos pas ? il me répondit : oui, à moins que
nous n'eussions le temps de parvenir à un
chalet situé tout au haut du Trummelthal, et
où nous pourrions nous faire indiquer quel-
que sentier pour revenir à Lauterbrunn. Nous
arrivâmes à ce chalet sur les huit heures. Là
on nous dit que nous avions le choix entre
deux chemins : l'un fort court, mais dange-
reux, beaucoup plus dangereux que celui
que je venais de suivre ; l'autre assez fa-
cile, mais par lequel j'aurais encore trois
lieues à faire pour retourner à Lauterbrunn.
Je sentis trop tard toute mon imprudence.
M'aventurer la nuit dans un chemin que les
montagnards eux-mêmes me disaient péril-
leux, c'était risquer ma vie ; ne revenir au-
près de ma mère qu'à onze heures du soir,
c'était risquer la sienne. Le choix fut bientôt
fait ; je me confiai à la protection de la Pro-
vidence, et je pris un homme de plus pour
m'assister dans les mauvais pas. J'aurais pu
revenir par le chemin que j'avais pris en

montant, mais il m'aurait paru beaucoup plus
difficile à la descente ; d'ailleurs il m'aurait
fait faire aussi près de trois lieues. Je de-
mandai de la lumière, il n'y en avait point au
chalet. Il fallut me mettre en marche sans
plus de précautions. Le chemin m'a paru
épouvantable; mais, à dire vrai, je ne l'ai pas
vu. Je n'étais plus frappé que d'une idée : ni
l'obscurité de la nuit dans ces terribles lieux,
ni les formes bizarres qu'un reste de clarté
donnait encore aux objets, ni les cris sau-
vages de mes deux conducteurs qui faisaient
retentir au loin les échos, ne pouvaient me
distraire de mes remords, et de la douleur
de ma mère. Chaque instant de retard me
paraissait un crime. Je me reprochais jus-
qu'aux précautions qu'il fallait prendre pour
ma sûreté : telles que de m'asseoir dans les
endroits les plus glissans, et de descendre
ainsi soutenu par deux hommes, ou de me
mettre à genoux, et, en me tenant presque
couché sur le ventre, de me traîner sur des
pentes de gazon si rapides qu'à peine les
guides pouvaient s'y soutenir. Je ne voyais
point le précipice, mais je savais trop bien
que je m'avançais au-dessus de rochers coupés

absolument à pic, et d'une hauteur prodi-
gieuse. Enfin, après un quart d'heure d'une
marche excessivement pénible, le berger qui
nous conduisait me dit : « Vous allez vous
trouver hors de tout danger. Nous appro-
chons d'une échelle au pied de laquelle je
vous quitterai, car il ne vous restera plus
qu'à descendre des collines couvertes de prai-
ries, pour gagner Lauterbrunn où vous arri-
verez en trois quarts d'heure ; restez là, je
vais voir si l'échelle est appuyée solidement
contre le rocher. » Au bout de deux minutes,
cet homme revient et me dit d'un ton de
consternation qu'il faut nous en retourner.
« — Comment ! nous en retourner ? — Oui,
l'échelle est brisée ; personne depuis l'hiver
n'avait passé par ce chemin, et je ne sa-
vais pas qu'il fût rompu. » Me voilà à nuit
close, entouré de précipices épouvantables,
attendu par ma mère, non pas avec impa-
tience, mais avec désespoir, ayant perdu
un quart d'heure à suivre un sentier auquel
je ne pourrai jamais penser sans frémir, et
pour comble de maux, contraint de retourner
sur mes pas et de fatiguer le sort par mon
bonheur, si je parviens à échapper une se-

conde fois au danger que je viens de courir.
De ma vie je n'avais rien éprouvé de pareil à
ce que j'ai souffert pendant la mortelle demi-
heure que j'employai à me traîner du chalet
à l'échelle, et de l'échelle au chalet. Heu-
reusement je fis ce double trajet sans acci-
dent; mais à huit heures et demie, je me
trouvais de nouveau à trois lieues de ma
mère. Il faut que j'aie marché bien vite, car
j'étais à Lauterbrunn vers dix heures et demie,
malgré les montagnes, la nuit et la fatigue
qu'augmentait encore mon anxiété. En arri-
vant, je trouvai ma mère fort inquiète; ce-
pendant moins tourmentée qu'elle ne l'aurait
été sans la précaution qu'on avait prise de
la tromper sur l'heure, ce qui n'est pas dif-
ficile dans ces profondes vallées où la nuit
arrive sitôt, qu'on ne peut calculer le temps
d'après le jour.

Un mot du guide m'a beaucoup frappé.
Pendant la dernière lieue, il répétait plus sou-
vent qu'à l'ordinaire, ce cri sauvage des mon-
tagnards, dont je vous ai déjà parlé, et qu'il
faut avoir entendu la nuit, au milieu des bois
et des rochers, pour savoir tout ce qu'il a de
sinistre. Je demandai à cet homme pourquoi

il se croyait obligé de faire un tel bruit. Il
me répondit qu'il pensait qu'on était inquiet
de moi à l'auberge, mais que ses camarades.
reconnaissant sa voix de loin, ne manque-
raient pas de dire qu'il revenait *en chantant*,
et que, certes, il ne serait pas si joyeux s'il
avait à annoncer quelqu'accident. Votre mère
doit tant souffrir, ajouta-t-il ; il est si affreux
pour elle de vous savoir à cette heure dans
les montagnes! Ces paroles d'un homme qui
ne paraissait rien moins que tendre, et qui,
pendant toute la soirée, n'avait pas eu l'air
de se tourmenter de l'inquiétude de ma mère,
me firent une impression profonde de honte
et de remords. Le souvenir de cette soirée
m'a laissé de la tristesse dans l'ame! Je ne
puis me pardonner la folie, la rage qui m'a
poussé à entreprendre si tard une course que
je n'aurais pu achever commodément en
moins de six heures. J'ai fait une telle dili-
gence que les gens du pays eux-mêmes ont
eu peine à croire au récit de mon guide,
quand il leur nommait tous les endroits par
où nous avions passé. Je me sens abattu
comme si j'avais eu un accès de fièvre. Sara,
ne me faites point de reproches ; plaignez

plutôt un homme déraisonnable, et qui, pour
user ses forces, ne trouve de plaisir qu'à dé-
chirer son propre cœur par mille sentimens
contraires, bizarres, sans jamais pouvoir
garder en rien la juste mesure. Vous seriez
attendrie, si j'avais su vous bien exprimer ce
que j'éprouvai hier soir. Mais la crainte de
paraître exagéré me gêne en écrivant; quand
notre ame est absorbée tout entière par un
sentiment vif, nos idées acquièrent la force
de la réalité; notre cœur finit par créer ce
qu'il sent, et nous ne vivons plus que dans un
monde fait par nous et pour nous : si nous vou-
lons le dévoiler aux autres, ils nous prennent
pour des fous ou pour des imposteurs.

Lettre à Sara.

Andermatt, dans la vallée d'Ursern, au pied
du Saint-Gothard, ce 18 août 1811

Mes récits promis depuis si long-temps,
vont encore être ajournés. Je ne puis et ne
veux vous raconter que ce que j'ai vu depuis
trois jours... Mais pourquoi suis-je réduit à
vous faire des récits?... Pourquoi l'absence,
pourquoi tout ce qui déchire mon cœur?...
Ma vie n'est plus qu'un délire; le beau ciel
qui brille en ce pays depuis quelques jours,
m'a donné un tel désir de voir l'Italie, que
je ne puis modérer mon impatience. Je ne
parle que de l'Italie, je respire l'air d'Italie,
je rêve le soleil d'Italie; je n'aspire qu'à vivre
en Italie : c'est comme si j'avais la promesse

de vous y rencontrer. Nous devions passer les Alpes au mois d'octobre ; mais je ne puis me savoir si près des lacs de Lombardie, sans aller les visiter. L'Italie est la terre promise, le pays des enchantemens, et j'en veux voir au moins un coin dans le moment où je suis encore tout rempli du souvenir des Alpes. Les écarts du génie, quelque admiration qu'ils nous inspirent, nous donnent le besoin de contempler le beau dans sa perfection : l'Italie, au sortir de la Suisse, c'est Racine après Corneille.

Nous avons quitté avant-hier la délicieuse vallée d'Hasli ; j'ai vu l'abbaye d'Engelberg, Altorf, et tout le chemin qui conduit au Saint-Gothard. Celui de Meyringen à Engelberg est très-curieux. En atteignant le sommet du Yoch, le point plus élevé du passage, je me trouvai tout à coup plongé dans une nuit profonde. Un épais brouillard dérobait à ma vue tous les objets qui m'environnaient ; j'étais pénétré d'un froid d'hiver ; je croyais sentir l'odeur des frimas ; j'étais frappé du silence qui règne dans ces régions élevées de l'air : tout enfin annonçait une de ces soirées trop communes dans les Alpes, et où le voya-

geur n'est pas toujours payé de ses peines.
En descendant du côté d'Engelberg, j'aperçus
une lueur au-dessous de moi, c'était le ciel :
je distinguai bientôt des montagnes de neige,
puis un rocher tout brillant des reflets du
soleil couchant, puis un lac, des arbres, des
maisons; mais tous ces objets étaient si bizar-
rement entremêlés de vapeurs, et d'ombres,
et de lumière, qu'il me fallait les examiner
avec une grande attention, pour en reconnaître
la forme. Je venais de traverser un nuage,
ce qui ne m'était pas encore arrivé. Engelberg
n'a rien d'intéressant, c'est une grande abbaye
dans une petite vallée. Le site m'en a semblé
plus triste que sauvage. Les bâtimens du cou-
vent paraissent trop grands pour la vallée et
trop petits pour les montagnes. On les a re-
faits dans le siècle dernier, et ils se ressentent
du mauvais goût de ce temps. L'intérieur de
l'église surtout est détestable. Il y règne un
style faux et mesquin : la pierre y est découpée,
déchiquetée comme du papier; l'œil y cherche
en vain une ligne, un plan, des ombres; il se
perd au milieu des voiles galonnés, des châsses,
des gazes, et se sent ébloui d'une lumière écla-
tante qui lui fait regretter la religieuse obs-

curité de nos églises gothiques. Je me faisais
une bien autre idée d'un monastère au milieu
des Alpes. L'abbé a trompé mon attente aussi
bien que l'abbaye ; sa figure est d'une largeur
démesurée et plus rouge que les tapisseries de
son église, et ses manières m'ont paru si
affligeantes que j'éprouve une véritable peine
à me les rappeler ; aussi me garderai-je de
vous en parler davantage.

. J'ai quitté Engelberg de grand matin ; je
voulais arriver à Altorf d'assez bonne heure
pour faire encore une promenade au bord du
lac des Quatre Cantons. Le passage des *Alpes-
Surennes* m'a paru beau, surtout au moment
où l'on découvre le canton d'Uri ; de là on
jouit d'une vue magnifique sur les montagnes
d'Engelberg, et du côté opposé sur les cantons
de Schwitz, de Glaris et sur les Grisons. Ce
qui m'a le plus frappé, c'est la forme d'une
montagne colossale que j'ai vue tout le jour
très-près de moi vers la gauche (Je ne vous
en dis pas le nom parce qu'il est trop barbare
pour que j'aie pu le retenir). Après avoir
monté pendant cinq lieues, je me trouvais en-
core dominé par toute la hauteur des énormes
rochers dont cette montagne est pour ainsi

dire bâtie. Ils ont une figure particulière et
forment un groupe semblable à une flèche
gothique. C'est un amas de petites pyramides
dont l'ensemble rappelle les tours des vieilles
cathédrales. La descente du côté d'Altorf est
d'une beauté rare ; la vallée de la Reuss qui
forme le canton d'Uri y paraît dans toute sa
magnificence. Elle se termine vers la gauche
au lac de Lucerne ; on aperçoit ce profond
bassin à travers des sommets de pins, qui for-
ment une forêt si sombre et si sauvage que je
crois qu'il faudrait aller bien loin pour en
trouver une pareille ; on découvre devant soi,
à une grande profondeur, le bourg d'Altorf
entouré de prairies et de jolis groupes
d'arbres ; plus haut, des montagnes se présen-
tent avec une majesté qui n'appartient qu'aux
Alpes ; à droite la vue plonge dans les gorges
obscures et resserrées qu'on traverse pour
arriver au mont Saint-Gothard. Cette partie
du tableau ne ressemble point aux autres et
contraste d'une manière frappante avec une
contrée riche et populeuse. Je souffre de ne
pouvoir vous donner qu'une faible idée de
ces beaux lieux : les descriptions sont de si
mauvaises copies de la nature ! Elles ne se

font lire que lorsqu'elles ne sont pas vraies;
les écrivains ne disent jamais leur secret;
je suis persuadé qu'ils nous plaisent surtout
par leurs mensonges. Dieu est le seul auteur
qui ait su se passer de fiction; à la vérité, il
y supplée par le mystère. Comment retrouver
dans un récit le bruit des torrens, le mouve-
ment, les formes, la variété des arbres, la
couleur des montagnes, leur odeur? Quelle
suite de paroles peut rendre la première im-
pression d'une contrée toute en désordre,
lorsqu'elle frappe à la fois l'imagination
par plusieurs beautés de genres différens?
C'est la vie de la nature que rien ne peut
imiter, et qui charme, qui transporte les
ames capables de la sentir. Les chefs-d'œuvre
de l'esprit ne sauraient s'emparer de tous les
sens à la fois comme le moindre des ouvrages
du Créateur! Que l'homme est peu de chose:
un ruisseau, un arbre, une prairie peuvent
plus sur lui que lui-même!

Après m'être bien reposé à Altorf, j'en suis
sorti vers le soir par un temps parfaitement
beau. La nature avait ce calme solennel des
jours très-chauds; j'étais avec * * *! mais
j'évitais de parler; le soleil allait disparaître

et j'écoutais ces vibrations de l'air qui ressemblent aux frémissemens d'une harpe après qu'on a cessé d'en jouer. Je contemplais en silence la majesté des montagnes : leurs redoutables ombres s'avançaient lentement comme pour prendre possession de la vallée. Une teinte douce et égale se répandait sur les collines intermédiaires, car les Alpes sont taillées en étages, et ces espèces de gradins de montagnes ne contribuent pas peu à leur magnificence. Ils rappellent les degrés d'une serre ; l'on dirait que le Créateur s'est plu à rassembler sur des amphithéâtres naturels les plantes du monde entier. Je commençais à distinguer le lac dans le lointain ; cette eau, presque partout ailleurs encaissée entre des rocs prodigieux, paraissait ici de niveau avec le fond de la vallée d'Altorf, et les flots parfaitement calmes étaient unis comme la prairie. Que je voudrais pouvoir vous peindre le charme de cette scène ! Le lac des Quatre Cantons a un aspect fantastique ; il n'est pas, comme les autres, séparé des montagnes par des coteaux ; il pénètre dans l'intérieur même des Alpes ; il borde le roc vif, c'est le fond d'un précipice ; le voir tranquille paraît une contradiction,

une impossibilité : c'est rêver. Aussi croyais-je
rêver. Je marchais au milieu de vastes prai-
ries; plus j'avançais, plus les eaux s'éloi-
gnaient en s'abaissant toujours. L'embouchure
de la Reuss est le seul endroit de tout le lac où
la rive soit plate; elle l'est tellement , qu'on
ne peut concevoir pourquoi les eaux s'y arrê-
tent. Cette contrée est l'ouvrage d'une fée,
tout y paraît au-dessus de la nature. Une
petite barque ajoutait encore au prestige,
elle paraissait glisser sur la terre , tant elle
la rasait de près , et tant la plage était unie :
jamais décoration de théâtre n'a été calculée
pour produire plus d'effet ! Une tremblante
lumière éclairait faiblement cette barque, et
me faisait distinguer à travers les ombres du
crépuscule , deux hommes qui ramaient vers
le bord opposé. Je ne sais ce que cette navi-
gation silencieuse avait de singulier , mais je
ne l'oublierai de ma vie. Elle était nécessaire
au paysage ; ce léger esquif passant entre la
terre et l'onde donnait à toute la contrée un
mouvement mystérieux que je ne puis définir :
c'était le roman du tableau; pardonnez-moi
tant d'enfantillages, en faveur de la vérité de
mes récits; je vous dis tout. Jamais je n'ou-

blierai le lac de Lucerne , mais si je le revois ,
je crains qu'il ne détruise l'impression qu'il
m'a laissée : les choses se déjouent comme les
personnes. Je suis rentré dans Altorf à nuit
close : aussi n'ai-je vu que ce matin les fa-
meuses peintures de la Tour où l'on a retracé
grossièrement l'histoire du libérateur de la
Suisse. Ces souvenirs m'auraient touché da-
vantage si j'avais pu découvrir sur le visage
des hommes d'aujourd'hui quelque trait qui
décelât les descendans de Guillaume Tell. Les
modernes habitans d'Uri me paraissent n'avoir
conservé des mœurs de leurs ancêtres que la
rudesse.

J'ai quitté Altorf de bonne heure pour aller
retrouver ma mère qui m'attendait à Wasen ,
où elle s'était rendue par un autre chemin.
Ce village est sur la route d'Altorf au Saint-
Gothard , à deux lieues d'Andermatt (Ursern)
où nous sommes en ce moment. Ne voulant
pas rester quinze jours à m'attendre dans la
vallée d'Hasli, ma mère s'est déterminée à
faire avec moi une partie de la course que
j'entreprends dans les hautes montagnes du
Valais et du canton du Tésin qu'on appelait
autrefois les Bailliages Italiens.

Le chemin d'Altorf à Ursern est trop célèbre pour qu'il soit nécessaire de vous dire à quel point j'ai été frappé de ses sévères beautés. On y arrive par des transitions insensibles de contrées brillantes de verdure dans des déserts où l'œil chercherait en vain le moindre souvenir de végétation; pas une herbe, pas une broussaille n'y est échappée à la rage du génie malfaisant qui semble avoir dévasté ces horribles lieux! On se trouve perdu dans des solitudes effroyables, sans s'être aperçu du moment où l'on est sorti de la nature vivante. C'est l'homme atteint par la vieillesse : à chaque pas il perd quelque chose; mais, comme il conserve aussi quelque chose jusqu'au dernier moment, il ne s'avoue jamais qu'il a laissé bien loin derrière lui cet être dont il ne porte plus que le nom.

Dans le val Schoellinen, près le Pont-du-Diable, la nature est en délire; elle imite les arts, au lieu d'en rester le modèle, et ses lois éternelles paraissent abrogées. On y voit d'affreux rochers figurer les ouvrages des hommes, dont ils ne sont qu'une moquerie; la force créatrice du monde ne s'exerce là que sur des pierres, elle copie nos édifices, nos voûtes, nos obélisques, et, malgré l'immensité des masses, l'œuvre paraît mesquin comme une caricature. La nature perd ses charmes quand elle contrefait l'homme, et qu'elle substitue les grimaces de l'ironie à sa gravité primitive. Je sais que je la considère ici d'un point de vue trop humain; mais je vous dis, du moins avec sincérité, les sentimens et les pensées qu'excite en moi son aspect. La nature, bien que le type de tout, prend quelquefois un masque, et semble se divertir à copier en grand ces mêmes ouvrages humains auxquels elle a servi de modèle : c'est un géant qui joue la comédie; mais dans ces momens elle est dépouillée de grâce, et ses productions ne sont que bizarres : qu'on lui donne un arbre à développer, elle nous ravit, ne nous contrefait plus, et redevient inimitable.

Je ne vous dirai rien du Pont-du-Diable, ni de la montagne percée, au sortir de laquelle on découvre, comme par enchantement, la vallée d'Ursern si fraîche et si verte : je me bornerai à revenir sur quelques beautés de détail moins connues, et dont j'ai négligé de vous parler. En sortant d'Amsteg, à trois lieues d'Altorf, le chemin commence à s'élever par une pente très-roide, au-dessus de rochers entre lesquels la Reuss se précipite en écumant. On arrive bientôt à l'entrée d'une forêt où l'on rencontre des pins monstrueux ; ce sont les plus beaux que j'aie vus dans les Alpes. Ils répandent autour d'eux une obscurité semblable à celle des églises gothiques ; et la route solitaire qui conduit de Suisse en Italie serpente tristement dans ces galeries naturelles. J'entendais, à peu de distance, un torrent dont le murmure extraordinaire excitait ma curiosité ; bientôt je traversai une suite de cascades sur un pont pittoresque. Les eaux de ce ruisseau s'écoulent dans la Reuss par une espèce de fente qui scinde la montagne depuis son sommet jusqu'au fond de la vallée. Je voyais des troncs brisés qui se sont arrêtés entre cette coupure de rochers ; ils forment des ponts suspendus au-dessus du torrent dont l'écume rejaillit jusqu'à eux ; ailleurs, des pins tombés de vétusté servent d'aliment à de jeunes arbres vigoureux, qui croissent jusques sur les branches pourries de ces cadavres de la forêt'; cette scène produit une impression assez semblable à ce que les voyageurs nous racontent des forêts d'Amérique.

1 La nouvelle route doit avoir changé l'aspect de cette vallée.
(*Note de l'Editeur.*)

Il y a six jours que nous avons passé par ici pour la première fois : nous y sommes revenus hier soir, après une course au lac de Lugano, et le mauvais temps nous y retient aujourd'hui. Nous n'avons point été jusqu'aux îles Borromées, comme nous en avions le projet; ma mère a craint la chaleur qui est encore excessive en ce pays. D'ailleurs on nous a dit que dans un mois nous trouverions le Lac-Majeur plus beau qu'il n'est à présent, parce que ce serait le temps de la vendange.

Si je ne vous ai pas parlé du mont Saint-Gothard, c'est qu'on n'y voit rien qu'un chemin ennuyeux au milieu de pâturages bien tristes, bien nus, parsemés de petites roches grises bien monotones; je sentais ma pensée s'arrêter et devenir aussi stérile que la nature qui affli-

geait mes regards. Des pierres brisées, une
herbe sèche poussant à regret, quelques bes-
tiaux, rares, misérables, un mauvais cabaret,
asile de cinq ou six brigands qui, je crois,
portent des secours très-efficaces aux voya-
geurs égarés l'hiver dans la neige, les ruines
de l'ancien hospice, brûlé pendant la dernière
guerre : tels sont les agréables objets qui ré-
créent les regards et charment l'imagination
des curieux durant un trajet de cinq mor-
telles lieues.

On a beaucoup trop vanté la vallée d'Ur-
sern ; il est vrai que ses prairies contrastent
d'une manière frappante avec les horreurs du
du val Schoellinen et du Pont-du-Diable ; mais
après le premier moment de surprise, une
telle uniformité paraît peut-être encore plus
triste que les horreurs des solitudes que l'on
vient de quitter. C'est un immense tombeau
de verdure, dont pas un arbre, pas une barrière
n'interrompent l'effrayante monotonie. C'est
l'ombre d'une vallée dépouillée de tout ce
qu'elle avait de vie et de beauté ! Ce paysage
presque tout d'une couleur, est aux cam-
pagnes ordinaires ce que le paon blanc est
au vrai paon ! Un vent froid y souffle en tous

temps, et le ruisseau qui la parcourt la baigne sans la féconder.

Je suis fatigué de décrire, et ma lassitude, plutôt que ma discrétion, vous fera échapper aux détails que je voulais vous donner sur le joli lac de Lugano, sur le val Levantine et sur Bellinzona.

Nous voici de retour à Meyringen ; je pourrais vous parler longuement du passage du Gries, une des montagnes les plus hautes et les moins connues des Alpes, de la belle cascade de la Toccia et des sources du Rhône. Mais je ne vous raconterai qu'une course aux environs de la Grimsel, montagne que nous avons traversée pour revenir d'Obergesteln à Meyringen.

Au milieu de la nuit j'ai quitté l'hospice pour monter le *Siedelhorn*, le pic le plus élevé du groupe de rochers et de glaciers auquel on a donné le nom de Grimsel. Je voulais enfin sortir de ces vallées, qu'on appelle Monts dans les Alpes, quoiqu'ils ne soient que des défilés élevés, et voir lever le soleil du sommet d'une véritable montagne. Il n'est pas donné à l'homme de contempler

un spectacle plus imposant; je devrais me
taire; les impressions que j'ai reçues sont de
celles qu'on doit renfermer en soi-même.
J'ai plané sur les nuages, la terre n'occupait
qu'une petite place dans l'espace éthéré qui
s'ouvrait à mes regards! Les plaines, les
vallées n'étaient plus que du brouillard; les
vapeurs du matin changeaient la terre même
en nuages, et me la montraient comme une
partie du ciel. J'atteignais la région du
calme; les bruits du monde se perdaient
loin sous mes pieds avec le murmure des
torrens. Rien n'est grand vu de si haut : là
tout disparaît hors l'espérance et le sentiment
de la vie; l'ame s'épure et reconnaît enfin sa
noble destination. J'ai pleuré en contemplant
l'ordre admirable qui préside à l'univers.
Pourquoi le calme de la nature? pourquoi
le trouble de mon esprit? Faut-il que l'homme
seul dérange l'harmonie de la création? Ah!
que ne puis-je éprouver encore ce que j'ai
senti en m'élevant sur cette montagne qu'une
lueur douteuse éclairait déja faiblement,
tandis que l'ombre régnait encore dans les
vallées endormies à mes pieds! Quel génie
m'a révélé, pour un moment, les rapports

mystérieux de la nature et de ses grandes
scènes avec l'homme et ses passions?

Je marchais depuis une heure et demie à
la lueur d'une torche lorsque les premières
teintes du crépuscule me permirent de distin-
guer des ombres. Le ciel paraissait vers le
levant du plus beau gris de perle ; cette clarté
s'étendant peu à peu me fit enfin apercevoir le
pic au sommet duquel je voulais parvenir : les
rayons de l'aurore, partis de l'endroit de l'ho-
rizon où le soleil allait paraître, passaient
comme des nuées lumineuses au-dessus de
ma tête pour s'élever jusqu'au plus haut des
montagnes. Ces lueurs vacillantes naissaient
dans le ciel à une hauteur inférieure au point
où je me trouvais déjà : elles se montraient
un moment, s'éteignaient aussitôt, puis re-
venaient plus brillantes et s'évanouissaient de
nouveau. On eût dit que le jour arrivait péni-
blement jusqu'à nous, tandis qu'on le voyait
déjà inondant tout le haut du ciel, s'y répandre
également comme dans son empire. Comment
peindre les teintes qui se succédaient dans l'at-
mosphère? Je voudrais vous représenter cette
première transparence de l'air qui prête tant
de charme au réveil de la nature ; le silence

des vents, le mouvement des montagnes qu'on croit voir se balancer comme les nuages qui fuient le long de leurs flancs, il faudrait enfin vous montrer les ténèbres et la lumière long-temps en combat; la terre suspendue dans l'attente d'un grand événement, et le soleil sortant radieux du fond d'une vallée que des-sinaient dans le ciel les montagnes de la *Fourche*.... Des feux lancés de tous côtés annoncent la marche triomphale du Roi de la Nature; tout à coup je me trouve dans une mer de lumière : la neige que je foulais sous mes pieds, celle que je tenais dans mes mains, se colore de l'incarnat le plus vif, et la longue chaîne des glaciers du Mont-Rose, du Simplon, du Gries, toute resplendissante des premiers rayons du jour, apparaît comme une immense barrière de diamans entre le ciel et la terre. J'atteignais en ce moment le sommet de la montagne, j'y restai près d'une heure stupé-fait d'étonnement. Si mes regards ne peuvent soutenir l'éclat de la terre, de quel front aborder son Créateur? Je n'eus point d'autre idée; point d'autre sentiment; j'étais anéanti!! Je me cachais la figure dans les deux mains, et si par momens j'osais lever les yeux, je les re-

fermais aussitôt comme terrassé d'admira-
ti on.

   Revenu enfin de cette première émotion, je
me mis à examiner le spectacle qui l'avait
causée. Je ne puis décrire cette contrée, il
faut voir de pareils tableaux;..... mais après
les avoir vus, il faudrait devenir meilleur.
Mes regards plongeaient dans des déserts où
les pas de l'homme n'ont jamais pénétré. Ces
mers de glace intérieures contrastant avec des
vallées habitées, des bois et des prairies, pro-
duisent un effet surprenant: A peu de distance
du lieu où je me trouvais, je voyais un cha-
mois sur un pic dont j'étais séparé par des
abîmes éblouissans de blancheur; il était im-
mobile, on aurait dit qu'en troublant le reli-
gieux silence du matin, il eût craint de pro-
faner le désert que Dieu lui permet d'habiter.
Il penchait la tête vers le précipice ; ses re-
gards planaient sur les vallées dont le chas-
seur l'a fait fuir pour toujours. Je me figurais
que sa tête penchée et son regard sauvage ex-
primaient la tristesse : désirerait-il aussi ce
qu'il n'a plus, pensai-je ? Pourquoi tout ce
que je vois dans la nature ne me parle-t-il
que de regret et d'inquiétude ! pourquoi le

vague ennui qui me tourmente est-il commun à tout ce qui respire? Avant de quitter la montagne, je gravai mon nom sur une pierre que j'ajoutai au frêle monument dont les bergers ont coutume d'orner les plus hautes sommités des Alpes. C'est une pyramide que dans leur langage ils appellent *un homme;* pent-être par allusion à sa fragilité! Cet *homme* croule tous les ans, et de ses débris on en élève un antre. Je n'ai écrit mon nom que là depuis que je suis en Suisse. Ce tas de pierres, dépositaire de mon immortalité, m'a tenté. A neuf heures du matin, j'étais de retour à l'hospice où ma mère m'attendait pour partir. En revenant de la Grimsel à Meyringen, on traverse une contrée où la nature est tour à tour terrible, sublime, douce et gracieuse! La cascade de l'Aar à Handeck est la plus belle que j'aie encore vue, sans en excepter Schaffouse. Je suis fatigué; un autre jour je vous raconterai une promenade que j'ai faite au clair de lune dans les solitudes de la Grimsel.

Je vais remplir ma promesse : la veille du jour où je montai le *Siedelhorn*, je sortis vers le soir : le ciel était couvert, le vent du nord gémissait dans les épouvantables roches qui ferment de toutes parts le bassin de pierres où l'on a bâti l'hospice. Des nuages qu'on voyait chassés avec rapidité venaient de loin s'amonceler au-dessus de ma tête et semblaient y demeurer immobiles. Ils trouvaient le repos dans les solitudes où la tempête les avait relégués ! Car le vent qui les pousse jusqu'aux sommités des Alpes, ne peut leur faire franchir cette dernière barrière que respecte même l'ouragan et qui sépare en deux zones distinctes les régions aériennes de l'Europe. La nuit allait tout envelopper, et déjà les plus hauts sommets des montagnes voisines s'élevaient seuls au-dessus des ténèbres

où j'étais plongé. Ni le calme, ni les parfums
du soir, ni les légères vapeurs qui s'élèvent
aux approches de la nuit, ni les douces har-
monies par lesquelles la nature semble pré-
luder au repos qu'elle va prendre, rien dans
ces déserts des Alpes n'annonce la fin de la
journée comme dans les contrées plus natu-
rellement habitables. La succession des ténè-
bres et de la lumière n'y fait naître que l'idée
de la mort. J'avançais lentement le long d'un
petit lac dont les eaux agitées réfléchissaient
à peine les masses de rochers qui le bordent.
J'aurais voulu gagner quelqu'endroit d'où mes
regards pussent s'étendre vers des régions
cultivées. Je gravis une colline qui s'élevait
à ma gauche, et parvenu à son sommet je
jouis d'un spectacle inattendu. Ce qui m'a le
plus frappé dans ce grand paysage, c'est la
vallée de l'Aar qui s'enfonçait subitement à
mes pieds, comme un gouffre dont la profon-
deur se perdait dans les ombres. Des bandes
de nuages déchirés laissaient apercevoir des
parties de ciel toutes brillantes des derniers
feux du jour, et un amas de montagnes bizar-
rement entassées dessinait à l'horizon comme
les vagues d'une mer agitée. Mes yeux s'arrê-

taient involontairement sur le coin du ciel
qu'on voyait dégagé de nuages. Cette douteuse
et lointaine clarté, brillant au-delà d'un som-
bre paysage, était pour moi l'image de l'es-
pérance dans les mauvais jours. Je m'arrêtai
long-temps à cette idée. Un des effets des
grandes beautés de la nature comme de celles
de l'art est de remédier à l'inconstante et sté-
rile agitation de la pensée.

Ce qui me charme surtout dans les mon-
tagnes, c'est la succession variée des ombres
et de la lumière, c'est aussi ce qui me semble
le plus facile à décrire et le plus difficile à
oublier. Quelques peupliers éclairés du so-
leil couchant et réfléchis sur l'azur d'un lac, se
gravent à jamais dans ma mémoire ; l'immo-
bilité des arbres, au milieu du mouvement des
ombres et de la lumière qui s'agitent autour
d'eux, me paraît l'image d'une ame qui ré-
siste avec un calme égal aux joies et aux tri-
bulations du monde ! La nuit avait déjà ré-
pandu ses ombres sur le haut des rocs comme
dans le fond des vallées ; et je redescendais
vers l'hospice, lorsque mon oreille fut frap-
pée de sons faibles et lugubres apportés par
les échos du lac. Bientôt je reconnus l'air des

montagnards : l'horreur du lieu ajoutait à l'effet de ces accens plaintifs et prolongés, dont les chevriers des Alpes se plaisent à saluer la nuit et la solitude ; ces chants ou plutôt ces cris modulés sont d'une profonde tristesse, comme tous les airs nationaux ; c'est que ces mélodies sont inspirées par la nature, et que la nature réveille dans le cœur de l'homme des désirs qu'elle ne peut jamais satisfaire. Nous n'habitons la terre que pour apprendre à désirer ce qu'on n'y trouve pas!..... L'inquiétude de notre ame est une souffrance, mais ne nous en plaignons pas; tous nos droits à l'immortalité sont là, et cette inexplicable douleur est notre plus beau titre de noblesse. J'étais absorbé par ces délicieuses pensées, lorsqu'un rayon de la lune, glissant entre des pointes de rochers, vint argenter la surface du lac. Les nuages avaient disparu; le vent s'était calmé; les montagnes semblaient gravées dans le ciel. La lumière tombant sur le lac, m'y fit bientôt distinguer une barque qui voguait, sans conducteur, au gré du vent. Elle brillait un moment; puis, rencontrant l'ombre de quelque rocher saillant, elle disparaissait entière-

ment. Dans la rêverie où m'avait plongé le
spectacle d'une nature si nouvelle pour
moi, je croyais voir le passage des ames aux
enfers.

Je ne vous écris plus, votre silence me glace : je souffre, et personne ne répond à mes plaintes, personne ne me les reproche!

J'ai été aux eaux de Pfeffer, et cette espèce d'enfer ne m'a pas paru plus triste que mon cœur. Si la planche qui me portait se fût brisée sous mes pieds, je serais tombé sans regret dans l'abîme. Ne croyez pas que je m'exagère la douleur qui me consume; j'ai fait beaucoup d'efforts pour la surmonter; quand l'inquiétude ne trouble pas ma vie, je tombe dans l'apathie. J'aime encore à contempler la nature, mais je ne trouve aucun plaisir à la décrire. Des précipices, des rochers qui bordent un torrent furieux et se rapprochent tellement qu'ils forment en certains endroits des ponts naturels ; tout ce qui est terrible et sublime dans la réalité ne me

paraît qu'ennuyeux et monotone dans mes
descriptions. Jamais le soleil ne pénètre au
fond de la triste fente de rochers qu'on ap-
pelle la Vallée des Bains; j'y marchais guidé
par des lueurs incertaines, et que je comparais
aux remords qui troublent l'ame du méchant
sans l'éclairer. Des scènes si lugubres n'ont
pu rien ajouter à ma mélancolie : vous m'a-
bandonnez, que me fait tout le reste ?

Genève, cc 26 septembre 1811.

A la fin du voyage de Suisse, je veux vous dire, en peu de mots, l'effet que ce pays a produit sur moi. Peut-être devrais-je retarder cette espèce d'examen ; car je suis encore trop près du tableau pour en apprécier l'ensemble; mais je crains peu les erreurs ; je ne me garde que des mensonges. Je vous l'ai dit cent fois, c'est que j'ai peur que vous ne me croyiez pas.

Puisqu'il faut être vrai, je commence par vous avouer que la Suisse m'a toujours trompé, et que mon voyage en ce pays n'a été qu'une longue illusion d'optique. Aucun de ces sites fameux n'ont produit sur moi l'impression que j'en attendais. Je me figurais que plus les lieux seraient sauvages et solitaires, plus

leur effet serait grand ; c'était une erreur.
Les parties désertes des Alpes ne m'ont offert
qu'une suite de tableaux monotones, où l'on
cherche en vain des émotions nouvelles.
Plus on s'enfonce dans leurs solitudes, moins
on les trouve imposantes ; les montagnes
sont en quelque sorte l'emblème des princes
de la terre : elles n'exercent leur prestige
que de loin ; mais vues des points qu'on peut
atteindre, les sommités les plus élevées per-
dent de leur grandeur, et se présentent aux re-
gards désenchantés sous des formes vulgaires.
Les beautés des cols supérieurs n'approchent
pas de la magnificence des vallées qu'on
trouve au pied des monts. On appelle mon-
tagnes les gorges élevées par lesquelles on
traverse les Alpes, et ce nom de montagne sé-
duit l'imagination du voyageur ; mais quand
il est parvenu à une certaine hauteur, ses re-
gards ne s'arrêtent plus que sur des pentes
toutes nues, sur des enfoncemens encombrés
de petites pierres cassées ou couverts de pâ-
turages bien ras, et bien ennuyeux à voir :
plus de rocs aux formes imposantes, plus de
précipices épouvantables ; toute cette poésie
des Alpes n'appartient qu'à leurs régions in-

férieures et mitoyennes ; c'est une illusion
d'enfant de croire qu'en s'approchant des
pics, qui de loin paraissent les plus extraor-
dinaires, on y découvrira des beautés mysté-
rieuses. L'expérience apprend bientôt aux
voyageurs les plus aventureux, que même eu
Suisse, ce qu'il y a de vraiment beau est facile
à atteindre. Le plaisir d'un jeune homme qui se
joue des difficultés n'est plus celui d'un pein-
tre ou d'un poète, c'est plutôt la satisfaction
d'un mathématicien audacieux qui réfute en
montant les rochers les erreurs de l'habitant
de la plaine : il voit s'abaisser le sommet
qui de loin lui paraissait dominer tous les au-
tres, il découvre des pointes que leur éléva-
tion même avait dérobées à ses regards, il
mesure des distances qu'il n'avait point ap-
préciées, enfin il parcourt dans tous les sens
des régions dont les autres n'approchent
qu'en imagination ; mais cette espèce dejouis-
sance est celle d'une rectification de calcul ;
elle satisfait la raison plus que le sentiment,
et dispose l'esprit à tracer une carte de géo-
graphie, plutôt qu'à improviser une descrip-
tion poétique. Voilà exactement ce qu'on
éprouve, ou du moins ce que j'ai éprouvé sur

sur le Yoch, sur les Alpes Surennes, sur le
Saint-Gothard, sur le Gries, sur le Pragel et
sur beaucoup d'autres montagnes que je ne
vous nomme pas, parce qu'elles sont pres-
qu'inconnues. La première fois que j'aperçus
de loin les Alpes avec leurs pyramides de
neige, leurs glaces colorées et leurs rocs fan-
tastiques, ce spectacle fit naître en moi des
pressentimens que je crus pouvoir réaliser.
Il faut pénétrer, m'écriai-je, jusqu'à ce repaire
des frimas : de là coulent les fleuves qui fer-
tilisent nos champs, là se forment les orages
qui les dévastent : c'est l'empire du chaos,
courons y chercher notre image ! Je parviens
avec peine à ces régions ; désabusé dès l'abord,
rien ne me suffit, j'implore l'étonnement, je
cherche le surnaturel, l'impossible, et tout
me paraît commun, tout est dans l'ordre,
dans la mesure ordinaire. La grâce seule
rend la nature toute puissante ; dès qu'elle
abandonne le beau pour le bizarre, notre
imagination va plus loin qu'elle ! Quand mon
œil, attiré par les formes gracieuses d'un
coteau, en suivait lentement les contours fa-
ciles, je ne demandais pas qu'on les adoucît
encore ; les eaux du Lac m'étaient assez limpi-

des, les reflets de ses rives assez vifs ; l'ombre
de mes bois me semblait assez fraîche : la
vue de la nature ne nous satisfait entière-
ment, que lorsqu'elle élève notre ame jus-
qu'au sentiment de la perfection !

Pourtant au premier aspect des déserts des
Alpes, j'ai senti quelques impressions nou-
velles. Quoiqu'il trompe notre attente, le
spectacle de ces sites plus attristans qu'éton-
nans nous initie à un ordre de sentimens
étrangers aux impressions ordinaires de la
nature ! On cherchait des beautés sensibles ,
on découvre, pour ainsi dire, une vérité mé-
taphysique : la nature a une ame, et cette
ame nous parle dans la solitude ! Alors le su-
blime se révèle à l'esprit et lui dévoile les mys-
tères de la création. Ce n'est plus beau , c'est
admirable ! On dirait que cette nature singu-
lière ne subsiste que pour nous enseigner
son maître ! Les hautes montagnes avec leurs
déceptions et leurs prestiges, sont l'emblème
d'une vérité abstraite ; quand l'esprit s'est
élevé jusque là, il peut encore jouir d'un
spectacle imposant quoique différent de ce-
lui qu'il attendait. On ne regarde plus la na-
ture, on l'interroge ; tout y devient mystère,

allégorie, tout y paraît révélation, et l'on
éprouve des impressions analogues aux graves
émotions que produit la lecture des livres
sacrés! On renonce aux sensations, on re-
nonce à l'art, on renonce au beau physique;
le monde disparaît, la nature finit, le surna-
turel commence, et l'homme ne regarde plus
qu'au dedans de lui! Il n'y a pas là de ta-
bleaux à faire, de phrases à arranger : tout
est religieux, silencieux; la pensée du su-
blime, qui se réveille, triomphe de la beauté
des formes qui disparaît! C'est le christianisme
encore une fois vainqueur de l'idolâtrie.

Les arts sont païens par essence; la vraie
philosophie est chrétienne; ils ne s'adres-
sent qu'aux sens, et jamais ils n'arrivent à
l'ame, par l'ame elle-même! S'ils figurent
l'infini, ce n'est qu'en se servant de la ma-
tière : c'est la créature qui parle au Créateur.
Les montagnes vues de loin sont du domaine
des arts; vues de près, elles passent dans ce-
lui de la philosophie chrétienne. On devrait
défendre leur approche aux profanes, comme
autrefois on écartait du sanctuaire tout ce qui
n'était point initié. Que le peintre abandonne
les solitudes alpestres aux philosophes du

mont Saint-Bernard et à leurs pieux disci-
ples, il ne doit jamais s'éloigner des riantes
contrées qui virent fleurir son art ; il faut,
s'il veut conserver ses illusions sur les monta-
gnes, qu'il n'approche pas de leurs sommités ;
ne cherchant d'autres beautés que celles des
formes et des couleurs, que ferait-il au mi-
lieu de pâturages tout nus et d'éternelles
vallées de glace ?

Vous vous étonnez de ce que je ne vous
ai pas encore dit un mot du caractère des
Suisses ; c'est qu'ils n'ont plus de caractère,
et que leurs défauts, aussi bien que leurs qua-
lités, appartiennent à toute l'Europe, autant
qu'à eux-mêmes. Cès bonnes gens ont l'air
aussi étrangers chez eux, que ceux qui les y
vont chercher ; ils ont oublié beaucoup de
leurs vieilles maximes de probité, ils ont
perdu presque tout leur antique amour de là
liberté, mais ils n'adoptent qu'avec peine des
idées qui, chez nous, ont remplacé les doc-
trines de nos pères. Ils ont la main plus ou-
verte que l'esprit, et reçoivent notre argent
plus volontiers que nos conseils ! Il me sem-
ble que tout ce qu'on peut dire des Suisses
en général, c'est que s'ils sont de leur temps

par les sentimens, ils sont d'un autre siècle par la pensée ! Je ne parle point ici de Genève, ville séparée et détestée de la Suisse.

Après bien des doutes, bien des incertitudes, nous partons demain pour l'Italie ; ce qui vous étonnera, c'est que depuis ma dernière lettre, nous avons vu les îles Borromées. Nous avions quitté Genève pour faire seulement le tour du Lac, en attendant les lettres qui devaient décider notre voyage. Mais chemin faisant, l'idée nous vint de nous en aller à tout hasard visiter le Lac-Majeur. C'est un acte de liberté dont je me sais gré, quoique, d'après l'événement, il eût mieux valu attendre nos lettres à Genève. Je n'ai fait qu'entrevoir les sites de l'Italie, et j'en suis ravi. Quel charme j'ai trouvé à la lumière ! que l'air était doux, que les parfums étaient délicieux ! J'ai passé tout le soir au bord du Lac ; un vent faible soulevait à peine ses vagues ; c'était le rêve d'une tempête ; et quand

l'onde est parfaitement calme, c'est une
glace immobile. Le souvenir même des va-
gues est effacé; seulement une légère écume,
telle qu'une écharpe blanche, se balance alors
près de la rive. Une vapeur bleuâtre adoucit les
contours des montagnes : il y a un charme par-
ticulier dans cet air devenu visible, et qu'on ne
sent plus, et dans cette rayonnante lumière qui
se joue de toute la nature, comme un peintre
de sa palette. Les sons, les couleurs, les par-
fums, là tout est en proportion, en harmonie,
tout charme et trouble l'ame. Ah! mon ami, en
Italie, la terre est trop belle pour l'homme!
Sous ce climat la vie n'est qu'une séduction con-
tinuelle, et respirer, c'est aimer; les journées
me paraissaient trop courtes même pour ne rien
faire; ailleurs il faut chercher les émotions,
là il faut les fuir, car elles vous accablent. Un
homme qui conserverait dans ce pays l'acti-
vité qu'il avait dans les régions moins natu-
rellement habitables, ne résisterait pas long-
temps aux sensations qui le consumeraient.
La nature, lorsqu'elle a tant d'éclat, pro-
duit sur nos organes l'effet de l'harmonica :
elle charme les sens, mais elle les ébranle
trop vivement. Aussi ne peut-on suppor-

ter en Italie le parfum des fleurs! Après
avoir admiré pendant quelques instans ces
îles qui semblent flotter sur les eaux, je me
sentais le besoin de me distraire d'un spec-
tacle si brillant. J'étais ébloui, et mes yeux se
fermaient malgré moi. Je me retraçais alors
le tableau que je venais de quitter pour
un instant, et que je retrouvais à mon pre-
mier désir; ce jeu m'enivrait de plaisir!
Quel ravissement, en rouvrant les yeux, de
voir mes rêves surpassés! En songe, on ne
se figure pas la lumière; et c'est elle qui fait
le charme des paysages de l'Italie. L'Italie!...
Je ne pouvais entendre prononcer ce nom,
sans frémir d'espérance et de plaisir, comme
si c'était là que ma destinée dût se révéler.
Je me souviendrai long-temps de ce que j'é-
prouvai un soir que nous voguions assez
tard sur le Lac. Le jour tombait; nous nous
étions arrêtés auprès du colosse de saint
Charles Borromée. Il y a de la majesté, du
repos dans la pose de cette statue prodigieuse.
Elle domine toute la contrée qu'elle bénit et
qu'elle semble protéger. Sa hauteur, avec le
piédestal, est, je crois, de 75 pieds. Certes
ceux qui firent élever ce monument de fa-

mille avaient de la grandeur dans les concep-
tions. Le bruit cadencé des rames, le balan-
cement du bateau, quelques lumières qu'on
voyait briller entre Sestos et Arona, les der-
nières teintes du jour qui faisaient ressortir
les angles des créneaux d'un vieux château,
possédé encore aujourd'hui par la famille
Borromée; tout ce qui m'entourait m'avait
disposé à la rêverie. Couché sur le banc du
bateau, je ne voyais plus la terre; mes yeux
et mes pensées se fixaient sur le ciel étoilé;
et mon ame demandait des ailes au Créateur.
Enfin quelqu'un rompit le silence où nous
étions tous tombés, et le seul mot d'*I-
talie* arriva jusqu'à mon oreille! Je lui trou-
vai, dans cet instant, une puissance magique;
je me crus plongé dans une mer de lumière;
des torrens de feu parcouraient mes veines;
ma tête était troublée, mes yeux éblouis,
mon sein palpitait de plaisir et de crainte...
La brise du soir me semblait enflammée, et,
si je cherchais à m'expliquer ce trouble, mille
voix répondaient du fond de mon ame : l'I-
talie, l'Italie!!!... Jamais depuis je n'ai ré-
pété ce nom sans émotion! La nature ne m'a
fait nulle part autant d'impression qu'en ce

pays. L'architecture des villes, qui a conservé des traces du goût antique, la blancheur des maisons, les châteaux, les églises, les berceaux de pampres supportés par des colonnes de marbre et de granit, les orangers, les grenadiers, les lauriers, ces ornemens qui semblent dédaignés par ceux qui les ont semés sans soin et avec profusion dans le paysage, tout ici décèle un peuple inspiré pour les arts, un soleil puissant, un climat conservateur!!!... La solitude n'existe plus dans ces vallées, où la nature est animée d'un souffle de volupté, où la mythologie renaît malgré la vérité et peuple les campagnes d'êtres sensibles comme nous! L'éternelle jeunesse d'esprit des nations païennes brave chez les Italiens les lumières du christianisme; et cette nation, poétique sans le savoir, jouit, dans toute sa plénitude, du bonheur de l'ignorance.

Nous voici dans l'auberge la plus triste et la plus sale que vous puissiez vous figurer. Neuf heures viennent de sonner; nous partons à deux heures du matin, et j'ai quelque envie de passer cette demi-nuit à vous écrire. Il m'est si doux de m'occuper de vous, de penser que je vous occuperai de moi! Je vous défie de deviner ce qui nous a retenus ici. Une roue brisée, un cheval malade, une jambe cassée? Ce serait trop commun! Puisqu'il faut vous le dire.... c'est un nez coupé!... le nez du cocher! Quand je dis coupé, j'ai tort, il est mordu; bien mieux! il est avalé; et par qui donc? par un chien, par un loup? Rien de tout cela! Me croirez-vous, si je vous dis qu'il est avalé par un postillon? c'est cependant l'exacte vérité. Les Savoyards ressemblent un peu à des animaux, et ils en

adoptent les mœurs. Voilà sans doute pour-
quoi le postillon de la diligence a cru ce ma-
tin pouvoir sans inconvénient croquer le bout
du nez de notre pauvre voiturier. Pour finir
une plaisanterie si froide, je vais vous racon-
ter sérieusement cette triste aventure. En
vérité, rien n'est moins divertissant qu'un tel
accident. Dans un chemin creux, notre voi-
ture est accrochée par la diligence, et le pos-
tillon qui la conduisait continua sa route sans
s'embarrasser de nous; nous reculions aussi
vite qu'il avançait; à la fin, il part au grand
trot, et emporte la moitié du cabriolet dans
lequel se trouvait notre voiturier. Celui-ci,
furieux de voir son siége fracassé, court après
le coupable, dont il arrête les chevaux, en
lui demandant, un peu énergiquement sans
doute, des dédommagemens. Il se querelle
avec cet homme, le bat, se roule avec lui
dans la boue, et enfin il perd son nez à la
bataille; non pas tout son nez, un petit mor-
ceau seulement, dont l'autre eut soin de se
nantir, en compensation de l'argent qu'il
craignait sans doute d'avoir à débourser dans
la suite. Je n'ai vu que le résultat de la ba-
taille, parce qu'elle s'est passée à cent pas de

nous, et que la route faisait un coude en cet endroit. Mais, au bout de quelques minutes, nous voyons revenir notre cocher tout essouflé, pâle, l'air effaré, le visage en sang, et, qui pis est, avec le bout du nez de moins. Il nous dit que le coquin de postillon ayant été terrassé dans la lutte, a trouvé à propos de le mordre pour se venger. Jugez de notre indignation! Après avoir pansé, aussi bien que possible, le visage de ce pauvre homme, nous nous sommes remis en route, et au premier village, nous avons fait venir le juge de paix, afin de lui porter plainte contre le postillon enragé. Le fond de cette histoire est affligeant sans doute, mais la forme en était risible, et je n'ai pu me monter au ton convenable pour vous la conter. Il faut voir ce qu'est un juge de paix d'Aiguebelle, et un juge de Saint-Jean de Maurienne; ces figures-là vous égaieraient malgré vous. Nous sommes ici depuis hier à demander justice à des gens dont pas un ne serait déplacé dans une farce de Brunet. N'ayant pas assisté à la querelle, nous ne pouvons témoigner en justice; mais tout autre homme qu'un juge, et surtout qu'un juge de Saint-Jean de Maurienne, se

contenterait du récit bien clair que je viens
de faire, et *duquel il appert au moins* que le
postillon de la diligence a blessé notre hom-
me; tandis que la blessure prouve elle-même
qu'elle n'a pu être faite qu'avec les dents :
c'est ce qu'ont attesté deux médecins qui l'ont
visitée. Hé bien, ces preuves paraissent équi-
voques aux esprits savoyards, qui aimeraient
mieux faire cent injustices à un cocher géne-
vois, qu'une fois justice contre un postillon de
Maurienne. Parmi ce peuple de cretins et de
mendians, plongé dans des vallées profondes,
respirant avec peine un air méphitique, en-
touré d'eaux croupissantes, il se trouve des
gens de loi assez éloquens pour espérer de per-
suader à des hommes de bon sens qu'on peut se
mordre le nez soi-même : c'est justement ce
point que nous discutons depuis vingt-quatre
heures, avec un sérieux vraiment trop risible.
Ces gens-là nous forcent à jouer une scène
de Gil-Blas. Sans penser au fond de l'affaire,
ils ne s'arrêtent qu'à des niaiseries, traînent,
bavardent, divaguent, et font si bien, qu'ils
nous retiennent ici un jour entier, ce qui
n'est rien moins qu'agréable en tout temps,
mais surtout dans une saison où chaque jour

de retard peut rendre le passage du Mont-
Cenis très-mauvais [1].

1 La fin de cette histoire est digne du commencement. Après
six mois de tracasseries, le pauvre voiturier n'a jamais pu faire
condamner son ennemi, et il a payé tous les frais du procès,
qui lui ont coûté plus de 50 louis. Les formes de la justice ont
bien changé depuis Le Sage, mais le fond est toujours le même.

Voilà encore une fois l'Italie !..... Que vous dirai-je? Je crains de m'avouer à moi-même mes pressentimens..... Comment oser les exprimer? J'ignore ce qui m'attend en ce pays, mais je sens que mon sort s'y décidera. Je suis entraîné vers je ne sais quel bien, quel mal qui m'attend. Les instans me paraissent des siècles! Une inquiétude inexplicable me rend indifférent à tout ce que je vois. Il me semble qu'un combat se livre en moi; et si je me demande la cause de cette lutte intérieure, je ne puis répondre. Mais je sens, et j'ai toujours senti que je ne vis que de contradictions; un instinct religieux me crie de renoncer à ce que j'aime, il me semble que tout plaisir est un crime, et que je dois tourmenter ma vie si je veux en atteindre le but. Cette pensée, trop faible pour me conduire, trop forte pour me laisser en repos, fait le supplice de mes jours. Je me sens au-dessous de ma vocation; j'ai trop de lumière pour avoir si peu de force! L'Italie m'attire par des charmes nouveaux, et je frémis d'y pénétrer! Il y a dans le fond de mon ame quelque mystère inexplicable! Aujourd'hui je croyais me livrer à la joie de revoir ce pays! Nous venons le chercher de si loin, qu'au moins faut-il trouver du plaisir à se donner tant de peine; mais les émotions me fuient, et je reste comme une pierre devant les mêmes tableaux qui me jetaient, il y a quelques jours, dans le délire! Nous retrouvons ici presque le printemps. Nous avons traversé de belles prairies arrosées par des ruisseaux qui coulent encore à l'ombre, car les mûriers n'ont pas perdu leurs feuilles; de superbes rochers semblent s'élever vers le ciel pour supporter des édifices majestueux. En Italie, on dirait que les montagnes font partie de l'architecture; celles des environs de Suze sont couronnées de vieux couvens, de tours gothiques, de châteaux imposans, qu'on prendrait de loin pour des rochers élevés sur des rochers. Le pampre conserve

sa verdure , il ombrage encore les chemins ,
et ses guirlandes tombent jusqu'à terre. On
rencontre des figures expressives, un seul de
ces visages animerait un pays : hé bien, loin
de me réjouir, en contemplant tant de beau-
tés, je me sens saisi de crainte, et je m'ef-
fraie de cette crainte comme d'un nouveau
pressentiment. Mon esprit prend ses rêveries
pour des prophéties. Je dois vous paraître
insensé ; pourtant je ne vous découvre de
mes sentimens que ce qui peut s'exprimer.
Que serait-ce si je voulais vous peindre mes
doutes, mes espérances trompées, les vagues
lueurs qui troublent ma raison sans l'éclai-
rer? En écrivant on ne montre jamais qu'un
côté de son ame à la fois : l'ensemble se perd
dans les détails. La succession des idées ,
avec quelque variété qu'on les exprime , ne
peut jamais rendre les impressions simul-
tanées ! Cette réflexion m'engage à finir;
d'ailleurs, la nuit est déjà bien avancée.

Après avoir vécu cinq mois au milieu des Alpes, un sauvage tel que moi ne peut rentrer dans une ville sans éprouver une sorte de malaise; *ces cachots de la civilisation* où le bourdonnement des hommes me fait regretter les bruits augustes de la nature, ont pour moi tant de ressemblance entr'eux que les voyages se réduiraient à payer les frais de poste si je ne voyais que les capitales des différens pays que je traverse. Depuis trois jours que nous sommes à Turin, je crois parcourir le Marais, surtout la Place Royale, car les rues de cette ville sont toutes bordées d'arcades qui les rendent monotones. Je supporte le spectacle de la foule et de son mouvement oiseux avec moins d'impatience qu'à Paris, parce que je m'y sens plus étranger. Là, j'ai des devoirs que je néglige le plus possible, mais dont je ne

parviens pas à m'affranchir sans troubler ma
conscience, et la gêne du monde, insuppor-
table à mon caractère, me rend injuste pour
les hommes qui me l'imposent.

Je vis comme si j'étais dominé par une
grande passion ; il ne manque qu'un objet à
ce sentiment. Mais l'agitation vague fait tom-
ber mon ame dans l'insensibilité, et bien que
le besoin d'aimer soit le principe de mes
peines, elles ressemblent aux tourmens de
la vanité ! Si je n'étais paresseux avant
tout, j'aurais la passion de la gloire ; mais
les caractères faibles sont sujets aux décou-
ragemens d'amour-propre comme à tous les
autres dégoûts. J'ai un mélange de gravité et
de légèreté qui m'empêchera de devenir autre
chose qu'un vieil enfant bien triste. Si je suis
destiné à éprouver de grands malheurs, j'aurai
l'occasion de remercier Dieu de m'avoir fait
naître avec cette disposition à la fois sérieuse
et frivole : le sérieux m'aidera à me passer
du monde, l'enfantillage à supporter la dou-
leur ! C'est à quoi il réussit mieux que la
raison !

CE soir j'étais encore triste et rêveur comme à Suze, comme à Turin ; je revenais de la poste sans y avoir trouvé de vos lettres ; la grande place de la cathédrale était couverte de monde, la foule y affluait et en sortait par tous les chemins ; les hommes se rencontraient, se heurtaient, se quittaient sans s'inquiéter les uns des autres : c'était l'image de la vie ! J'approche de l'église, ce chef-d'œuvre de l'architecture gothique, mélangée d'une élégante imitation de l'antique. Quoiqu'il fût déjà tard, les portes étaient ouvertes ; j'entre ! D'immenses voûtes de marbre blanc se dessinaient dans l'ombre, et servaient pour ainsi dire de cadre aux ténèbres. L'obscurité de cette enceinte me semblait redoutable ; j'avançais vers une faible lueur qui brillait devant moi : c'étaient deux lampes allumées près de l'autel. Par-

venu au-dessous du dôme, je m'arrêtai, et
ne pus que prier. Je restai long-temps à
genoux sur le marbre, j'élevais les yeux pour
contempler l'élévation du dôme : la nuit
l'agrandissait, sa hauteur dépassait ma pen-
sée! et mon esprit s'arrêtait à la voûte du
temple comme à l'entrée du ciel. J'aurais voulu
rester long-temps prosterné; je me croyais
protégé par ces murs sacrés; je sentais qu'on
pourrait se faire une patrie dans une église!!!
Il fallut se retirer. Près du baptistère, plu-
sieurs femmes à genoux, récitaient avec dé-
votion les prières du soir; plus loin, un vieil-
lard paraissait abîmé dans la contemplation :
il est rare de voir des humains dont la dis-
position d'ame paraisse en harmonie avec un
lieu saint. Le soleil déjà couché pour la ville
incendiait de ses derniers rayons la fenêtre la
plus élevée de la nef, et les vitraux peints
réfléchissaient des feux de mille couleurs sur
le marbre des murs. Ce spectacle était aussi
beau qu'aucun de ceux que peut offrir la nature.
Il me retint encore quelques instants, et avant
de sortir je jetai dans l'église un dernier re-
gard. Il y faisait presque nuit, mais on dis-
tinguait encore toutes les voûtes de l'édifice.

Les piliers seuls disparaissaient dans l'ombre, et le temple restait comme suspendu. Deux lumières près de l'autel et quelques lampes qu'emportaient les sacristains en se retirant, répandaient des lueurs dont l'effet était surprenant. J'entends crier les grilles, et je me hâte de fuir cette prison céleste pour rentrer dans le monde. Je la regrettai quand je me retrouvai sur la place dont je vous ai peint le mouvement : cependant je me sentais en meilleure disposition qu'avant d'avoir prié. J'avais une sérénité d'ame qui me fuit trop souvent; j'avais de l'indulgence, de la douceur, enfin je valais mieux que moi! De pareils momens sont rares et courts.

COMMENT l'idée de m'écrire ici ne vous est-elle pas venue ? Pouvez-vous renoncer à me causer tant de joie ? Quelques mots de vous m'eussent fait croire que vous étiez partout avec moi, que nos cœurs savaient franchir toutes les barrières, qu'il n'est pour nous ni temps, ni espace ! J'ai le besoin du merveilleux; mon esprit orgueilleux et visionnaire se représente des prodiges, où d'autres ne verraient que la marche ordinaire des choses. Mais aussi je suis facile à détromper; grâce à vous, je n'ai plus d'illusions, plus d'incertitude. Je ne me flatte plus de voir le sort faire une exception en ma faveur, et ma vanité romanesque, déçue à chaque pas que je hasarde dans le monde, fait que je me prends moi-même en aversion. Passez-moi le paradoxe, il n'est

que dans les mots : je me déteste par amour-
propre. Ah! Sara , rendez-moi le mouvement
intérieur qui soutenait ma vie , et sans lequel
je ne suis qu'une machine à voir , à marcher,
à dormir ! Donnez-moi le moyen de rêver un
nouveau miracle, renouvelez mon erreur , je
vous promets de la mieux défendre ; j'adore
le doute, l'incertitude , le vague ; et si vous
me trompez encore, je ne me laisserai plus
priver du bonheur que je devrai à ma puis-
sance d'illusion. Je le sens , je n'étais pas né
pour vivre.

Souvent au milieu de la foule des objets qui passent sous mes yeux, j'en distingue un seul qui me frappe, qui me touche, qui fait de moi quelque chose, et réveille tout ce que j'ai de noblesse dans l'ame. C'est surtout la peinture qui produit sur moi cette impression!! En France, nous ne savons guère apprécier les chefs-d'œuvre de l'Ecole d'Italie. Nous les entassons dans une collection prodigieuse, où ils se nuisent, se perdent, où tous les genres, tous les âges sont confondus, où l'on se fatigue l'ame et les yeux en passant devant les modèles de l'art, enfouis par orgueil sans servir à ses progrès. On ne jouit pas de tant de richesses, on les compte. Les Français, peu touchés des vrais plaisirs de l'imagination, ne voient dans les chefs-d'œuvre qu'ils ont conquis, que les ornemens

de leurs triomphes ; le génie humain s'est épuisé
pour fournir des trophées à nos régimens, et
nous apprécions les Raphaël à peu près comme
des drapeaux. Notre Musée est le trésor d'un
despote ; c'est la prison des tableaux ! En Italie
où l'on ne vit que par les Arts, où l'on ne va que
pour eux, chaque ville a son peintre, chaque
peintre a son sanctuaire ; on passe des jours
entiers à étudier les ouvrages d'un seul maître,
on se familiarise avec sa manière ; on sent par
lui, comme lui ; on entre dans son esprit, on
s'attache à ses personnages de prédilection,
on vit avec eux, et l'ame s'élève à la hauteur
des nobles passions que l'artiste a senties et
rendues en dessinant les traits de ses héros !
Les arts sont des langages inventés pour nous
reposer de la parole, et les jouissances qu'ils
procurent tiennent de l'initiation. Chaque
église, chaque galerie nous révèle une ma-
nière nouvelle de sentir et de manifester le
beau ; nous y puisons des lumières sur l'huma-
nité ; le génie de la peinture, planant au-des-
sus des infirmités de la créature dégradée,
reproduit le type primitif de la figure hu-
maine, et nous apprend ce que nous pourrions
être, ce que nous serons peut-être un jour ;

jamais il n'abandonne la réalité ; il la répare, et l'artiste qui approche le plus du sublime dans ses compositions les plus idéales, ne crée point, il régénère.

Telles sont les idées qui me sont venues en contemplant le chef - d'œuvre de Luini, peintre milanais, élève de Léonard de Vinci, et pourtant fort peu connu à Paris.

Ses figures ont une beauté morale, elles furent inspirées par un esprit de divination : ce sont des visions célestes. En imitant la nature, Luini nous révèle un monde meilleur. Il fallait une grande ame et une puissance d'imagination peu commune pour faire parler tant de langages à la beauté parfaite.

Ce qu'il y a de difficile en peinture, ce n'est pas d'inventer des figures de fantaisie, c'est de varier l'expression de têtes toujours également régulières. Ce genre de mérite m'a paru appartenir particulièrement à l'artiste milanais. Il emploie pour faire effet des moyens si simples, les nuances par lesquelles il exprime les divers sentimens de ses personnages sont si fines, que la parole ne peut les rendre. Fort de son enthousiasme, il n'en a point outré l'expression, sûr de se faire entendre et sentir, il a peint comme parle un homme persuadé.

Les chefs-d'œuvre de ce maître sont à six lieues de Milan, dans l'église de Sarona : c'est le Mariage de la Vierge et la Présentation au temple. Tout l'Evangile respire dans la figure de Marie ; mais la tête du Père, qu'on m'a montrée ce matin dans la galerie de Milan, est l'Ancien Testament tout entier ! Je n'ai jamais vu de peinture qui m'ait paru plus antique, c'est la Bible même avec sa majesté, sa poésie et la simplicité de son style.

La fameuse Cène de Léonard de Vinci est tellement dégradée qu'on jouit des copies qui en existent, plus que de l'original. On nous en a montré une faite par un élève de Léonard et sous les yeux du maître. Ce tableau est beau comme le sujet qu'il représente, et touchant comme l'Evangile. Les différens caractères des apôtres y sont indiqués avec une profondeur qui étonne : au bout de quelques momens, mes regards se fixèrent sur la tête de saint Jean, et ne purent plus s'en détourner. Cette tête me paraissait répondre aux sentimens les plus délicats d'une ame chrétienne : c'était saint Jean lui-même. Tout ce qu'il y a de mystérieux dans la prédilection du Sauveur, pour son disciple favori, a été deviné et exprimé par le peintre!

Il ne fallait pas moins qu'un génie comme celui de Léonard de Vinci pour exprimer les combats qui agitaient l'ame du plus tendre et du plus jeune des apôtres au moment de son réveil! L'amour sacrifié à force d'amour, les dernières douleurs de la résignation, les regrets vaincus par l'espérance, la nature soumise à la foi, mais toujours nature : jamais le talent humain ne s'exerça sur un plus noble sujet, et jamais le génie n'a mieux triomphé des difficultés de l'art! Plus on examine la tête de saint Jean, plus on y trouve de beautés et d'intentions. Les traits ne marquent que la souffrance; dans l'expression brille déjà la gloire! Mais cette prévision de l'ame ne console pas l'homme terrestre; elle ajoute à son abattement, puisqu'elle rendrait sa plainte criminelle et ses regrets illégitimes.

J'ai visité ce matin une ancienne Chartreuse, située à plus d'une lieue d'ici. L'intérieur de l'église est peint à fresque par Daniel Crespi, qui a mis beaucoup d'art à faire ressortir des figures de chartreux sur un fond d'un bleu mat, peu favorable à l'effet de la chair. Le costume de ces religieux est beau en peinture : une physionomie italienne et un capuchon : c'est tout ce qu'il faut pour faire un tableau !

Ce qu'il y a de plus frappant parmi ces chefs-d'œuvre, c'est un trait de la vie de saint Bruno. Le tableau de Le Sueur, qui est à Paris, et qui représente le même sujet, m'avait fait peu d'impression; mais je frémis encore en me rappelant celui de Crespi ; je vais tâcher de vous le décrire. J'avais déjà parcouru la moitié de l'église quand une figure, qui paraissait sortir du mur, attira toute mon attention; c'était un homme à demi nu, les teintes de la mort étaient empreintes sur son visage, son corps livide et décharné semblait éprouver une contraction pénible; un feu sombre brillait dans ses yeux, qui ne regardaient rien. Ce spectre vivant paraissait tourmenté d'un songe; enveloppé d'un linceul, et assis sur une espèce de planche, d'où il semblait ne s'être relevé qu'avec effort, il était prêt à parler. Autour du lit on voyait des prêtres et plusieurs autres personnages parmi lesquels on distingue le jeune saint Bruno : je restai stupéfait d'étonnement devant une apparition si extraordinaire, et que m'expliquèrent enfin ces lignes écrites en latin au pied du fantôme : « *C'est avec justice que Dieu m'a accusé; c'est avec justice qu'il m'a jugé; c'est avec justice qu'il m'a condamné.* » Ces paroles, prononcées par un être qui ne semblait avoir de vie que pour les proférer, me firent comprendre le sujet du tableau, et les regards brûlés du malheureux, dont les yeux creux et noirs ressemblaient au cratère d'un volcan après l'explosion. J'avais trouvé, en aperce-

vant d'abord cette admirable peinture, un
contre-sens entre la vivacité de l'action et
l'air défaillant de celui qui la faisait ; mais
lorsque j'eus mieux conçu le sujet, je recon-
nus que le peintre avait voulu montrer un
homme vivant de la seule vie du remords, et
d'un remords infructueux pour lui ! ! ! Cette
résurrection d'un pécheur, témoignant contre
lui-même, devait convertir saint Bruno, mais
ne pouvait plus sauver le pécheur. Ce n'est
pas un être vivant qui se meut et qui parle,
c'est un mort, un mort jugé, condamné et
qui veut être puni sans pouvoir être rési-
gné ! Sa perversité cherche le feu, comme la
pierre tombe, comme l'huile surnage ; le
sentiment inné de la justice et la fatalité du
crime poursuivent son ame ; réprouvé, il re-
vient pour contribuer à la gloire de son juge ;
et l'enfer rend un moment sa proie en témoi-
gnage de la justice du ciel. C'est un grand
peintre que celui dont le pinceau explique
mieux que des paroles toute cette métaphy-
sique chrétienne : « C'est avec justice que
Dieu m'a accusé ; c'est avec justice qu'il m'a
jugé ; c'est avec justice qu'il m'a condamné. »
A ces mots, que je crois entendre, le pé-

cheur va retomber dans l'enfer et saint Bruno s'acheminer vers le ciel !

La nécessité de la justice, le poids d'un crime caché, la grandeur d'ame qui rend ce poids plus insupportable, le combat de la vie et de la mort dans un cadavre et l'espèce d'inspiration divine qui anime tout être que Dieu a marqué pour une action d'éclat : voilà ce que Crespi a su exprimer, ce me semble, avec un talent sublime. Il a été moins heureux en s'efforçant de rendre les sentimens des divers personnages qu'il fait assister au miracle. Ils ont des attitudes fausses ou forcées, et saint Bruno ne sort pas assez de la foule. Malgré ses défauts, cette peinture m'a tellement frappé que je ne puis me distraire de la figure du mort ! il me poursuit comme si j'avais vu le miracle.

J'ai été frappé aujourd'hui d'une idée qui pourrait décider de ma vie ; car, que faut-il de plus à l'homme le plus ambitieux, qu'une grande pensée mûrie avec patience et réalisée avec persévérance ? Nous lisons le Dante, et la conception de ce grand poète m'a fait imaginer modestement que je devais refaire son ouvrage. L'Enfer du Dante est l'enfer de son siècle ; chaque âge de l'homme a le sien, à plus forte raison chaque âge du monde. La foi aux punitions dans une autre vie, qui n'est autre chose que le besoin de la justice, est innée dans l'homme, mais la manière de concevoir ces punitions dépend du degré de civilisation des esprits. Le Dante a fixé la philosophie de son époque ; s'il naissait aujourd'hui, il ferait le même travail autrement. Les symboles choisis par le poète tiennent de la rudesse du siècle où il vivait ; le nôtre a raffiné sur la morale, il veut être enseigné d'une manière plus métaphysique que poétique..... Mais je m'aperçois que je prononce d'avance la condamnation de mon ouvrage, et que mon plan ne mène qu'à *dépoétiser* le Dante ! Ce qui était, il y a cinq cents ans, un sujet épique, est devenu aujourd'hui la matière d'un traité, et rien de plus.

Quoi qu'il en soit, il me semble que l'on pourrait encore produire de grands effets en peignant un enfer moral, où les coupables sentiraient toutes les conséquences de leurs crimes sans pouvoir s'en repentir. Ils auraient le vice en horreur et ne voudraient pas s'en corriger, enfin mon enfer ressemblerait tant à ce monde qu'on se demanderait, après l'avoir lu, si la terre n'est pas l'enfer. C'en est au moins le dernier vestibule, et il occupe la plus grande partie de la maison ! Le trait caractéristique des ames condamnées serait de préférer leurs tourmens aux joies du ciel, comme nous faisons ici-bas, où les angoisses des passions nous privent des plaisirs purs, sans que nous voulions nous soustraire à notre esclavage !

Vous dire les divers genres de supplices qui puniront les différens vices, ce serait faire l'ouvrage, mais tous ces tourmens resteront dans un rapport nécessaire avec les fautes que chaque ame aura commises sur la terre. Celles qui se seront laissé égarer par l'amour terrestre, aimeront toujours les mêmes objets et sauront d'avance qu'on ne peut atteindre au bonheur en suivant la route qu'elles choisissent et qu'elles ne veulent pas ne pas choisir! Les mêmes joies qui les enivraient jadis, les dégoûtent maintenant, et pourtant elles n'en peuvent pas désirer d'autres. Les êtres qui les captivent leur font horreur, et c'est de ces mêmes êtres qu'elles attendent la félicité qu'elles n'ont pas su chercher où elle était. Les infortunés!!! ils sont condamnés à ne plus se séparer, et ils attendent de l'horreur et du mépris qu'ils s'inspirent mutuellement les mêmes jouissances qu'ils obtenaient de leurs illusions! Voilà l'enfer des voluptueux!.....

Je conçois, pour les autres criminels, une foule de punitions aussi variées que les divers genres de prévarications; mais les décrire ici me prendrait trop de temps.

Tout l'ouvrage ne sera qu'une vision. Un ange apparaîtra à l'auteur pendant son sommeil, et l'emportera dans les régions destinées au triomphe de la justice contre le péché. Le réveil du poète fera la fin du poème, et ce réveil subit sera la punition d'une question indiscrète : le poète demandera si l'ame, en perdant la vie, perd à jamais tout moyen de salut, et si dans les régions, où sa dégradation la retient, quelque nouvel avènement du Messie ne pourrait pas lui rouvrir le ciel? A ce mot le guide céleste disparaît, la lumière de l'esprit s'évanouit, et le poète retombe sur la terre.

Je suis bien tenté d'exécuter ce plan! Quelle gloire il y aurait à rendre à ce monde, engourdi dans sa fausse sécurité, la crainte de l'autre! Un si beau sujet flatte mon orgueil! Je descendrai dans les abîmes du cœur, j'en montrerai les plaies cachées; mes réprouvés conserveront quelques-uns des sentimens de la nature; au lieu de m'efforcer, comme mes devanciers, de peupler les enfers de monstres fantastiques, je chercherai le mobile de la terreur dans la ressemblance de cet empire du désespoir avec le monde que

nous habitons, et je répondrai aux idées phi-
lantropiques que notre siècle attribue à son
Dieu, par l'histoire de quelques destinées
humaines sur la terre : tableau peu fait pour
justifier les homélies de nos philosophes sur
l'indulgence de Dieu. Je formerai des mons-
tres intellectuels, je peindrai des ames en
proie à des sentimens contradictoires, et dont
la réunion, inconnue sur la terre, paraîtra
naturelle chez des êtres encore plus dégradés
et plus misérables que nous.

Ce sujet me remplit l'imagination, et me
paraît digne d'occuper une vie entière, il
convient à la direction de mon esprit; mais,
pour le traiter, il faut être inspiré. Dieu me
soutiendra si je me rends digne de recevoir
son appui ! Autrefois on se soumettait à des
épreuves avant de pénétrer dans le sanc-
tuaire d'un temple; de même il faut que
l'ame du poète se purifie pour élever le mo-
nument que Dieu lui commande. Si la poésie
est dégradée, c'est qu'aucun de nos poètes
n'est pénétré de la sainteté de sa mission. Le
ciel ne révèle son langage qu'aux cœurs
purs!..... Dites-moi que je ne suis point
aveuglé par l'orgueil, que je n'espère pas en

vain les secours d'en haut, et que si je n'ai
le talent qu'il faut pour produire de grandes
choses, j'en ai le germe! Demander des
éloges avant d'avoir rien fait, c'est dérober
la gloire ; mais la paresse me persuade que je
n'ai besoin que d'encouragemens.

site dont on est frappé; on demeurerait là
tout le jour sans ennui, comme l'esprit reste
sur une grande pensée. Il y a dans cette
contrée une harmonie secrète entre la nature
et ce que l'ame de l'homme a de plus noble.
Pourquoi troubler cet accord par l'agitation
d'une vie errante? Ici, ce qu'on trouve en cou-
rant ne vaut pas ce qu'on perd; j'aurais voulu
ce matin m'arrêter à voir couler le Tibre. Le
Tibre!... Jamais je ne m'accoutumerai à répé-
ter les noms romains comme d'autres noms!
Les sites de ce pays me plaisent par leur gran-
deur et leur simplicité; on n'y voit pas ces
contrastes bizarres de formes et de couleurs
qui charment moins qu'ils n'étonnent; on n'y
voit pas non plus de ces petits tableaux dont
tout le mérite est dans les détails. Aussi,
bien des gens traversent-ils l'Italie comme
ils voient Saint-Pierre de Rome, sans se
douter de ses beautés; ici le charme des
paysages consiste dans le style et l'harmonie
des objets qui les composent; et puis, com-
ment séparer la poésie des souvenirs de celle
des sites?

On est ému la première fois qu'on traverse
le Tibre. Ses eaux coulent rapidement vers

Nous voici à la porte de Rome! Suis-je digne de mon bonheur? Ai-je ce qu'il faut pour me pénétrer du génie de ces hommes dont je vais fouler la cendre? Moi qui n'ai rien fait, qui ne suis rien, que dirai-je aux ruines de Rome? Rome a tout perdu; je n'ai rien à perdre! Je ne parle que de mes projets, je suis tout espérance; Rome est tout souvenir! Nous ne pouvons nous comprendre.

Que de temps il me faudrait pour vous dire ce que j'ai vu et senti depuis deux jours! Mais ce pays terrasse la pensée. Les sujets sublimes découragent l'éloquence, comme la parfaite beauté désespère le peintre. En Italie, on perd le goût du mouvement, et l'on ne veut que rester où l'on est. Le matin on s'arrête devant le premier

site dont on est frappé; on demeurerait là
tout le jour sans ennui, comme l'esprit reste
sur une grande pensée. Il y a dans cette
contrée une harmonie secrète entre la nature
et ce que l'ame de l'homme a de plus noble.
Pourquoi troubler cet accord par l'agitation
d'une vie errante? Ici, ce qu'on trouve en cou-
rant ne vaut pas ce qu'on perd; j'aurais voulu
ce matin m'arrêter à voir couler le Tibre. Le
Tibre!... Jamais je ne m'accoutumerai à répé-
ter les noms romains comme d'autres noms!
Les sites de ce pays me plaisent par leur gran-
deur et leur simplicité ; on n'y voit pas ces
contrastes bizarres de formes et de couleurs
qui charment moins qu'ils n'étonnent; on n'y
voit pas non plus de ces petits tableaux dont
tout le mérite est dans les détails. Aussi,
bien des gens traversent-ils l'Italie comme
ils voient Saint-Pierre de Rome, sans se
douter de ses beautés ; ici le charme des
paysages consiste dans le style et l'harmonie
des objets qui les composent; et puis, com-
ment séparer la poésie des souvenirs de celle
des sites ?

On est ému la première fois qu'on traverse
le Tibre. Ses eaux coulent rapidement vers

Rome, en passant sous un pont bâti par Auguste, et réparé par je ne sais quel Pape. Dans le lointain, à gauche, j'apercevais les dernières cimes de l'Apennin perdues au milieu des brouillards; plus près, et de l'autre côté du fleuve, le Soracte d'Horace s'élevait comme une vague immense dans une plaine couleur de mer. Civita Castellana, ses singuliers rochers, ses ravins profonds, son beau pont à double rang d'arcades annoncent le voisinage de Rome. En Italie, il y a de l'architecture partout, et toujours l'art y ajoute à l'effet de la nature. Il vient de sonner minuit! Le jour où je dois voir Rome est commencé. Les beaux momens de la vie arrivent comme les autres!

J'AI vu Rome, cette reine qui ne commande plus qu'à des ombres ! l'imagination ne prévoit pas ce qu'on éprouvera en se disant : ceci est Rome !!...... On a beau s'attendre à l'enthousiasme ; il y a des sensations que la réalité seule révèle. Le nom et la poussière de Rome produisent des impressions que l'esprit le plus vif ne saurait se figurer ! Un instant avant de se trouver dans un lieu fameux, nul ne peut dire ce qu'il y va ressentir ; l'effet est quelquefois plus grand, souvent moindre que l'attente, mais toujours il trompe notre idée ! Quand les voyages ne seraient bons qu'à nous apprendre à nous défier de nos pressentimens, il faudrait voyager.

Les destinées de Rome ont fait un désert
du pays qui l'entoure. Cette terre, fatiguée
de porter des hommes, semble vouloir les re-
pousser par son aspect terrible. Un air em-
poisonné, des landes, des fondrières, des
broussailles, et de loin en loin, sur des mon-
ticules, quelques débris de monumens, la
plupart inconnus, douteux, ou bien auxquels
se rattachent des souvenirs pénibles : voilà ce
qu'on trouve aux portes de Rome.

Nous y sommes arrivés hier par un temps
affreux. Nos yeux, aussi loin qu'ils pouvaient
atteindre, ne découvraient que des herbes
mortes,.et qu'une solitude sans fin! Parfois un
cyprès s'élevait près d'une masure ; on croyait
voir le mât d'un vaisseau naufragé apparaître
seul au-dessus de la mer. Ailleurs la terre
se montrait à nu, et une multitude de ca-
vernes ouvrant sur le bord du chemin res-
semblaient aux portes du royaume des Om-
bres. Des chèvres blanches traversaient à la
hâte le fond des petits ravins qui coupent la
plaine en tout sens. Quand ces troupeaux se
répandent sur les tertres isolés qui s'élèvent
dans la campagne, on les prendrait pour des
flocons de neige que le vent pousse devant

lui : tels que j'en ai vu souvent recouvrir en un moment les pâturages des Alpes. Des bœufs armés de cornes d'une prodigieuse grandeur, errent en liberté dans ces déserts historiques. La couleur grisâtre de leur poil se confondait hier avec les nuages qui rasaient presque la terre; ces figures d'animaux enveloppés d'une draperie aérienne, se détachaient à peine sur l'horizon et formaient des tableaux trop peu naturels pour être reproduits par l'art du peintre! Il y a en allemand des poésies où l'on chante les courses des esprits; les contrées traversées par ces ombres voyageuses, n'ont rien de plus bizarre que la campagne de Rome pendant un jour d'hiver où le vent et la pluie ajoutent à la tristesse des paysages. Toute cette contrée a un caractère de grandeur et de majesté unique dans la nature : on reconnaît que c'était le théâtre préparé pour l'histoire du monde.

En entrant dans la ville, j'aurais voulu ne penser qu'à elle; mais à peine arrivé, il a fallu voir plus de vingt maisons avant de trouver un appartement. L'auberge où nous devions descendre était pleine comme toujours; il pleuvait à verse, le jour baissait,

et ma mère fatiguée d'un long voyage était
forcée de rester dans sa voiture, au milieu des
rues de Rome, tandis que moi et mes compa-
gnons, nous lui cherchions un asile.

Je n'entrerai pas ici dans le détail de ces
contrariétés, j'aime mieux tâcher d'en perdre
le souvenir. Moi qui toujours ai craint de
m'occuper des choses les plus nécessaires à la
vie, jugez si je m'indignais de me voir forcé
de me débattre avec des aubergistes au mo-
ment d'entrer dans Rome! Ce grand nom dont
la pompe me poursuivait au milieu de nos
vulgaires discussions, me causait une impa-
tience inexprimable; et en même temps, ma
colère me paraissait si comique, que je ne
pouvais m'empêcher de la comparer aux scru-
pules d'Armande dans les *Femmes Savantes.*
Une troupe de porte-faix (fachini) s'était at-
tachée à nos pas, et nous suivait de porte en
porte. L'un nous vantait une auberge, l'au-
tre démentait les éloges du premier. Une
dispute commençait, une bataille s'en suivait;
et nous restions sans abri. Un beau monsieur
nous haranguait tout en faisant exhorter notre
cocher à nous conduire dans sa maison; nous
craignions d'être trompés, volés, cependant

il fallait se décider. Le voiturier se désolait, il disait qu'il perdrait ses chevaux, s'il les laissait plus long-temps exposés à une pluie glacée à la suite d'une longue route ; enfin je défie d'imaginer une entrée plus désastreuse et moins triomphale dans la ville des *Césars !* Je me disais : c'est de mauvaise augure ! Les voyages rendent superstitieux comme tout ce qui vous expose d'une manière sensible aux chances du sort.

Un grand malheur doit m'arriver ici, pensais-je, et mille souvenirs tragiques augmentaient mon angoisse. A Rome, ce qu'on éprouve est fortifié de tout ce que les lieux rappellent à la mémoire. Les passions n'y restent pas ce que nous les ferions à nous seuls. Une terre que tant de siècles n'ont pu saturer de larmes et de sang n'est pas amie de l'homme ; tout devient tragique sur un pareil théâtre.

Après avoir erré trois heures de rue en rue, nous nous sommes déterminés à prendre les plus mauvaises chambres de la plus mauvaise auberge. Nous y resterons jusqu'à ce qu'on nous ait trouvé un appartement. Nous avons passé la matinée à en chercher. Je ne me

croirai à Rome que lorsque nous serons dé-
livrés de soins qui me fatiguent ici plus
qu'ailleurs.

Depuis deux jours, j'ai parcouru tout Rome. Je voulais avant tout, prendre une idée générale de cette ville des noms. J'ai eu la première vue de Saint-Pierre du haut du tombeau d'Adrien ; et de là j'ai trouvé ce monument admirable ! Une montagne bâtie pour porter une croix, est une grande pensée ; une de ces pensées qui sortent des choses, et qui n'appartiennent à aucun homme ; enfin une de ces pensées épiques que Dieu force le génie d'exprimer dans ses chefs-d'œuvre. Je suis descendu, j'ai revu Saint-Pierre du pied de l'obélisque.... et je ne l'ai plus reconnu.

Une façade de Borromini, toute chargée d'ornemens, et grande seulement par ses dimensions, cache la moitié du dôme, fait un palais d'une église, et défigure la conception de Michel-Ange ! Elle nuit même aux superbes portiques du Bernin, qui n'ont produit sur moi tout leur effet que lorsque parvenu au pied de la basilique, je me suis retourné vers la place. De là je ne voyais plus qu'une forêt de colonnes dans un repos solennel, image de l'éternité; un énorme obélisque égyptien, emblème des emprunts du christianisme aux religions païennes, et deux fontaines qui, par le bruit et le mouvement de leurs eaux, rappellent seules que le tableau qu'on a sous les yeux, n'est pas composé à plaisir.

L'élégant attique des colonnades se détachait avec une netteté merveilleuse sur un ciel d'azur, mais d'un azur que la nature seule se permet, et que les peintres, même les plus hardis, se refusent. Après m'être pénétré de la majesté de ce spectacle, j'entrai dans l'église. Vous savez qu'au premier pas on est peu frappé de sa grandeur; je ne le fus pas davantage en avançant! il est vrai que je m'étonnais des dimensions de quelques accessoires, qui de loin m'avaient paru petits, mais il me fallait réfléchir pour trouver à l'édifice entier l'étendue que je lui supposais.

Vous avez, comme moi, entendu souvent

attribuer cette illusion à la juste proportion de toutes les parties du monument, le plus parfait qu'il y ait sur là terre; il ne m'appartient pas de prononcer dans de pareilles questions; seulement j'aimerais mieux voir l'art employé à agrandir ce qui est petit, qu'à rappetisser ce qui est grand. Quels sont les moyens de rappetisser à l'œil un vaste édifice? c'est de le surcharger d'ornemens, d'en couper les lignes, de donner du jour à toutes ses parties. Comment pourrait-on le grandir? en lui conservant un caractère simple, en prolongeant les masses d'architecture, en y ménageant avec art le jeu des ombres et de la lumière; il résulte de là que toutes les fois qu'on se proposera de faire paraître un édifice plus grand qu'il ne l'est en effet, non seulement on frappera l'imagination, mais encore on suivra malgré soi les véritables règles du goût. Quelle qu'ait été l'intention des hommes de génie et de talent qui, pendant plusieurs générations, travaillèrent à Saint-Pierre, on peut dire avec vérité qu'ils se sont souvent écartés de ces règles. Vous connaissez cette église sans l'avoir vue; je ne la critiquerai ni ne la décrirai pas plus long-temps; je dirai seulement que je me suis senti plus chrétien dans la cathédrale de Milan qu'à Saint-Pierre. Un de mes amis appelle cette église la salle de bal du Père Eternel, mot un peu léger pour caractériser le chef-d'œuvre de l'architecture moderne. Mais s'il vous déplaît, je vous répondrai que je le trouve juste; et la justesse est toujours assez profonde.

Le monde que se crée notre imagination est plus analogue à notre nature que celui où la nécessité nous retient. J'ai besoin d'illusions, et rien ne me semble plus loin de la vérité que ce qui est. Je parle de cette vérité qui répond aux désirs de mon ame, je ne parle pas de la réalité sensible. Je pleure les préjugés dont l'expérience de chaque jour me dépouille, et je voyage, non pour rectifier mes erreurs, mais pour les renouveler ; changer de lieu c'est rajeunir, car jeunesse ou fraîcheur d'impression c'est une même chose ! Je voudrais vous peindre ce que j'éprouvai hier lorsqu'en sortant du Capitole j'aperçus pour la première fois le Forum.

La vertu, la gloire ont quelque chose de réel : puisqu'elles s'éternisent par l'émula-

tion. Les plus grands hommes n'ont eu pour
s'élever que les mêmes moyens que nous
avons : la différence c'est qu'ils osèrent les
employer. J'ai une ame comme Scipion, j'ai la
même faculté d'enthousiasme que Régulus,
Dieu m'a fait leur semblable, et si j'en ai le
courage je me ferai leur égal! Il ne dépend
pas de moi d'amener les grands événemens,
mais il dépend de moi de me placer d'avance
à leur niveau ! Voilà ce que je disais en con-
templant les monumens contemporains des
héros de Rome, de ces ames patriotiques dont
la religion était sur la terre, mais qui ont
ennobli l'objet de leurs sacrifices, par leur
courage à les accomplir; j'étais prêt à pleu-
rer, mais en voyant tant d'autres hommes
passer là sans rien éprouver, je me sentis
honteux de mon penchant à l'exagération! Il
serait si facile aux gens qui me voudraient
du mal d'en faire de l'affectation!!... Des mil-
liers d'ouvriers troublent en ce moment le
silence des ruines. Je ne sais si l'on aura beau-
coup à se louer du résultat de leurs travaux.
Quelques colonnes survivant seules à la chute
de Rome, et montrant leurs têtes au-dessus
des décombres, produisent sur l'imagination

une impression plus profonde que les ouvra-
ges de l'art les plus parfaits.

Le monde n'est pas trop plein de ces ta-
bleaux pittoresques et à la fois philosophi-
ques, qui impriment ineffaçablement dans la
mémoire des hommes la pensée du temps !
C'est en quelque sorte un sacrilége que de
remuer la terre autour des ruines. Ces monu-
mens sont les tombeaux des peuples, il faut
les respecter comme ceux des familles ! Je ne
puis dire que j'aie l'idée du Colisée parce que
je n'ai pas encore pu le voir désert. Il était ré-
servé à l'impiété de notre siècle de profaner
Rome antique , après avoir détrôné Rome
chrétienne, et d'appliquer aux arts l'esprit de
calcul, bon tout au plus pour la conduite des
affaires.

Il y a peu d'années qu'en montant au Capi-
tole, on passait encore sous l'arc de Septime
Sevère, à demi comblé; aujourd'hui il faut
tourner autour; il se trouve comme au fond
d'une cuve, car on a creusé la terre jusqu'à
sa base, et fermé le tout d'un mur à hauteur
d'appui. On a été plus heureux pour le temple
de Jupiter Tonnant. En général, ces travaux
me déplaisent; ils peuvent à la vérité faire

découvrir quelques bas-reliefs, quelques frag-
mens de statues; mais n'est-ce rien que d'oser
disséquer le cadavre de Rome?

En voyant tant de zèle pour fouiller les
ruines, on dirait qu'il n'y a plus à Rome que
des sculpteurs, et que les peintres et les
poètes. y sont comptés pour rien. Si l'on ré-
fléchit sur l'histoire du genre humain, et
qu'on voie de quelle importance sont les pe-
tites circonstances dans la vie des hommes de
génie, on regrettera pour l'imagination des
artistes, l'impression que produisait le Forum
il y a deux ans.

On a coutume de dire que le vrai talent
perce toujours, quels que soient les obstacles
qu'il rencontre. Sans doute, le vrai talent
triomphe de tout, lorsqu'il est parvenu à se
sentir lui-même; mais, tant qu'il s'ignore,
c'est au monde à l'éclairer. Ce n'est pas par
vanité que le génie veut des encouragemens,
c'est par modestie, par défiance de lui-même.
Pareil au cèdre qui n'exige des soins que
pour s'acclimater, un esprit supérieur, s'il
n'est averti des desseins de Dieu sur lui,
peut languir long-temps et s'éteindre avant
de s'être deviné. Le génie est dans l'homme,

mais l'étincelle qui l'allume vient du dehors. Dans toute société bien organisée, chaque individu trouve quelque chose qui lui parle le langage qui lui convient. De là, le danger [1] de donner à toute la création une couleur uniforme, d'enrégimenter la pensée, et de fondre tous les esprits dans le même moule ! Le dernier degré de la tyrannie, c'est d'appliquer l'unité abstraite à un monde aussi composé, auss icompliqué que la terre.

La poésie, qui ne vit que par la variété, est l'ennemie née du despotisme. C'est par là que j'explique l'influence salutaire qu'elle exerce sur le genre humain ; elle est chargée de lui conserver les souvenirs de sa jeunesse : elle pleure quand elle voit effacer les traces du passé ; la vie de l'homme se compose de ce qui a été et de ce qui sera, autant et plus que de ce qui est, et c'est s'opposer aux lois du Créateur que de réduire l'existence à la satisfaction des besoins du moment ! Faisons place à l'imagination ! Si nous voulons qu'elle embellisse ce monde, il faut le

---

1 On ne doit pas oublier que ces lettres ont été écrites sous le despotisme militaire.

lui rendre habitable..... Je ne puis continuer d'écrire ! Je m'attriste , et ne pense qu'à votre silence. Les merveilles dont je suis entouré m'en avaient distrait pendant quelques jours, mais l'enthousiasme s'épuise, et la douleur renaît. Vous craindriez mon inquiétude, si vous saviez quelle énergie tout sentiment pénible acquiert au milieu des débris de Rome !

Sara, votre silence me remplit de douleur, il se passe en moi des mouvemens qui m'effraient. J'ai besoin de toute votre tendresse, et vous m'en refusez l'expression. Il y a des jours qui me semblent des ans ; ce qui m'enthousiasme le matin est souvent oublié le soir, tant il me passe de pensées et de désirs par le cœur !..... Il y a en moi une puissance obscure qui me tourmente sans but. Je me crée un monde mystérieux, et quand j'en approche..... il disparaît..... Mon esprit est malade, il n'a point d'idées, il ne retient que des images, encore sont-elles vagues et trompeuses.

Tel est, mon amie, le trouble d'esprit où vous me jetez.... Depuis sept mois, vous m'avez écrit deux fois.

Tout ce qui m'oblige à définir mes pensées et mes sentimens me fait du bien, car le plus grand ennemi de mon esprit, c'est le vague! Voilà pourquoi j'ai tant besoin d'écrire! Sans vous, je me perdrais de vue moi-même, et je finirais par penser de moi ce qu'en pensent tant de gens qui ne me connaissent pas. Quand l'amour ne servirait qu'à me faire prendre intérêt à moi-même, il me serait nécessaire. Vous me conservez la sensibilité; le monde me fait douter si j'en ai. Il y a des jours où je me promène dans Rome comme une ombre, traversant sans émotion les lieux les plus fameux de la terre. Il suffit que je me prometté une profonde impression pour que je ne sente rien : je ne puis être ému que par surprise. Souvent, quand les objets les plus sublimes ont manqué leur effet

L   11

sur moi, je me réfugie dans la campagne, et je me sens profondément attendri à la vue d'une ruine dont le nom même est douteux. Un pin solitaire, près d'un tombeau inconnu, me frappe plus qu'un monument célèbre. Vous ne connaissez pas ces arbres propres à l'Italie : leurs troncs dégarnis jusqu'à de grandes hauteurs, supportent de légers rameaux verts qui brillent entre le ciel et la terre, et prennent la forme d'un parasol. Ces jeunes branches, toutes de même longueur, forment au-dessus des arbres d'une élévation ordinaire comme un second étage de verdure : ce sont des prairies suspendues ! Quand on les voit briller au-dessus d'une plaine brûlée, on croit que la végétation se réfugie dans le ciel, et laisse le sol de Rome en proie à la mort ! Ces pins-parasols sont nécessaires aux paysages d'Italie, comme les palmiers à ceux d'Égypte. Ce sont eux qui leur donnent leur caractère de grandeur et d'originalité ! Soit qu'ils s'élèvent seuls au sommet d'une colline, soit que plantés en longues allées, ils dessinent sur le ciel des portiques de verdure ; on ne peut les oublier quand on les a vus une fois ! La mort d'un de ces arbres séculaires est pleurée même,

grossiers oppresseurs n'ont pas même l'esprit de sentir la finesse !

Il y a à présent à Rome beaucoup d'étrangers qui forment des coteries et voient peu de Romains : ils mènent à peu près la vie des eaux ! Tout est interprété, commenté, augmenté : gestes, paroles, tout sert de texte au commérage et de prétexte à la malveillance ; enfin, le grand nom de Rome ne préserve les voyageurs d'aucune petitesse.

Parmi tant de personnes que j'ai rencontrées cet hiver, un seul homme m'a donné le désir de me lier avec lui. C'est un Allemand : le prince de *** a conservé dans toute son intégrité le caractère national, mérite rare aujourd'hui. L'absence d'affectation est la marque certaine d'un esprit dénué de petitesse. Je trouve la société des étrangers peut-être moins élégante que la société française, mais j'y remarque aussi bien moins de dénigrement ! La sincérité, la cordialité sont les antidotes de la sottise, dont l'esprit, en petite dose, à la vérité, est un des élémens nécessaires.

Le prince de *** a une sensibilité vraie, et de la noblesse dans l'ame. Le tour de son

Le *Préfet* donnait un bal aujourd'hui, et j'y ai été! Un Préfet à Rome! et moi dansant chez lui; je crois rêver!...... Rome changée en ville de province de France, et soumise à la même autorité qu'Angers et le Mans! Quelle honte pour l'Italie!.... Et moi qui viens faire ici ma cour à des gens que je ne veux pas voir dans mon pays; quelle inconséquence!....... Nous voulons connaître la société romaine, et le Préfet est pour les voyageurs ce qu'était autrefois l'ambassadeur de France et le sénateur de Rome. Au reste, ce Préfet est un homme d'esprit et de mérite! Il n'a à mes yeux qu'un grand tort: celui d'être préfet à Rome. Mais je n'ai plus rien à lui reprocher, puisque je vais chez lui. Je passe ma vie à m'indigner des concessions que je fais à l'usage... L'usage! cette fatalité de salon me domine

tout comme elle tyrannise les sots dont je me
moque !! La contradiction qu'il y a entre une
ame ardente et l'uniformité de l'existence,
me rend la vie insupportable ! Je me trouve
sur la terre comme ces voyageurs atteints par
le calme dans des mers lointaines : ils pâlissent
en voyant l'immobilité des flots, et leurs re-
gards s'élèvent vers le ciel pour implorer des
orages ! Je me sens saisi de terreur en son-
geant à cette longue suite de jours qui me
sont réservés ! Les mêmes passions avec leur
inévitable monotonie ramèneront les mêmes
illusions qui seront dissipées par les mêmes
réalités, jusqu'au jour plus terrible que tous
les autres, où la mort déchirera pour jamais le
voile des vanités si perfidement jeté sur les
yeux des mortels !......

Je me laisse trop aller à la tristesse de mes
pensées ; c'est votre silence qui la nourrit !
Une inquiétude sans remède pénètre dans le
fond de mon cœur ; ce cruel ennemi m'assiége,
il s'empare de mon existence, la transforme,
et se met pour ainsi dire à la place de mon
ame ! Sara !... Que fait Sara ? Voilà ce que
je me demande sans cesse !... L'amour, le
pur, le véritable amour, l'amour partagé peut

seul défendre l'ame des doutes qui la déses-
pèrent. Un tel amour est un gage d'immorta-
lité que Dieu prête à la terre.

Ne me sachez aucun gré du souvenir que je
vous conserve. Je vous connais à peine, je
n'ai de vous que quelques lettres mysté-
rieuses comme les rêveries de ma jeunesse,
et mon amour pour un être si vague n'est
qu'une folie! Sans l'ennui que m'inspire tout
ce qui est ordinaire, sans le besoin du mer-
veilleux qui fait le fond de mon caractère,
je ne songerais plus à vous depuis long-temps!
Quoi, ce sentiment qui soutient ma vie je ne
le devrais qu'à une maladie d'esprit!.... Il y
a quelque chose en moi qui vous a vue; j'ai
besoin de le croire pour me justifier d'une
passion si insensée!

Rome, ce 1ᵉʳ janvier 1812.

QUELLE triste date!!! Les années fuient derrière moi, le passé m'afflige, l'avenir m'effraie. A dix-neuf ans, le temps me pèse comme si j'en avais soixante! Ce matin j'ai fait une longue promenade dans la partie la plus solitaire des environs de Rome! J'ai vu les premiers rayons du soleil passer sous les arcs à demi ruinés de ces longs aqueducs qui s'élèvent au-dessus de la plaine comme des routes aériennes. La lumière de l'aurore s'étend sans obstacle sur une terre unie, dépouillée, et qu'on dirait nivelée par le temps. Le monde est aussi désert pour moi que les solitudes de Rome. Chaque jour je perds quelqu'illusion!... Les rêves de ma jeunesse ne me laisseront que des regrets. Sara me protégeait, elle suivait mes pas, je la sentais partout : aujourd'hui, l'inquiétude qu'elle me

cause est tout ce qui me reste d'elle ! Je doute
de tout, même de mes affections, puisqu'elle
me force à douter de la sienne. Ce n'est pas
l'amour qu'elle a réveillé dans mon cœur,
c'est le besoin de l'amour !... J'éprouve tous
les tourmens des passions, sans en connaître
les dédommagemens : le bonheur qu'elle m'of-
frait n'était qu'une illusion, mes souffrances
sont réelles.

Je ne puis assez dire à quel point le monde
m'ennuie ! De tous les pays on accourt à Rome
pour y faire ce qu'on fait partout ! N'est-il
donc qu'une manière de s'amuser ? Comment
ne sent-on pas le dégoût des divertissemens
ordinaires dans un lieu aussi singulier que
Rome ? Il faut convenir que les hommes ont
peu d'imagination dans leurs plaisirs ! Quel
vide nous laissent tous ces amusemens hé-
rités de nos pères ! Les révolutions n'ont
d'effet que contre les grandes choses ; les
vanités du monde sont comme les joncs du
marais qui se relèvent aussitôt que la tem-
pête leur donne un moment de relâche.
Notre siècle qui a renversé tant d'institutions
vénérables, n'a pu détruire quelques usa-
ges frivoles ; on n'a pas encore trouvé les

habitudes qui correspondent aux nouvelles idées.

Nous vivons dans un temps de crise, et c'est à nous de mériter les hautes destinées promises à notre génération ! Craignons de rester au-dessous des circonstances, et de voir le monde se renouveler sous nos yeux sans que nous puissions prendre part à sa régénération. C'est surtout à la vue de Rome, qu'on sent le besoin de vivre d'une vie nouvelle ! Ses ruines nous disent qu'une puissance déchue ne se relève plus. Ici, les vivans me sont insupportables, je ne suis bien qu'avec les morts, tous les cœurs me semblent glacés, toutes les têtes me paraissent vides ; c'est trop dans le même jour de passer de la solitude des catacombes à celle des salons !

J'avais cru jusqu'à présent que si je venais à me dégoûter entièrement du monde, je trouverais quelque ressource en moi-même. J'aurai l'éloquence du malheur, pensais-je, et je décrirai mes peines ! Je me trompais : quand on souffre beaucoup, on ne saurait rendre ce qu'on éprouve. C'est dans le calme et le silence du cœur qu'on peut en peindre les mouvemens ; l'homme de génie pressent, l'homme

de talent raconte : mais nul ne sent et n'ex-
prime dans le même moment! Le vrai mal-
heureux ne peut que se taire : son silence est
l'effet et la preuve même de son infortune.

Rome, ce 17 janvier 1812, jour de la fête
de la Chaire de saint Pierre.

Aujourd'hui pour la première fois depuis
mon séjour à Rome, le temple de la nouvelle
Sion a retenti de chants à la gloire du Seigneur.
Ces admirables Pseaumes de Duranti, de Jo-
melli et d'autres grands maîtres, récités froi-
dement et écoutés avec indifférence, m'ont
fait regretter de n'être pas né dans un temps
d'enthousiasme pour les arts ! Ces facultés de
l'ame que le vulgaire appelle *inutiles* me prou-
vent l'immortalité ; le vulgaire a raison ; les
plaisirs désintéressés ne sont pas de ce monde !...
Ils viennent d'ailleurs, et ils nous ramènent
ailleurs !

J'arrivais à Saint-Pierre peu disposé à me
laisser toucher, je pensais que la musique
serait mal exécutée, et qu'on ne devrait pas
chanter dans Rome quand le Pape est captif ;

mais, malgré moi, les chants d'église m'ont
transporté, ils m'ont fait tout oublier; et
quand, après l'office, j'ai retrouvé Saint-Pierre
avec ses voûtes d'or, ses pilastres de marbre
et ses statues, tant de merveilles m'ont paru
bien au-dessous de ce que venait de me dé-
voiler l'imagination de Pergolèze.

La tristesse que me cause votre silence,
est attribuée par les gens qui la remarquent
à l'amour qu'ils me croient pour une dame
romaine, à laquelle j'ai été recommandé :
c'est la ***. Elle me plut dès le moment où je
l'aperçus pour la première fois, et le lendemain
je lui marquai quelqu'empressement dans un
bal où je la rencontrai. On ne peut pas dire
qu'elle soit belle; mais elle est charmante :
elle a de grands yeux noirs les plus brillans
et les plus expressifs que j'aie vus, une taille
élégante et des manières extrêmement nobles.
Son esprit original est d'une naïveté piquante;
on ne peut dans tout ce qu'elle dit surprendre
un seul mot recherché, encore moins un sen-
timent affecté. Un Français, arrivant de Paris,
se dit en la voyant : « Où a-t-elle donc vécu ? »
Malgré tout ce qui la distingue, je ne veux pas
l'aimer. Quand le vague de mes rapports avec

grossiers oppresseurs n'ont pas même l'esprit
de sentir la finesse !

Il y a à présent à Rome beaucoup d'étrangers
qui forment des coteries et voient peu de
Romains : ils mènent à peu près la vie des
eaux ! Tout est interprété, commenté, aug-
menté : gestes, paroles, tout sert de texte au
commérage et de prétexte à la malveillance ;
enfin, le grand nom de Rome ne préserve les
voyageurs d'aucune petitesse.

Parmi tant de personnes que j'ai rencon-
trées cet hiver, un seul homme m'a donné le
désir de me lier avec lui. C'est un Allemand :
le prince de *** a conservé dans toute son
intégrité le caractère national, mérite rare
aujourd'hui. L'absence d'affectation est la
marque certaine d'un esprit dénué de pe-
titesse. Je trouve la société des étrangers
peut-être moins élégante que la société fran-
çaise, mais j'y remarque aussi bien moins de
dénigrement ! La sincérité, la cordialité sont
les antidotes de la sottise, dont l'esprit, en
petite dose, à la vérité, est un des élémens
nécessaires.

Le prince de *** a une sensibilité vraie,
et de la noblesse dans l'ame. Le tour de son

L'OBLIGATION de sortir tous les matins à la même heure m'est odieuse! Les habitudes sont des esclaves révoltés, et que notre faiblesse change en tyrans! Je ne verrai donc rien aujourd'hui, et je vous raconterai ma journée d'hier. L'air avait une douceur inconnue ailleurs qu'en Italie ; le ciel était pur, et nulle vapeur ne rapprochait de moi les immenses horizons romains. Il n'est peut-être aucune autre contrée où d'un regard on embrasse tant d'objets.

A la vue de ces campagnes héroïques, de cette plaine sillonnée par des torrens qui cachent leurs cours sous des forêts de plantes aussi anciennes qu'eux-mêmes, devant ces montagnes brillantes d'azur et d'où la lumière jaillit comme de pierres précieuses, enfin, en errant parmi les ruines qui tiennent lieu d'ar-

bres à cette terre des tombeaux, si l'on ne
savait où l'on est, on devinerait, Rome.

En France, on croit que Rome et son beau
ciel ne doivent inspirer que la volupté et
la mollesse; pourtant une ame docile aux
impressions de la nature acquerrait ici plus
d'énergie qu'ailleurs; toutes les passions
sont ennoblies par la vue de ces sites, où tant
de noms héroïques sont identifiés à la terre;
et l'on croit sentir en soi l'esprit d'un grand
homme à chaque pensée dont on est agité!

Hier, je suivais la voie Appia, la plus
fameuse de toutes. Je l'ai quittée pour visiter
les restes du cirque de Caracalla. Je me vis
tout à coup entouré d'une verte prairie cou-
verte de fleurs et de troupeaux. Le silence et
la paix règnent dans cette enceinte où l'œil
ne retrouve aucun de ces contrastes qui font
de Rome un séjour si poétique.

Des monceaux de pierres, formés par les
débris de l'amphithéâtre et cachés sous des
lierres et des broussailles, ressemblent plu-
tôt à des collines qu'à des édifices écroulés.
En contemplant cette vallée bâtie, et qui
forme un paysage différent de tout ce que
j'ai vu à Rome, je me croyais revenu dans

ma patrie. Je reconnaissais mes horizons
bornés, mes vallons solitaires, mes tertres
de verdure ; et mon cœur battait de joie ! Je
foulais une terre baignée du sang des mar-
tyrs, mais tout ce que je voyais m'invitait à
des sentimens doux ! Les degrés du cirque
ont disparu sous des plantes grimpantes ; le
sable de l'arène est recouvert d'un brillant
tapis de verdure et caché sous des massifs
d'arbustes ; on dirait que la nature s'est
chargée d'effacer les traces des égaremens
de l'homme.

En quittant le cirque, qui m'a paru long
d'un demi-quart de lieue, j'ai passé sous un
arc de triomphe. C'était la porte par la-
quelle sortaient les vainqueurs des jeux ! Je
traversai la voie Latine, et j'arrivai à la fon-
taine Egérie, l'esprit plein de noms et de
souvenirs ! Cette source fabuleuse sort de
dessous une voûte, qui forme une grotte ar-
tificielle ; au fond de cette grotte on voit
une statue si mystérieuse que les savans ne
s'accordent pas même sur le sexe de l'être
qu'elle représente ! Il faut être antiquaire
pour disputer avec fureur sur ce qui au
fond n'intéresse que l'amour-propre de deux

hommes. Quand je sais vaguement pourquoi chaque lieu est fameux, le reste me paraît indifférent. Aussi, moi, qui ne suis pas aveuglé par la science, j'ai décidé que la statue représentait un homme. On aimerait mieux en faire la nymphe Egérie; mais il ne m'est pas encore donné de n'apercevoir que ce que je veux; et il me semble que je vois tout simplement les choses comme elles sont.

Rome, ce 3o janvier 1812.

A qui me confier ?..... Je n'ai point d'a-
mis, et Sara m'abandonne ! D'ailleurs je lui
deviens infidèle ! Mon cœur sent le besoin
d'une agitation violente !..... Mes rêveries
prennent une teinte qui m'effraie. Je crains
la solitude..... Les passions y sont trop en
liberté ! Je ne fais rien pour alléger la
marche du temps ; je n'ai point d'occupation
fixe ; depuis quelques jours même , j'ai vu
peu de choses à Rome , et pourtant il me
semble que ma vie s'écoule plus vite !..... J'ai
l'imagination remplie de cette femme que je
dépeignais l'autre jour à Sara. Elle seule
m'intéresse , elle seule occupe ma pensée ;
quand je la vois, je ne puis lui parler, il
me semble même que je ne sens plus rien :
mais à peine suis-je loin d'elle que je me
trouve comme abandonné de tout. Je ne

compte le temps que pour elle; je ne remarque les lieux que par elle; quand la verrai-je, où la verrai-je? voilà tout ce qu'il m'importe de savoir. Je la rencontrai l'autre jour sur le Forum, elle remontait en voiture comme je descendais du Capitole; elle me reconnut de très-loin, fit un doux signe de tête pour me saluer, et ses chevaux l'emportèrent à l'instant derrière les colonnes du temple de Faustine.

Il faisait froid, et la place était déserte; quelques bœufs d'un poil gris de lin, et dont les cornes étaient d'une force et d'une hauteur démesurée, s'approchaient en mugissant d'une fontaine, et les derniers rayons du soleil éclairaient le temple de Jupiter.

Cette scène si majestueuse, et qu'un mot de la duchesse de *** aurait pu rendre si romanesque, m'a fait une impression approchant du délire! Je ne puis me distraire de ce brillant équipage, de ces chevaux blancs, de ce char rustique attelé de bœufs, qui semblaient les modèles vivans de quelques bas-reliefs antiques! Les ruines des temples, des palais; le ciel qui, après le coucher du soleil, répandait sur Rome des teintes ensanglantées ; tout ce qui naguère m'inspirait des réflexions graves , ne me parlait plus que d'amour et d'espérance !.....

Extrait d'une Lettre à ***.

Rome, ce 25 février 1812, à dix heures du soir.

JE deviens d'une paresse impardonnable!
Il y a plus de quinze jours que je vous ai
promis la description du Carnaval de Rome,
et je ne sais si je tiendrai ma parole, même
aujourd'hui. Je m'ennuie de raconter; il me
semble que c'est recommencer ma vie, et
j'en ai bien assez d'une fois. Je vais beau-
coup dans le monde, je suis initié malgré moi
à mille petits mystères que je n'avais nulle
envie de pénétrer; et tant d'intérêts à ména-
ger, tant de mensonges à écouter avec cet
air de dupe, première condition de la poli-
tesse sociale, fatiguent mon esprit sans l'oc-
cuper. Je reproche au monde son insipidité

bien plus que sa perversité. Il me semble que
la société vaudrait quelque chose si elle pou-
vait m'inspirer un intérêt vif; et je la con-
damne sur l'ennui qu'elle me cause, plus que
sur la corruption dont on l'accuse. La société
de Rome ressemble à celle de tous les pays.
Les Français l'ont envahie, et leurs baïonnettes
ont achevé ce que leurs modes avaient com-
mencé. L'originalité italienne s'est réfugiée
dans le peuple; on peut encore se figurer un
Romain sous le manteau déchiré d'un Trans-
teverain, comme on reconnaît le palais des
Césars sous les ronces qui cachent ses rui-
nes.

Les Italiens, indifférens aux petits succès
de société, gardent tout leur esprit pour les
affaires importantes de la vie. Chez eux, la
vanité n'emploie pas, comme en France, les
facultés de l'intelligence, qui restent toutes
aux ordres des passions et des intérêts sérieux.
Les Italiens sont devenus modestes à force de
revers, et, ne trouvant que peu d'occasions
d'épanouir leur amour-propre, ils se vengent
de leur abaissement en se moquant de la pré-
somption de leurs tyrans : ils ont une humilité
sarcastique (surtout les Romains), dont leurs

grossiers oppresseurs n'ont pas même l'esprit de sentir la finesse !

Il y a à présent à Rome beaucoup d'étrangers qui forment des coteries et voient peu de Romains ; ils mènent à peu près la vie des eaux ! Tout est interprété, commenté, augmenté : gestes, paroles, tout sert de texte au commérage et de prétexte à la malveillance ; enfin, le grand nom de Rome ne préserve les voyageurs d'aucune petitesse.

Parmi tant de personnes que j'ai rencontrées cet hiver, un seul homme m'a donné le désir de me lier avec lui. C'est un Allemand : le prince de *** a conservé dans toute son intégrité le caractère national, mérite rare aujourd'hui. L'absence d'affectation est la marque certaine d'un esprit dénué de petitesse. Je trouve la société des étrangers peut-être moins élégante que la société française, mais j'y remarque aussi bien moins de dénigrement ! La sincérité, la cordialité sont les antidotes de la sottise, dont l'esprit, en petite dose, à la vérité, est un des élémens nécessaires.

Le prince de *** a une sensibilité vraie, et de la noblesse dans l'âme. Le tour de son

esprit est romanesque ; mais il le tient de
son pays plus que de lui-même. Son visage
exprime la douceur et la bonté : un mot qui
lui rappelle quelque souvenir peut le toucher
aux larmes. Lui plaire c'est acquérir aussi-
tôt des droits à sa confiance, et malheureu-
sement lui déplaire n'est pas toujours une
raison pour la perdre ; il porte l'affabilité
jusqu'à la faiblesse ; il sent qu'il est bon ;
il en conclut qu'il est aimé : de là des
fautes très-graves par leurs conséquences,
quoique louables dans leur principe. Mal-
gré ses défauts, il m'inspire de l'amitié parce
qu'il est loyal, et que sa sensibilité n'a rien
d'affecté.

Nous nous sommes rencontrés dès les pre-
miers temps de mon séjour à Rome, mais sans
nous parler, c'est le hasard qui nous a rap-
prochés pendant le carnaval, et dès lors plu-
sieurs circonstances ont contribué à nous lier :
j'espère que nous ferons ensemble un voyage
de huit ou dix jours dans les Apennins.

J'ai aussi fait connaissance avec une dame
Romaine qui me plaît assez. Je rencontre dans
un bal une femme dont les regards me font
rougir, tant ils sont expressifs ; cependant je

ne m'approche pas d'elle, et la soirée finit sans que j'aie cherché l'occasion de lui adresser la parole.

Je ne pensais plus à cette apparition, mais au bout de six semaines je suis accosté dans un bal masqué par un petit domino noir que je crois reconnaître pour la dame aux beaux yeux. Notre conversation commencée sur le ton du bal devient sérieuse; la nuit s'avance; à la fin, nous nous quittons brouillés.

Le dernier jour du carnaval je retrouvai ce même masque. Pour impatienter la dame, je feignis de ne la pas reconnaître. De dépit, elle ôte son masque, me dit, ce qui flatte médiocrement mon amour-propre, qu'elle n'aime que les Français, et que, si je veux venir chez elle, elle me racontera toute sa vie... Gardez-vous de m'accuser d'une sotte vanité; je ne vous fais ce récit que pour vous peindre les mœurs du pays, et je ne suis que l'historien consciencieux de ma propre aventure.

Le lendemain je pris quelques informations sur cette femme. J'appris qu'elle s'appelait Mme ***, qu'elle était presque de bonne compagnie, au moins, qu'elle approchait du monde, et qu'elle allait chez les plus grandes dames de Rome ; enfin, qu'elle avait de l'esprit, de la bonté, et même une célébrité méritée par beaucoup d'inconséquence de conduite.

Je n'avais pas encore passé une heure avec elle que je savais toute l'histoire de sa vie : cette pauvre personne est monotone dans l'inconstance : elle a toujours fait, dit et senti la même chose ; on dirait qu'elle n'a jamais eu qu'un ami, sous des noms différens. Ce n'est qu'à Rome qu'on peut rencontrer une pareille femme dans un salon. Elle est la fille d'un homme d'affaires. Un jeune seigneur dont son père arrangeait la fortune, l'a séduite, enlevée, et il a fini par la *marier* à un de ses anciens vassaux : la noble famille de l'homme qui avait perdu cette malheureuse, en eut pitié, et…. (ceci caractérise particulièrement la société italienne) au lieu de la repousser, elle l'adopta, la défendit, la soutint dans le monde, Mme L*** s'y fit des amis, profita de la protection qu'on lui offrait, et enfin, s'introduisit dans la bonne compagnie par ce qui en exclut les autres.

Voilà le résumé de ses propres récits. Elle mêle à l'aveu de ses faiblesses un repentir religieux, une foi vive, des élans vers le cloître qui la relèvent à mes yeux et me forcent de rendre justice à ses bonnes qualités; mais ce qui domine en moi pour elle, c'est toujours une pitié mêlée de mépris. Mᵐᵉ L*** se moque des propos, moi je m'afflige de notre apparente liaison. Une aventure si commune arrivée à un homme si romanesque, c'est une vraie moquerie du sort! On se repent doublement des fautes qui n'ont pas la passion pour excuse !!.... Un crime, quand on y est poussé par une puissance qui vous paraît irrésistible, trouble moins la conscience qu'une faiblesse volontaire et vaniteuse. Madame de Lambert a montré bien de la profondeur d'esprit dans ce seul mot adressé à son fils : « Mon ami, ne vous permettez jamais que les folies qui vous feront grand plaisir. »

Lettre à ***.

Rome, ce 28 février 1812.

CETTE fois je tiendrai ma promesse. Je vais vous peindre la joie bruyante, le délire d'un peuple naturellement taciturne, et que j'ai vu tout à coup changé en une troupe d'insensés. Ils perdent en un moment le souvenir de leurs peines, ils masquent leur misère et poursuivent le plaisir avec autant d'ardeur, que les anciens Romains en mettaient à conquérir le monde. Cette folie annuelle éclate à point nommé au premier son de la cloche du Capitole. On ne la sonne jamais, si ce n'est pour avertir le peuple de Rome qu'il peut courir masqué dans les rues, ou qu'il lui est mort un Pape.

Aujourd'hui que le silence règne autour de moi, j'aurai de la peine à vous retracer des scènes d'une gaîté si désordonnée, des plaisirs si extravagans, qu'on n'y peut plus croire dès qu'ils sont passés. C'est comme l'ivresse, c'est comme le délire de la fièvre. Je ne puis me figurer toute cette ville réunie dans une seule rue, et je cherche en vain le tumulte de la foule au milieu de la cité déserte. Je ne crois plus à tout ce peuple changé en bêtes, en dieux, en géants, en enfans; je ne vois plus ces hommes métamorphosés en femmes, je n'entends plus les cris, les éclats de rire d'une troupe de furieux revêtus d'une chemise, affublés d'un bonnet de nuit, et qu'on dirait échappés de l'hôpital des fous : genre de masques, le plus nombreux de tous, parce qu'il exige le moins de dépense, et qui s'appelle *Pazzi* en italien; je ne suis plus aveuglé par des grêles de dragées qui pleuvent de tous côtés sur ma tête et blanchissent mes habits en obscurcissant l'air; je ne me promène plus pêle mêle au milieu de la rue avec des porte-faix, des chevaux, des filles, des princes, des grandes dames! Mais je me sens vaguement poursuivi du souvenir de tant de tant de scènes bizarres, et je crois rêver quand je me les retrace.

Il y a plus de quinze jours que le carnaval est fini, je ne suis pas encore consolé du vide qu'il m'a laissé. Pendant une semaine j'avais oublié la vie ordinaire; plus de société, plus de grande ville, plus d'étiquette, de rang, d'honneurs, plus de politesse, plus d'éducation, plus de gêne! Des dragées qu'on jette par torrens, mais à ses amis seulement, car dans la foule on se fait par instinct un parti : voilà ce qui remplaçait nos habitudes sociales; et je trouvais cet enfantillage doublement amusant, quand je pressentais les entraves des convenances qui m'arrêtent à chaque pas depuis le carême!

Il y a quelque chose de touchant dans l'accord d'une nation tout entière qui se donne rendez-vous dans une rue, sans y chercher d'autre avantage que le plaisir naturel à chaque homme d'augmenter sa joie par la joie des autres. On est attendri involontairement, en voyant la simplicité des habitans de Rome, dans ces jours où les grands, les petits, la jeunesse, la vieillesse, le luxe et la misère, l'esprit, la science, la bêtise, l'ignorance con-

courent également, et de la même manière.
à l'ivresse de tous. Il n'y a plus de distinc-
tions sociales, pécuniaires, ni aristocratiques;
il n'y a plus de malheureux, plus de merce-
naires, plus de maîtres, plus de serviteurs :
l'égalité du plaisir a tout nivelé, même les
caractères. J'ai vu les gens les plus graves, les
pédans les plus roides, entraînés, subjugués
par la folie de tant d'hommes réunis. Il y a un
magnétisme des esprits plus réel encore que
celui des corps; si vous en doutez, venez voir
les derniers jours du carnaval de Rome !

Un savant sorti de la propagande promène
sa tête masquée naturellement par le temps,
au milieu d'une société de têtes d'ânes et
d'ours, et les étrangers les plus dédaigneux,
se laissent à la fin gagner par la joie univer-
selle [1]. Ce sont les états-généraux de la folie ;
on conçoit que ces huit jours de liberté, pour
ne rien dire de plus, puissent rendre suppor-
table une année d'oppression; le carnaval de
Rome vaut une constitution, et le souvenir de
ces courtes saturnales peut contribuer à main-
tenir la tranquillité des esprits pendant les

[1] À cette époque, on ne voyait pas d'Anglais à Rome.

jours de peine, comme les rêves insensés de
la nuit aident un malheureux à soutenir le
poids du jour. Moi, étranger dans Rome, in-
différent à la foule qui m'entourait, j'en ai
pourtant partagé toutes les émotions ! L'en-
thousiasme de la multitude, qu'il naisse de
l'erreur ou de la vérité, de la folie ou de la
vertu, est toujours communicatif. Dans une
une masse ainsi électrisée par la gaîté, toutes
les intelligences s'unissent : il n'y a plus
qu'une ame, qu'une volonté, qu'un but ; et
cette pensée, devenue irrésistible comme la
foudre, une et multiple, soumet tout à sa
victorieuse puissance, à la puissance de l'una-
nimité : le plus grand des pouvoirs humains,
car il vient du ciel !!... Je me suis rencontré
à Rome au milieu des fous ; mais j'ai été fou
avec eux, et je ne puis oublier des hommes
que cependant je n'ai vus que passer, et dont
je n'ai distingué les traits qu'à travers une
atmosphère de dragées.

On s'arrête sur les bancs placés devant le
palais Ruspoli : c'est le champ de bataille où
l'on se jette les *confetti* (dragées), non par
poignées, mais par paniers, par sacs entiers,
qu'on finit, quand ils sont vides, par lancer

eux-mêmes à la tête de ses adversaires. On
voit des champions tellement acharnés à ce
genre de combats, qu'après avoir épuisé toutes
les ressources ordinaires, ils se jettent quel-
quefois : gants, mouchoirs, argent, masques,
chapeaux, habit! Le dimanche, après avoir
passé quelque temps dans ce lieu redoutable,
je fus porté par la foule vers la Place du
Peuple, où je commençai seulement à res-
pirer. Cette place est à l'extrémité de la rue
du Cours, et les voitures ne font qu'y tour-
ner pour rentrer dans l'intérieur de la ville.
Revenu de mon étourdissement, je me réfu-
giai sous la Porte du Peuple; en levant les
yeux au ciel, je vis le soleil qui perçait
quelques nuages et laissait tomber ses der-
niers rayons sur l'obélisque d'Egypte. L'é-
glise de Sainte-Marie-des-Miracles brillait
aussi dans la lumière, mais celle de Sainte-Ma-
rie-de-la-Montagne-Sainte restait cachée dans
l'ombre. Ce tableau me fit oublier le bruit,
la foule, le plaisir; et je ne vis plus qu'un
monument d'Egypte apporté par les Romains,
il y a dix-huit siècles, pour insulter aujour-
d'hui à la misère de Rome! On a célébré les
jeux du cirque autour de cet obélisque, qui

vit tomber les derniers Césars, et qui finit
par tomber après eux. Un pape l'a relevé et
placé où nous le voyons aujourd'hui. Il survit
maintenant au trône pontifical !..... Va-t-il
tomber une dernière fois? Ces réflexions me
troublèrent pour le reste de la journée! A
Rome, il faut que le plaisir soit une ivresse :
si l'on a le temps de réfléchir, on n'a plus
le courage de s'amuser!

Un des grands plaisirs du carnaval, c'est la
course des chevaux barbes. Vers la fin du
jour, à vingt-quatre heures, selon le cadran
romain, on fait partir deux coups de canon.
A ce signal, toutes les voitures, dont la rue
du Cours est obstruée, se dispersent en un
moment, le peuple s'amoncelle le long des
maisons, sur les parapets, dont la rue du
Cours est bordée; on fait trève aux combats
de confetti; un silence profond succède au
tumulte, et chacun s'efforce de contenir son
impatience, comme dans l'attente d'un grand
événement. Bientôt un murmure prolongé
par l'écho de toute la population de Rome,
précède l'apparition des chevaux; toutes les
têtes s'avancent; à peine a-t-on eu le temps
de regarder,.... ils passent, ils courent en

liberté, personne ne les dirige, personne ne les excite, si ce n'est la populace qui, par ses cris, ses huées et ses éclats de rire, effraie les plus paresseux. Ces animaux, demi-sauvages, suivent ainsi toute la rue du Cours, et leur lutte tient Rome entière en suspens.

La nuit commençait à tout confondre dans ses ombres; on ne voyait que les chevaux qui, dans la rapidité de leur course, faisaient briller, comme des étincelles électriques ; leurs plaques de plomb doré sous lesquelles on cache des charbons ardens et des pointes de fer pour aiguillonner l'animal ; le silence d'un peuple si bruyant un instant auparavant, contribuait à l'effet de cette fête singulière.

Mais la scène du dernier jour m'a frappé encore plus que les autres. Le Mardi-Gras, après la course des chevaux, qui avait eu lieu vers le soir, ainsi que les jours précédens, nous fûmes retenus pendant une heure au palais de Venise par les personnes chez lesquelles nous avions été voir la course.

Lorsque je rentrai dans la rue du Cours, pour retourner chez moi, il faisait nuit

close. Je ne vis rien d'abord d'extraordi-
naire; en avançant j'entendis de grands cris,
et j'aperçus un si vif éclat de lumière qu'il
me parut provenir d'un incendie ! Je courus
vers ce feu, qui répandait des teintes brûlan-
tes sur les vieux palais de Rome, et je me
trouvai au milieu d'une scène plus bizarre
et plus animée que celle du matin. Une
foule immense obstruait la rue et s'agitait
en prononçant des paroles sinistres, espèce
de psalmodie souvent interrompue par des
éclats de rire. Chaque personne portait à la
main une petite bougie allumée, et que les au-
tres s'efforçaient d'éteindre. Tous criaient à
la fois d'un ton burlesquement grave : *Sia
amazzato chi non porta il moccolo, il moccolo,
il moccolo !* « Meure celui qui ne porte pas
de flambeau!..... » Figurez-vous la scintilla-
tion de tant de torches agitées dans tous les
sens, les hurlemens du peuple s'acharnant à
poursuivre celles des voitures qui n'avaient
pas de *moccoli*, l'affluence toujours crois-
sante d'une foule qui paraissait furieuse, le
passage de la clarté d'un incendie à l'obscu-
rité d'une nuit d'Italie, où l'on retombait,
chaque fois que beaucoup de *moccoli* venaient

d'être éteints; imaginez les effrayantes fi-
gures des hommes de ce pays, dont les yeux
brillans perçaient les ténèbres et ressem-
blaient à des *moccoli* qu'on ne pouvait étein-
dre; joignez à ce tableau le mouvement,
l'esprit, la vie, que je ne puis y mettre; son-
gez à tous les petits incidens qui, racontés,
ne produiraient plus leur effet, mais qui,
improvisés par le hasard, accroissaient à
chaque instant l'innocente folie d'une foule
en délire; transportez cette bacchanale dans
la capitale de la chrétienté, chez un peuple
à imagination, et dont les passions ne sont
qu'assoupies par la superstition et la misère;
enfin rêvez, déraisonnez, mentez, trompez-
vous vous-mêmes, et vous n'aurez qu'une
faible idée de l'enterrement du carnaval, à
Rome.

Cette scène, presqu'infernale, m'avait
troublé la raison : je courais comme les *Fa-
chini* de Rome, *un moccolo* à la main, après
toutes les personnes que je croyais recon-
naître. Lorsqu'on m'avait éteint ma lumière,
je la rallumais à celle du premier venu, sur
laquelle je soufflais ensuite de toutes mes
forces, puis j'usais de mille ruses pour de-

fendre cette flamme précieuse que je venais
de ressusciter, et que mes ennemis mena-
çaient de tous côtés avec des mouchoirs
mouillés, et des balais auxquels on avait at-
taché des linges traînans, et assez semblables
aux figures de revenans qui font peur aux
petits enfans.

Au moment du plus violent tumulte, lors-
que la foule fermait le passage à plusieurs
voitures auxquelles on avait éteint tous leurs
moccoli, afin de les exposer à la risée du
peuple, il se fait tout à coup un silence pro-
fond; la foule s'entr'ouvre avec respect,
laissant au milieu de la rue un large passage;
moi, je m'avance au premier rang pour
prendre part à quelque folie nouvelle; mais
qu'est-ce que je vois? Un prêtre, d'une fi-
gure noble et modeste, précédé de quatre
hommes, en habit de prêtre comme lui, et
qui tiennent à la main un cierge allumé. Ils
allaient porter les derniers sacremens à un
mourant. La foule fait silence, tombe à ge-
noux; on éteint les *moccoli*, pour ne laisser
briller que les cierges de l'église, et moi,
tremblant, j'accompagne, dans une rue voi-
sine, le convoi chrétien. Je monte chez le

malade, à la suite des prêtres, et je me jette à genoux sur le seuil de la chambre funèbre. Cet homme était jeune ; la veille, il avait pris part à tous nos plaisirs ; un accident, la chute d'un échafaudage, sur lequel il était monté, pour voir cette course qui nous avait tant réjouis, le faisait mourir.

Au moment où il reçut les sacremens, il revenait d'une hémorragie, et les convulsions de la mort défiguraient déjà ses traits. Sa mère, sa sœur sanglotaient au pied de son lit : on le souleva pour lui faire les onctions sacrées, et quand la cérémonie fut achevée, je vis sa main chercher la main de sa mère ; il ne put l'atteindre et retomba pour la dernière fois sur ce lit où on l'avait porté la veille ; la mère s'était évanouie.

Je pensais que le même accident aurait pu causer la même douleur à la mienne ; et je crus la voir à la place de cette femme que je ne connaissais pas ! Je sortis de ce lieu de douleur en priant Dieu et en l'interrogeant. Tandis que je me hâtais de gagner notre maison, j'entendis avec horreur les cris : *Sia amazzato chi non porta il moccolo;* les folles joies avaient recommencé aussitôt après le passage du Saint-Sacrement, à travers la foule obstinée à se divertir!!!..... Je me demandais, en fuyant ces barbares enfans, et en pensant à la douleur de la mère qui venait d'être privée de son fils : est-il vrai que Rome soit chrétienne?.....

Lettre à ***,

Je suis mécontent de moi et du monde ;
j'y vais pour fuir la tristesse, et j'y trouve
l'ennui ! Des paroles vraies ou fausses suffi-
sent à la vie d'un habitant des salons, et
l'art de les appliquer à propos est la seule
étude qui lui soit nécessaire ! Toujours
prompts à parler, n'agissant que rarement,
ces menteurs élégans me corrompent sans
me séduire. Je deviens comme eux et pire
qu'eux, car ils ont trouvé leur élément, et
j'ai perdu le mien ! On tombe au-dessous de
tout le monde quand on est au-dessous de
soi-même.

après le passage du Saint-Sacrement, à tra-
vers la foule obstinée à se divertir!!!..... Je
me demandais, en fuyant ces barbares en-
fans, et en pensant à la douleur de la mère
qui venait d'être privée de son fils : est-il
vrai que Rome soit chrétienne?.....

Lettre à ***,

Rome, ce 25 mars 1812.

JE suis mécontent de moi et du monde ;
j'y vais pour fuir la tristesse, et j'y trouve
l'ennui ! Des paroles vraies ou fausses suffi-
sent à la vie d'un habitant des salons, et
l'art de les appliquer à propos est la seule
étude qui lui soit nécessaire ! Toujours
prompts à parler, n'agissant que rarement,
ce   'eurs élégans me corrompent sans
      e. Je deviens comme eux et pire
      ar ils ont trouvé leur élément, et
      a le mien !   be au-dessous de
monde qu   st au-dessous de

Ce matin j'ai cherché dans Saint-Pierre un abri contre la pluie qui tombait par torrens pendant un orage épouvantable. Je me suis arrêté sous la coupole , et ma première pensée en entrant sous cette montagne creusée , c'est qu'un temps viendra où elle ne pourra plus même abriter un pauvre voyageur; l'étranger cherchera vainement dans un désert quelques traces de ce temple où tant d'hommes ont épuisé leur génie , tant de peuples leurs trésors! On ne voyait presque personne dans l'église , elle paraissait plus vaste que de coutume parce que le jour obscurci par l'orage , ne permettait pas de distinguer la multitude d'ornemens qui surchargent toutes les parties de l'édifice.

Je me mis à genoux : bientôt un éclat de tonnerre , comme on n'en entend qu'à Rome , vint interrompre ma prière. Le dôme tremblant au-dessus de ma tête gémissait comme une montagne d'airain. Des nuages plombés enveloppaient la terre; des vapeurs enflammées par la foudre avaient remplacé l'éclat du soleil; quelques faibles rayons d'une lumière obscurcie descendaient du haut des voûtes et souillaient les parois de marbre et

d'or : on eût pris ces lueurs enflammées pour
des torrens de sang, les ténèbres devançaient
la nuit pour nous épouvanter ! En ce moment,
quelques femmes se prosternèrent la face
contre terre; elles y restèrent long-temps :
la tempête était calmée, et je sortais de
l'église, que je les vis encore dans la même
attitude.

Depuis le carême j'entends tous les jours
de la musique sacrée, soit à Saint-Pierre,
soit dans les maisons particulières. Dernière-
ment, chez un avocat, deux femmes ont
exécuté le *Stabat* de Pergolèze avec une rare
perfection. J'aime à retrouver l'inspiration
religieuse dans les chefs-d'œuvre du temps
passé, en musique, et en peinture, comme en
poésie. Ce besoin de la prière, si ancien, si
universel, est pour moi une réponse suffi-
sante à tous les sophismes de nos nouveaux
Sages. C'est le : *pourtant elle remue !* de Galilée.
J'éprouve une pieuse surprise en écoutant ces
chants, composés il y a deux siècles, et qui
peignent si bien encore ce que je sens au-
jourd'hui.

L'identité de l'humanité dans tous les âges,
dans tous les pays, cette identité qui n'em-

pêche pas une variété infinie , révèle la plus
grande pensée du Créateur : l'unité dans la
multiplicité !...... Les maîtres de l'art,
en suivant la religieuse impulsion de leur
génie , ne se disaient pas que leurs chefs-
d'œuvre me mettraient en rapport avec eux,
tant d'années après leur mort ; mais ils avaient
un vague pressentiment de leur influence sur
les hommes à venir. Il y a dans tous les grands
efforts de l'esprit humain un instinct d'immor-
talité qui explique la persévérance du talent,
sa fierté , sa modestie ; qu'importe l'injustice
de quelques contemporains quand on se sent
capable d'en appeler à la postérité, et qu'on se
voit renaître dans toutes les ames vraiment
vivantes que le ciel réserve aux âges futurs ?

Je m'accoutume au séjour de Rome ; il me
prépare bien des regrets ! Si mes paroles sont
monotones , mes impressions ne le sont pas.
Je me sens presqu'heureux dans la campagne ,
lorsque je m'assieds sous un de ces pins qui
de loin semblent des voûtes suspendues dans
le ciel. L'air de ce pays a des harmonies pour
l'oreille comme pour les yeux , et l'on ne sait
ce qui charme le plus de la couleur vaporeuse
des ruines de Rome ou des accords du vent

soufflant entre leurs pierres. Mon cœur ·bat
de joie quand je contemple l'azur foncé du ciel,
ou quand j'aperçois ces premieres fleurs du
printemps, dont les couleurs sont si vives
qu'elles étincellent sur la verdure. Peu de
choses peuvent être comparées à la Villa
Pamphili par une belle soirée. Ce n'est plus
la simple nature, c'est un monde fantastique;
et la plaine majestueuse qu'on appelle Cam-
pagne de Rome, avec ses tombeaux, ses
palais en ruines, encadrées par les arches
hardies, les colonnades imposantes et les
légers portiques d'une forêt de pins, res-
remble moins à la terre, qu'à quelque monde
idéal créé par l'imagination d'un poète! Au
moment où les derniers rayons du soleil rou-
gissent les champs déserts, la couleur empour-
prée du soir ajoute à l'illusion : cette vieille
terre abreuvée dè sang, hérissée de débris, sil-
lonnée d'aqueducs en ruines, et dévastée par
la guerre, les maladies, la gloire, le crime,
semble tout à coup rendre ce sang dont elle est
saturée, et l'on croit lire avec admiration un
chant du Dante, à la vue d'un des cercles de
l'enfer lui-même! ! ! mais d'un enfer ennobli
par tout le charme de la poésie et des arts.

Si l'on pénètre au fond des vallons fa-
buleux de cette magnifique villa, on n'a-
perçoit plus que les conceptions artificielles
de l'architecte, la campagne, les tombeaux,
les souvenirs de Rome, l'Enfer du Dante dis-
paraissent, mais il vous reste encore Armide
et le Tasse ! car tout se trouve dans ce mer-
veilleux asile ! A ma dernière promenade, j'y
serais resté long-temps, si je n'avais été rap-
pelé à moi-même par le son des cloches de
Saint-Pierre qui ramenaient les fidèles à la
prière du soir. A Rome, les cloches s'en-
tendent à une grande distance ; il semble que
l'air y soit transparent aux sons comme à la
lumière.

Il y a une demi-heure que nous étions avec Canova dans les salles du Musée pour en voir les statues aux flambeaux! Ces derniers habitans du Vatican ressemblent à un peuple de fantômes; arrachés des débris du palais des Empereurs, ils attristent la solitude du palais des Pontifes! Tout ce luxe paraît vain aujourd'hui que le sanctuaire est profané, et le prêtre-souverain détrôné et captif! Ces statues rangées selon les époques, ces galeries qui chacune marquent un règne, forment une magnifique collection de souvenirs; c'est l'histoire en monumens; et les marbres du Vatican sont l'*album* des Papes, comme le Forum était l'*album* des Romains!

Pour avoir l'idée de la grandeur de ce palais, il faut en parcourir les galeries pendant la nuit. Leurs voûtes sonores ne retentissent que du murmure des eaux dont la chute cadencée forme des cascades artificielles dans de superbes bassins de marbre et de porphyre : pompeux emblème des ennuis de l'esclavage, ces eaux semblent insulter maintenant à ceux qui les ont attirées dans cette éblouissante prison! Partout à Rome on voit l'homme écrasé sous la grandeur de ses propres ouvrages........ Je ne puis ce soir achever aucune description! je souffre, si vous demandez ce que j'ai, je vous répondrai : « J'ai le mal de Rome! » Il y a une tristesse qu'on ne peut ressentir qu'ici, et qu'on ne saurait dépeindre qu'en écrivant le voyage complet et détaillé de cette ville! Mais c'est un travail qui passe mes forces. Encore manquerait-il son but, car il raconterait l'une après l'autre des impressions qui, pour être fidèles, devraient être spontanées. C'est cet amalgame de tous les temps, de toutes les religions, de tous les ordres d'idées et de sentimens, cette confusion de souvenirs et de sensations comparaissant tous à la fois devant le prisme de votre esprit, qui produisent dans l'ame des effets qu'il faut avoir éprouvés pour les concevoir ! La poésie la plus sublime est à Rome, l'inévitable aliment de la pensée !....

J'ai rencontré dernièrement deux Allemands très-distingués. L'un d'eux est un des premiers poètes tragiques de son pays ; de plus, il est un saint. C'est Werner qui est devenu catholique à Rome, où il a trouvé le port après une vie orageuse. Sa conversion rappelle les premiers siècles du christianisme ; elle a quelque chose de *miraculeux*. Il s'intéresse à moi, et me juge avec indulgence ; après m'avoir vu deux fois, il a voulu parler de moi à ma mère pour lui dire toutes les espérances que je lui faisais concevoir, et en même temps toutes ses craintes. Il me trouve dans une disposition d'ame inquiétante. Je ne sais si la vanité me domine, mais les peines que j'éprouve tiennent à la bizarrerie de mon imagination, et je ne les changerais pas contre un bonheur vulgaire.

L'autre Allemand avec lequel j'ai fait connaissance, est un ami de Werner ; il a moins d'abandon, il a plus de clarté, et peut-être plus de profondeur d'esprit : c'est une tête philosophique ; son imagination est à ses ordres ; il n'en est point l'esclave. Il s'est fait

également catholique. De pareilles conver-
sions sont un phénomène dans ce siècle d'im-
piété, et ne peuvent rester infructueuses. La
fermentation d'idées qui agite l'Allemagne en
ce moment, et qui se propage dans toutes les
directions, entre dans les vues de la Provi-
dence, et tient sans doute à quelque plan
caché que l'avenir développera.

Le printemps dont je fêtais le retour, ne
devait m'apporter que de la tristesse! Son
éclat contraste douloureusement avec les so-
litudes de Rome, où le rajeunissement de la
nature semble insulter à l'immobilité des
ruines. Je déteste ces fleurs qui s'emparent
des murs d'un palais, ces herbes qui crois-
sent où l'homme avait mis de l'or et des
peintures; et je ne puis voir sans frémir des
familles de plantes sacrilèges s'enraciner dans
les tombeaux, en percer les marbres, et dé-
figurer des chefs-d'œuvre! Le printemps de
Rome est le sourire d'un cadavre!!..... Pour-
tant lorsque j'oublie le nom et les destins de
Rome, je ne puis me défendre du charme
qu'on éprouve à respirer un air balsamique,
et qui réveille l'amour dans les cœurs, comme
il ressuscite les fleurs dans les champs. Mais

peu de chose suffit pour faire cesser l'enchantement. La solennité de Pâques, si peu solennelle cette fois, m'a causé une tristesse dont je ne puis revenir. Tout est fini pour Rome !.. C'est une autre Jérusalem. L'illumination de la croix produit encore quelqu'effet; mais elle n'est plus motivée : personne n'adore ce signe du salut, et le vicaire de Jésus-Christ n'y vient plus dépouiller ses grandeurs, et prier pour nos misères! Le peuple erre dans Saint-Pierre, comme on parcourt une maison vide ; et la chaire de l'apôtre n'est qu'un but de promenade pour les curieux de l'Europe…

Je ne vous dis rien de Mme L***, c'est que je la vois tous les jours. Je ne vous dis rien de la duchesse de ***, c'est que je ne la vois plus; elle m'est devenue indifférente par la manière dont elle a rompu la liaison que je lui reprochais. Je l'ai rencontrée, et je n'ai trouvé près d'elle que de l'ennui. Elle m'engagea à venir la voir, j'y suis retourné une seule fois. Canova y était, on le fit parler de son enfance; il racontait que son premier penchant avait été pour la poésie. Il nous récita des vers qu'il avait faits à douze ans dans le dialecte vénitien, et qui n'étaient pas sans

grâce; on ne peut avoir plus de simplicité
dans les manières ; il jouit de sa réputation
si naturellement, qu'il la fait presqu'oublier ;
c'est plus réellement modeste, que de la rap-
peler à chaque instant par l'affectation de
l'humilité : qu'il est heureux d'être placé
assez haut pour pouvoir être modeste!.....
Premier artiste de Rome, il a pour son vil-
lage l'amour d'un homme obscur. Il pro-
jette un grand monument à Possagno, lieu
de sa naissance. Il veut employer sa fortune
à y élever une église dédiée à la Trinité,
et qui sera construite sur le modèle du Pan-
théon. Ce projet seul est déjà d'une grande
ame, je crains que Canova ne s'en tienne là ;
l'exécution d'un pareil plan est au-dessus du
pouvoir d'un homme de notre siècle '.

1 On ne sera peut-être pas fâché de retrouver, à la suite du
Journal que nous publions, la description de ce monument
achevé depuis la mort de celui qui le projetait, et qui, après
l'avoir exécuté à moitié de son vivant, a laissé en mourant tout
ce qu'il fallait pour le terminer.

Je viens d'avoir une conversation de quatre heures avec ce poète allemand dont je vous ai parlé. Il s'efforce de rectifier mes idées et de me ramener au vrai, dont je m'éloigne, dit-il, par l'exagération de mes sentimens. Il m'a raconté sa vie entière, et pourtant il ne me connaît pas! Il a la charité évangélique; et me voyant l'air agité, malheureux, il a cru de son devoir de me faire entendre la vérité. Il dit qu'il est comme un naufragé, resté sur le bord où l'a jeté la tempête, pour avertir les autres d'éviter l'écueil contre lequel il est venu se briser.

« Vous êtes malheureux, a-t-il ajouté, parce que votre ame a besoin de grands mouvemens; vous donneriez avec joie votre vie, votre bien, pour une cause sainte; mais ce sont précisément ces brillans sacrifices que

Dieu n'exigera pas de vous ; ils vous coûte-
raiént trop peu !.... Ce qu'on vous demande,
c'est de vous résigner à mener une vie simple
et calme : travaillez sur vous-même, faites du
bien à ce qui vous entoure, consacrez-vous
au bonheur de votre mère. Elle vous a sacri-
fié ses goûts pour vous suivre jusqu'ici, sa-
crifiez-lui les vôtres pour lui donner la paix
que votre tristesse lui enlève. Tout homme
doit accomplir sa vocation, qu'il reconnaît
en réfléchissant à la place où Dieu l'a mis, et
en consultant la voix de sa conscience ; vous
rêvez l'héroïsme, et vous perdez la vertu ; vous
ne remplissez pas les plus simples devoirs de
l'humanité ! Vous voyagez ! croyez qu'en cou-
rant le monde, on ne trouve que ce qu'on a
dans le fond du cœur ! Si vous serviez votre
pays, vous rempliriez tout naturellement vos
devoirs ; une opinion dont je ne suis point
juge, vous éloigne des affaires, et vous isole
au milieu du monde. Puisque vous n'aimez
pas la société, vivez dans la retraite, mais
non dans l'inaction. Le loisir que vous vous
réservez est une charge ; il faut la remplir :
habitez la campagne, et faites-y du bien. J'ai
d'autant plus d'intérêt à vous prêcher ce

genre de vie, que je suis sans asile : personne ne s'intéresse à moi ; je vis des bienfaits de quelques princes allemands ; et tout cela peut venir à manquer...... »

J'étais fier d'inspirer une si noble confiance à un homme supérieur, et qui me parlait pour la seconde fois de sa vie. Rien ne pouvait me relever davantage à mes propres yeux. Werner continua : « J'ai acquis beaucoup de célébrité dans mon pays, j'ai écrit de nombreux ouvrages. Eh bien, si je mourais aujourd'hui, on mettrait dans les gazettes : le poète Werner est mort, il avait fait de belles tragédies dans sa jeunesse, mais il n'aurait rien produit de plus ; car depuis quelques années il s'abandonnait à toutes les petitesses d'une dévotion exagérée...... Vous le voyez, personne ne m'entend ! Je suis un autre Rousseau ; on ne pense qu'à celui qui a disparu, et l'on vit avec l'autre sans s'en soucier ! Cet abandon qui m'afflige est le juste châtiment de mes fautes. Je suis seul au monde. Les égaremens de ma jeunesse m'ont fait perdre la dignité morale, et Dieu, pour me châtier, m'a refusé l'honneur de devenir père ! » Alors cet homme respectable par son âge, par sa

gloire littéraire, par sa conversion, s'est ac-
cusé de ses fautes devant moi, qui ne suis
rien au monde, ni par la place que j'oc-
cupe, ni par moi-même; il me disait : « J'ai
pour vous une vénération profonde (les belles
ames ont besoin de se créer des objets d'ad-
miration), Parce que vous avez conservé
au milieu du monde une ame innocente et
noble ; je ne vous demande aucun détail sur
vos actions, je ne veux pas de confidences;
chaque homme renferme en son cœur un mys-
tère ; ce mystère ne peut se révéler, et nul
ne doit tenter de le pénétrer : c'est le secret
de Dieu. Si l'homme pouvait tout dire à
l'homme, il n'y aurait plus de religion. Mais
croyez que les événemens qui agitent notre
vie, sont toujours préparés de loin au fond
de nos ames, et que toute notre existence
n'est que le résultat de nos entretiens secrets
avec la Providence! »

Voilà à peu près le résumé de ce que m'a
dit cet homme envoyé du ciel pour changer
ma disposition, puisque ma position paraît
immuable. La mission de Werner ne sera pas
inutile pour moi! J'ai gâté, j'ai refroidi ses
discours, en vous les retraçant : il faudrait

- vous faire entendre sa voix basse et puissante; il faudrait vous montrer ses yeux d'un gris bleu, et à demi cachés sous des paupières appesanties, et sous d'énormes sourcils noirs, mais qui commencent à blanchir. Ce que son regard a de douceur, de grâce et de passion, ne peut s'exprimer! Il est fort laid, et surtout d'une négligence dans sa toilette, qui ajoute au travail du temps sur un visage irrégulier; malgré tant de désavantages, il plaît et captive : c'est qu'il a du génie. Personne, je crois, ne parlerait de religion comme il m'en a parlé aujourd'hui. C'est avec l'esprit de Dieu même qu'il parle de Dieu ! Je me sens capable d'une patience que je ne connaissais pas! J'ai toujours été secouru à temps ! J'avais besoin de ce nouvel appui! Dieu ne nous envoie jamais d'épreuves insurmontables!...

Dernière Lettre à Sara.

Rome, ce 8 avril 1812, à onze heures du soir.

JE vais vous parler un langage nouveau!
Dieu veuille me faire persister dans des sen-
timens qui m'ont été trop étrangers jusqu'à ce
jour, pour que je puisse compter sur leur
durée. Néanmoins je veux agir aujourd'hui
comme si j'étais certain de ne plus changer
de pensée.

Votre tendresse m'a sauvé du désespoir,
peut-être du crime où m'aurait conduit ma mé-
lancolie, car la vie m'était devenue à charge;

mais aujourd'hui que la voix de la reli-
gion a réveillé mon ame, je puis, et je dois
vivre sans vous ; je dois employer toutes mes
forces à vous détacher de moi, et cesser
de vous punir du bien que vous m'avez fait.
Il faut vous l'avouer, car avant tout je veux
être vrai : votre amour flattait mon amour-
propre, encore plus qu'il ne touchait mon
cœur; votre style m'attachait, vos sentimens
religieux s'accordaient avec les miens, et je
trouvais du charme à reconnaître une passion
ardente sous votre sévérité extérieure; je
m'enivrais des paroles de l'amour, et j'aug-
mentais mon illusion au point qu'elle deve-
nait réalité; à la fin je fus maîtrisé par le
sentiment avec lequel j'avais osé jouer. C'est
alors que j'espérai de votre pitié, ce que je
n'avais pu obtenir de votre seule tendresse.
Je vois par votre lettre d'aujourd'hui, que le
sentiment du devoir l'emporte en vous sur
toute autre affection, et je ne veux plus le
combattre : l'accord que je trouve entre votre
disposition d'ame et la conversation de Wer-
ner me semble une révélation de la volonté
divine : j'y souscris; je renonce à porter le
trouble dans une ame pure et pieuse comme

la vôtre. Dieu vous a parlé dans cette cha-
pelle consacrée à la Vierge ; il faut obéir à sa
voix ; ne craignez plus pour moi, ne pen-
sez qu'à vous seule. En même temps qu'un
Dieu sévère vous commandait de m'abandon-
ner, sa providence m'envoyait des consola-
tions nouvelles. J'ai trouvé l'homme de Dieu
qui m'a montré la voie du salut ; il aura sur
mon sort une grande influence. J'ai formé
aussi quelques liaisons d'amitié ; si elles ne
suffisent à remplir ma vie, elles l'adoucissent.
C'est folie que de chercher le bonheur dans
un monde qui ne peut nous offrir que des
consolations. L'affection la plus passionnée
fait qu'on ne peut se passer de ce qu'on
aime, mais elle ne suffit pas. Nul être hu-
main ne peut combler les désirs d'un autre.
Dieu m'envoie dans la jeunesse, les pen-
sées souvent trop tardives de l'âge mûr ; si
je ne profitais des secours qu'il me donne,
mes lumières me condamneraient ; et je se-
rais perdu pour avoir reconnu la sagesse de
ses avertissemens sans en profiter. Je connais la
vie avant d'avoir vécu ; je juge le bien et le
mal, et je suis épouvanté de ma raison ; car
si ma faiblesse en triomphait, je deviendrais

le dernier des hommes ! Que de fois n'ai-je pas répété ce blasphême ?... *Je ne suis pas né pour le bonheur !* Tout homme est né pour le bonheur de la vertu, et son devoir est de le trouver. La créature est ingrate envers le créateur, tant qu'elle ne lui dit pas : *Je suis heureuse.*

Je me croyais quelque talent pour la poésie ; mais qu'importe ? L'homme est ici-bas pour agir, et non pour écrire ! L'exemple d'une vie pure est plus efficace que les plus beaux ouvrages. La poésie est le refuge des ames souffrantes ; mais pourquoi se permettre de souffrir ! La poésie n'est qu'un flatteur, la religion est un ami ! Le poète, ne pouvant supporter la vie telle qu'elle est, se crée un monde analogue à ses besoins ; le chrétien, inquiet aussi, se guérit, non par des rêveries, mais par la vérité ! Il sent, de même que le poète, le besoin d'une autre existence, mais il accepte celle-ci comme on remplit un emploi pour en obtenir un meilleur. S'il est tourmenté du besoin d'aimer, il fait du bien, et les devoirs accomplis calment les désirs trompés ! Il finit par être heureux ; mais son bonheur n'est pas celui du poète ; on ne sau-

rait le peindre, on ne peut que le sentir.
Telles sont les idées que Werner a substi-
tuées à mes rêveries.

Continuation du Journal adressé à l'ami que j'aurai.

Rome, ce 18 avril 1812.

Je vous ai négligé, et, qui pis est, oublié ! Quand vous lirez ce journal, vous y verrez mes lettres à Sara ; elles vous expliqueront ma vie ! Explication et justification me paraissent synonimes dans le langage de l'amitié.

Vous prenez pour moi des formes diverses, et je vous fais souvent changer de nom et de figure selon que je m'engoue pour de nouvelles connaissances. Une femme célèbre par son esprit disait : « Il n'y a de parfaits que les gens qu'on ne connaît pas [1]. » Il me sem-

---

[1] Ce mot est de la marquise de Boufflers, mère du chevalier.

ble que ma vie n'est qu'un commentaire un peu niais de ce mot si fin.

Cette nuit j'ai été au bal depuis dix heures jusqu'à deux; en rentrant j'ai écrit à Sara *pour la dernière fois !* Le jour est venu, et, au lieu de me coucher, je suis sorti afin d'aller faire mes adieux au bon Werner qui partait pour Florence. L'intérêt que je lui témoignais l'a touché aux larmes. Il m'attache par ses défauts autant que par ses qualités; en voyant ses petitesses je me crois son égal; il me semble que je m'approprie son génie comme je partage ses misères. Son imagination de poète le rend si peu propre aux choses de la vie, que dernièrement il a passé six semaines sans écrire, parce qu'il n'avait pas de plume; il était, non dans un désert, mais à Rome!!!..... Tout l'embarrasse, tout l'épouvante; il est poursuivi par un sentiment qu'il appelle l'*angoisse* (die angst.). Cette souffrance inexplicable lui rend la vie comme impossible et lui fait renoncer à tout plutôt que de vaincre les petits obstacles qu'on rencontre à chaque pas dans ce monde. Souvent il est resté trois mois dans des lieux où il se déplaisait, de crainte de s'arrêter à

la terrible idée de faire sa malle! Ce matin,
il avait appelé à son secours un Danois, es-
pèce de rustre marié à une femme de Lari-
cia. Cet homme l'aidait à faire ses paquets.
Jamais je ne vis un tel désordre ni un sem-
blable effarouchement. Un vieux bas renfer-
mait tous ses manuscrits, mais ce bas était
troué, et une tragédie pouvait passer à tra-
vers quelque maille lâchée. Que faire, disait
Werner? Je proposai de coudre les papiers
dans un morceau de toile, et ce trait de gé-
nie parut sauver la vie à l'auteur. Un autre
bas lui servait de nécessaire, et les détails
de toilette que cet emballage m'a révélés ne
peuvent trouver place même ici. Werner,
dont les idées et les sentimens appartiennent
à l'humanité tout entière, est exclusivement
Allemand par ses habitudes. Le sublime de
la pensée fait chez lui un contraste frappant
avec le peu d'élégance des manières, et c'est
précisément la vivacité de son imagination
qui rend explicable la difficulté qu'il trouve
à agir. Il est arrivé si haut dans le monde
de la pensée, que, pour lui, la vie intellec-
tuelle est séparée de la vie active par un
abîme! il est l'Allemagne personnifiée.

J'ai cru pouvoir vous divertir à ses dépens ; ses ridicules sont de ceux dont on rit sans malignité ! Voici une histoire qu'il m'a racontée en partant, tandis que son Danois emballait *ses loques* dans la voiture arrêtée à sa porte.

Uu jeune prêtre d'Amsterdam vivait à Rome depuis cinq ans ; il y faisait beaucoup de bien, soignait les malades dans les hôpitaux, consolait les pauvres, enfin il était révéré comme un saint. On lui doit la conversion d'un grand nombre de soldats protestans ; et de plus il est parvenu à prévenir plusieurs actes de rigueur en s'interposant entre les malheureux Romains et les autorités françaises. Ce jeune apôtre croyait de son devoir de demeurer à Rome, tant qu'il se verrait nécessaire au bonheur et même au salut de tant d'hommes qu'il guidait dans la bonne voie. Depuis la captivité du Pape, il resta toujours ici, bien qu'il n'y fût plus au même titre qu'auparavant ; son zèle lui faisait résister aux prières d'une mère dangereusement malade et qui lui écrivait des lettres déchirantes pour l'engager à revenir auprès d'elle. Cette pauvre femme, voyant que ses lettres ne pouvaient

rien sur l'esprit de son fils, prit le parti de
se séparer d'un autre enfant qui la soi-
gnait à Amsterdam, et d'envoyer ici ce
jeune homme avec l'ordre de supplier son
frère de céder au désir de leur mère et d'a-
bandonner Rome pour retourner en Hol-
lande. Le jenne prêtre, fort de ses bonnes
intentions, crut faire un sacrifice agréable à
Dieu, en résistant à cette dernière épreuve.
Après de rudes combats et beaucoup de ré-
flexions, il se détermina à prolonger son sé-
jour à Rome, et renvoya son frère à Amster-
dam avec une lettre pour leur mère. Il disait
dans cette lettre qu'il croyait sentir que la
volonté de Dieu le retenait à Rome, que sa
vocation était d'y soigner les malades, et
que le bien qu'il y avait déjà fait, ainsi que
celui qu'il y pourrait faire encore, lui impo-
sait le devoir d'y demeurer autant que ses
supérieurs le lui permettraient. Il ajoutait
que sa mère n'était pas abandonnée, puis-
qu'elle avait un autre fils qui la soignait,
tandis qu'une foule de misérables attendaient
en vain, à Rome, les secours d'une charité
que les hommes de ce siècle ne savent guère
exercer. Quatre jours après le départ de sa

lettre, le jeune prêtre en reçoit une du ministre des cultes de l'empire, datée de Paris. Elle contenait *l'ordre de retourner* à Amsterdam, et l'exhortation de régler sa conduite avec plus de circonspection qu'il n'avait fait à Rome, où il semblait avoir voulu *se former un parti*, et s'attacher, *par des bienfaits calculés*, une foule de vagabonds.

Aussitôt qu'il eut reçu cette lettre, le jeune prêtre, délivré de toute incertitude, partit pour Amsterdam, où il vit maintenant heureux auprès de sa mère. C'est ainsi qu'un Dieu miséricordieux a pardonné à cette ame noble une noble erreur, et a forcé un homme égaré de remplir le premier des devoirs : celui de fils ! Je ne crois pas que la conduite de la Providence se puisse révéler d'une manière plus touchante que dans cette circonstance si imprévue, qu'elle sera toujours appelée hasard par les impies. Voilà comme Dieu redresse ceux qui se trompent de bonne foi.

Werner me conta cette histoire pour me prouver qu'on se fait souvent illusion sur sa vocation, quand on prétend sortir des voies communes, et qu'il faut remplir tous ses devoirs de fils, de père et de citoyen, avant de se permettre d'aspirer aux vertus surnaturelles.

Un homme peut se résigner à vivre en paix au milieu de la société, non qu'elle contente son cœur, mais elle le dessèche, et le réduit à ne désirer que ce qu'il peut obtenir. Mais s'il est inquiet dans la solitude, son mal est sans remède, parce que la nature n'a pas de quoi réaliser les pressentimens qu'elle donne.

Nous revenons de Tivoli, et nous repartons demain pour Frascati et Albano. Le spectacle de la campagne me remplit de tristesse. Les parfums de la terre pendant les pluies du printemps, la création qui se réveille et prend son élan vers une nouvelle vie, le mouvement qui semblait arrêté, et qui recommence, tout ce qui naguère me paraissait en harmonie avec les secrets sentimens de mon cœur me semble aujourd'hui un piége tendu à ma mélancolie ! La nature renaît, et je sens que je me meurs! Depuis que je veux travailler sur moi-même, je découvre qu'il y a du mal à tout. N'y aurait-il donc d'innocence que pour les esprits qui se laissent aller à tous leurs penchans? Ce qu'il y a de sûr, c'est qu'on ne reconnaît ses erreurs que lorsqu'on veut s'en affranchir.

La vue des environs de Rome me remplit de pressentimens sinistres. Je me vois seul au monde, et pourtant je suis entouré d'êtres qui m'aiment : ma tristesse est une ingratitude.... Mais cette pensée l'aggrave, et n'y remédie pas! Tivoli est beau, il n'est point gai. Je voudrais fuir tous ces lieux plus tristes que moi; j'ai besoin de secours, et les ruines ne m'aident qu'à m'affliger. Tivoli en a de tous les âges, et de tous les styles; on y voit les restes d'un pont moderne écroulé depuis peu d'années, tandis que les vastes souterrains de la Villa de Mécène servent de passage à un torrent qui tombe dans le fond d'un vallon par une des fenêtres du palais. Il me semble que le nom et la maison du favori d'Auguste désenchanteraient les sites les plus rians. A coup sûr, Mécène s'ennuyait à les contempler. Des coteaux couverts d'oliviers, de myrtes, de figuiers, sans parler d'une foule d'autres plantes inconnues à nos climats et qui font le luxe de l'élégante végétation italienne, forment des groupes gracieux sur le devant d'un tableau terrible. Ce tableau, c'est la Campagne de Rome avec ses déserts qui laissent comme un vide immense au fond de tous les sites de Tivoli. Il n'y a pas de scènes si riantes qu'un tel lointain n'attristât ; c'est justement le contraste de cette plaine désolée et des montagnes ornées de leurs ruines, de leurs forêts, de leurs rocs et de leurs cascades, qui font la singulière beauté de Tivoli ; mais je ne suis pas en état d'en jouir. L'ivresse douloureuse où me plonge cette nature de poème épique m'est insupportable : ma vie s'exhale en rêves d'enthousiasme, et, à force d'imaginer, je perds la faculté de sentir.

Notre départ de Rome m'a causé une impression de tristesse pareille à celle qu'on ressent en abandonnant un vieillard infirme. On vient d'y éprouver plusieurs tremblemens de terre; les pierres font la vie de Rome : si elles tombent, ce reste de ville disparaîtra de dessus la terre!

Nous voyageons à petites journées, ce qui veut dire à pied, dans un pays admirable. On n'y peut contempler le ciel sans joie, et l'air qu'on y respire suffit au bonheur. Le prince de *** qui voyage avec nous devient pour moi un véritable ami. Il a de l'esprit dans le cœur, son sentiment est un guide sûr; mais il s'en défie trop, et son expérience nuit à son instinct. Il est malheureux; sa position est difficile, inquiétante : je sens que je puis l'aider à la supporter. Il a la même manière

de voir que moi, en politique ; mais cette
opinion est plus difficile à soutenir dans le
rang qu'il occupe.

Ce soir, nous nous promenions au bord de
la mer, la lune s'est élevée comme un fanal
du sein des flots ; le prince me parlait de son
pays, de ses craintes patriotiques : il serait
capable de grands sacrifices pour délivrer
l'Allemagne, et moi, pourquoi ne pourrais-
je pas délivrer la France [1] (*Voyez* la note au
bas de la page)! Mais nous verrons l'événe-
ment tromper nos espérances, et notre jeu-
nesse se passer sans trouver à quoi l'em-
ployer.

Ces tristes réflexions ne m'ont pas empêché
de jouir du calme de la nature ; je ne me
croyais plus capable d'éprouver ce que j'ai senti
en voyant les teintes ardentes des rochers se
fondre peu à peu dans le bleu adouci de l'hori-
zon, et les étoiles ressortir comme des diamans
sur la voûte obscure du ciel. Le calme et le
silence s'emparaient de l'espace : il semble

---

[1] Ces rêveries d'un jeune homme rappelleront aux Français
de 1829 qu'au temps où ces lettres furent écrites, un parti nom-
breux en France considérait le gouvernement d'alors comme
un pouvoir ennemi. (*Note de l'Editeur.*)

que les astres roulent plus facilement à travers une atmosphère sans nuages , et sous cet heureux climat , leur marche solennelle ressemble à un triomphe. J'ai déjà tout-à-fait oublié notre séjour à Rome ; je ne connais plus que les coteaux de Velletri, le promontoire de Circé , et les palmiers de Terracine. J'ai tort de me laisser aller à ce nouveau délire ; et encore je vous cache la moitié de ce que j'éprouve.

Je médite un projet dont la seule pensée me fait battre le cœur : c'est le voyage de Calabre ; ma mère m'attendrait à Naples pendant deux mois ; mais je prévois encore bien des obstacles.

On se croit ici transporté dans un pays enchanté, et l'on reconnaît au bruit, au tumulte, au désordre de Naples, une grande ville *vraiment italienne*. C'est la capitale de l'Italie et la première ville où je sois entré sans éprouver un pénible serrement de cœur. L'air affairé de tant d'hommes qui n'ont rien à faire, mais qui courent comme s'ils étaient attendus, la multitude de voitures qui se croisent dans les rues avec une rapidité effrayante, les cris du peuple, les regards perçans des femmes, la vivacité éblouissante de la lumière réfléchie sur les murailles d'édifices frappans par leur masse, si ce n'est par leur élégance : tout ici annonce un pays différent des autres. Je m'attristais en approchant de Naples, car je voyais arriver le terme d'un voyage agréable ; mais ma mélan-

colie n'a pu tenir contre la folie de tout ce
peuple rassemblé au milieu de la rue de
Tolède. Des cabriolets dans lesquels un hom-
me chez nous se trouverait gêné, transportent
ici, d'un bout de la ville à l'autre et avec la
rapidité de l'éclair, six et jusqu'à dix per-
sonnes suspendues, accrochées, cramponnées
à la manière des singes, aux diverses parties
de cette voiture singulière. Tout cela four-
mille dans les rues, court, crie, gesticule;
on en est ivre au bout d'un quart-d'heure, sur-
tout en arrivant de Rome! On rencontre à
chaque pas des boutiques d'eau glacée, or-
nées de guirlandes de citrons et de bouquets
de fleurs. Les équipages s'évitent avec tant
de rapidité qu'on craint sans cesse quelqu'ac-
cident; mais ce malheur toujours imminent
n'arrive jamais, l'adresse des cochers napoli-
tains tient de la magie, et les voitures roulent
au milieu de la foule la plus épaisse sans s'ar-
rêter, sans même ralentir leur marche et sans
blesser personne. On serait tenté de croire
que cette multitude en rumeur s'agite dans
l'attente de quelque grand événement, et l'on
ne peut se persuader que tout ce mouvement
ne soit qu'une promenade. Vue de la place

élevée du Santo-Spirito, la rue de Tolède fait l'effet d'une émeute populaire : c'est vraiment la révolte de la folie contre la civilisation, et cette révolte en permanence est la constitution de Naples. Je ne connais point de ville où le pays ajoute autant à l'effet des rues : du centre même de Naples, dans la rue Sainte-Brigitte, on aperçoit le Vésuve, au-dessus d'une tour gothique; de presque tous les points de la ville, la Chartreuse de Saint-Martin et les oliviers du Vomero avec tous ses casins, forment des tableaux pittoresques; enfin, la mer Caprée, le coteau de Pausilippe, et les rivages de Sorrente sont des points de vue auxquels on ne peut échapper, pour peu qu'on se promène un quart-d'heure dans Naples. Les bords de la mer sont le boulevard de Naples, si ce n'est qu'on y trouve, au lieu de nos boutiques, les vivans modèles des tableaux de Vernet et de Claude Lorrain. Je me sentais transporté de joie à la vue de tant de merveilles ! La lumière est éclatante, la mer efface le ciel par son brillant, toutes les teintes de la nature sont diffé-rentes des couleurs de la terre en d'autres contrées. Ici, respirer l'air n'est plus seulement une des conditions de la vie : c'est une de ses jouissances, les parfums sont plus suaves qu'ailleurs, les montagnes ont des formes plus douces, plus majestueuses, les ombres sont plus transparentes, les arbres plus verts, plus brillans : enfin Naples est un théâtre préparé pour des scènes moins graves que celles qui composent la vie des hommes du Nord, et il serait aussi difficile de s'y ennuyer à l'*anglaise* qu'il le serait de danser un reel sur l'air de la tarentelle.

Je suis dans un accès de joie, car je pars pour la Calabre avec M. M***, antiquaire français, qui promet à ma mère de m'accorder sa protection. Elle n'eût jamais consenti à me laisser entreprendre seul une excursion si dangereuse ! La magie du voyage opère déjà sur mon imagination ! Toutes mes facultés sont en activité, ma vie est renouvelée d'espérance et d'attente. J'ai peur de n'avoir d'autre vocation que celle de voir des sites nouveaux et de changer de place sans autre but que le mouvement. Je ne puis vous écrire longuement aujourd'hui : on m'attend pour sortir. Je ne sais où nous allons ; à Naples on n'a pas besoin d'itinéraire ; quelque part qu'on s'arrête, on

rencontre des objets curieux ou extraordi-
naires ; mais toutes ces merveilles sont si
connues que je suis résolu à ne vous en point
parler. D'ailleurs, c'est demain que je quitte
ma mère pour commencer ce grand voyage.

Me voici dans un des foyers de la civilisa-
tion italienne, c'est-à-dire européenne, au
moyen-âge; la lecture de l'ouvrage de M. Sis-
mondi m'avait donné envie de visiter la répu-
blique d'Amalfi. Ma curiosité avait été vive-
ment excitée par tout ce qu'il raconte de la
puissance et des richesses de cet Etat, aujour-
d'hui, presqu'ignoré même de son souverain.
Amalfi eut l'honneur de disputer à la France
l'invention de la boussole! Tout ce qui lui
reste à présent de ses jours de gloire, c'est
un des sites les plus étonnans qu'on puisse
voir, même en Italie. L'imagination ne se
figurerait pas les tableaux qui de toute part
fráppent ici les regards. Nous avons quitté
Salerne à cinq heures du matin : le temps
était calme et le ciel pur, nous nous sommes
embarqués au port de Viétri. Les villages de

Reita, de Benincasa et beaucoup de hameaux bâtis, les uns sur des pointes de rochers, les autres au bord de la mer, furent les premiers objets qui attirèrent notre attention. Quel tableau que celui du golfe de Salerne au lever du soleil! Je ne me lasse pas d'admirer ces élégantes galeries, formées par des berceaux de vigne, que soutiennent une longue suite de piliers. Les pierres de ces portiques champêtres sont d'un blanc éclatant, et contrastent merveilleusement avec la verdure du pampre. En traversant une mer d'un bleu de saphir, j'apercevais des rochers teints de brillantes couleurs, et les angles de ces forteresses naturelles de l'Italie étaient adoucis par la magie de la lumière! Le soleil se jouait de mille manières sur leurs plans variés, et la beauté des plantes auxquelles les différens étages des montagnes servent pour ainsi dire de terrasses, complétaient ces tableaux élégans autant qu'extraordinaires! On dirait que l'olivier, le caroubier, le figuier d'Inde, l'aloës ne croissent suspendus au bord des précipices qu'ils semblent braver, que pour être admirés par les mariniers effrayés de la profondeur des abîmes au-dessus

desquels ces plantes naissent et meurent en
sûreté. Nous comparions leurs fleurs inacces-
sibles à des feux de joie qu'on allume aux jours
de réjouissances, sur les pointes les plus aiguës
des plus hauts édifices : ce sont les phares
du printemps ; la végétation de l'Italie est
une fête que la nature ne cesse de se donner
à elle-même. La ville de Salerne s'élevant en
amphithéâtre, jusqu'aux coteaux fertiles qui
la dominent, la mer, qui forme un golfe d'un
ovale régulier au pied d'un rivage gracieux,
la plaine de Pæstum, qui d'un côté se perd au
niveau de la mer et de l'autre s'étend jusqu'aux
montagnes du Cilente et au cap Posidium, près
de l'île Leucosia, au-delà de laquelle nous irons
dans peu de jours visiter le tombeau de Pali-
nure ; tel est l'ensemble du tableau que nous
avons eu le loisir de contempler pendant deux
heures en nous éloignant de Viétri. Bientôt la
scène changea, nous doublâmes le cap d'Orso,
fameux par plus d'un naufrage, et nous aper-
çûmes Amalfi ou plutôt Adrano, qui n'en est
séparé que par un roc avancé dans la mer,
à la manière d'une coulisse de théâtre. Ce
petit coin de terre est borné d'un côté par la
Méditerranée, et de l'autre par des mon-

tagnes presque inaccessibles. C'est un monde
à part; la vie s'en est retirée avec la liberté.
La fameuse ville d'Amalfi est enfoncée entre
deux parois de rochers qui s'élèvent presque
à pic; une montagne en pyramide, couron-
née d'une tour gothique, est comme suspen-
due au-dessus de ce singulier amas de mai-
sons, ou, pour mieux dire, la ville et la côte
ne font qu'un, car les édifices dont la mer
baigne les murs commencent le précipice
que la montagne continue bien au-dessus de
leur faîte! Amalfi, tout entier, cité et terri-
toire, n'est qu'un pic partant de la mer pour
monter au ciel, et finir par des rochers qui
s'élèvent à perte de vue! Il n'y a point de
rivage; la montagne, la ville touchent les flots.
Cette république était un labyrinthe d'arcades,
de portiques, de rampes portées les unes sur
les autres, et l'aspect du pays est si bizarre
qu'on serait moins surpris de l'entendre ap-
peler la Chine que l'Italie. Dans ces paysages
incompréhensibles la mer seule est horizon-
tale, et tout ce qui est terre ferme est pres-
que perpendiculaire. La nature se distingue
à peine des œuvres de l'homme; c'est de l'ar-
chitecture en grand. L'éclat du ciel diminue

la terreur que produisent les formes horribles
des montagnes. L'élégance , du moins exté-
rieure , des habitations, contribue également
à rassurer le voyageur épouvanté par les
masses de rochers qu'il voit suspendues au-
dessus de la ville , et qui supportent à des
hauteurs.incroyables des édifices aussi vastes
que ·pittoresques. Du fond de petites rues
étroites et tristes on aperçoit, en levant la
tête , des châteaux moresques, des forts , des
églises gothiques, et l'on a peine à com-
prendre ce qui les tient comme suspendus
dans les airs. Si l'on ferme un moment les
yeux , on croit, en les rouvrant, contempler
des tableaux composés à plaisir par un
peintre en délire. Les petits murs d'appui
bâtis en étages jusqu'au sommet des mon-
tagnes , afin d'empêcher les torrens d'en
déchirer les flancs , forment aussi un des
traits caractéristiques de cette côte appelée
dans le pays *la côte* par excellence. On y
voit des ravins creusés par les orages, se
remplir , grâce aux soins de l'homme , d'o-
rangers, de myrtes et de grenadiers , dont
le luxe de fleurs et de verdure fait oublier
l'âpreté du sol où ils croissent. Je ne dirai

rien des habitans d'Amalfi ; je ne connais
que leur physionomie. Ceux qui nous ont
reçus sur la plage parlent toujours, gesti-
culent toujours; ils ont des figures, je ne
dirai pas de brigands, ce serait trop commun,
mais de conspirateurs : enfin, ils sont dignes
de l'aspect de leur pays ! A notre arrivée
toute la ville s'est rassemblée autour de
nous ; on nous presse, on nous questionne :
deux cents personnes me regardent écrire.
C'est bien de l'honneur ! M. M*** m'appelle :
il faut que je finisse.

Billet à ***.

Eboli, ce même jour, 8 mai, à neuf heures du soir.

Vous avez tellement peur des sentimens exaltés que je commence à croire qu'ils vous sont étrangers. J'ai toujours vu les gens insensibles redouter les effets de la sensibilité, et les personnes les plus positives s'occuper à se défendre des écarts de l'imagination qui leur manque. Quoi qu'il en soit de votre éloignement pour le langage de l'enthousiasme, vous vous y habituerez si vous continuez à avoir de l'amitié pour moi ; car, malgré tous mes efforts pour ne rien exagérer, ma vie en voyage est une fièvre d'admiration continuelle avec des redoublemens d'exaltation contre lesquels ma raison ne peut rien !

Quand on me les reproche, j'en suis honteux ;
mais à peine seul, je retombe dans ma rou-
tine d'engouement. Ce n'est que par politesse
que j'ai quelquefois l'air de ne pas admirer
la nature plus que les autres. Je ne suis bon
à rien au monde qu'à contempler des sites
pour y chercher des émotions, que je n'ob-
tiens pas toujours, car je me désenchante
aussi vite que je m'enthousiasme ; est-ce ma
faute à moi, si je suis né dans un siècle
dont René est le chef-d'œuvre littéraire ?
Je résiste tant que je puis à l'influence de
cette dévorante poésie : elle me poursuit
jusque dans mes pensées les plus intimes, et
se mêle à mes impressions les plus inatten-
dues. Il n'y a plus de surprise pour un es-
prit qui connaît René. Je sens que ma pen-
sée n'est plus libre, et que j'en dois une
partie à l'homme dont le génie va dominer la
littérature de notre époque. Il faut pourtant
m'affranchir de cette tyrannie involontaire
qu'il exerce sur moi, ou renoncer à écrire ;
car ses copistes seront plus médiocres que les
imitateurs ordinaires, par la raison qu'il a
puisé les premières inspirations de son talent
dans une disposition d'ame particulière.

Nous avons parcouru aujourd'hui un pays fort singulier ; si vous ne vous en fiez pas à mon avis, vous en croirez M. Catel, notre compagnon de voyage, qui juge la nature en peintre, et qui dit qu'il n'avait rien vu avant la côte d'Amalfi ; en effet, cette contrée ne ressemble à aucune autre ; c'est un paravent de la Chine en action, ou plutôt c'est un jardin de fée. Il faut absolument que vous alliez à Amalfi ; on s'embarque à Salerne ou au port de Viétri, ce qui vaut mieux, parce qu'on a moins de mer. Il faut une bonne barque avec six rameurs, car la mer est souvent dangereuse dans ces parages. On se fait conduire tout droit jusqu'à Amalfi, sans aborder en chemin à aucun point de la côte. Il faut monter à l'église d'Amalfi, moins pour l'église même, que pour la vue dont on jouit avant d'y entrer ; c'est un paysage frappant, et dont le portique de la cathédrale forme le cadre. Cette église est placée si haut, que de son parvis l'œil plonge à vue d'oiseau dans la ville, et que la mer qui est devant vous paraît monter jusqu'au ciel où elle se perd. Lorsqu'on veut retourner à Salerne, on envoie sa barque à Majora, et l'on

va la rejoindre par un chemin pittoresque qui
traverse les petites villes d'Adrano et Minora.
Tantôt il rase les flots, tantôt il s'élève à de
grandes hauteurs, comme la corniche de Gê-
nes; mais les paysages d'Amalfi sont bien plus
grands que ceux de Nice. Avant d'arriver à
Majora, on rencontre une caverne imposante.
Il s'y trouve une chapelle en l'honneur des
morts; un énorme amas d'ossemens rangés
sous ces affreux rochers en fait une vraie dé-
coration de théâtre.

J'écais assis sur les marches du temple de Cérès, à Pæstum ! Le soleil darde encore ses rayons sur la plage déserte, mais la brise du soir commence à rendre la vie à la nature. J'aperçois la mer entre les colonnes du temple, et dans le lointain Caprée, le promontoire de Minerve, et les côtes d'Amalfi. Vers la gauche, le cap Posidium marque l'entrée du golfe de Salerne ; au nord, on aperçoit les îles des Syrènes et le promontoire de Minerve ; à l'orient, une enceinte de montagnes termine fièrement ce grand tableau. Mes regards éblouis par la réverbération de la lumière, ont peine à supporter l'éclat des arides sommets de l'Apennin. C'est le moment du cou-

cher du soleil ; ces rocs décharnés sont plus
brillans que le ciel, et me paraissent dia-
phanes, sous le climat de Naples, où l'air
est serein, où tous les objets semblent trans-
parens, les montagnes font l'effet des nua-
ges ; dans le nord, ce sont les nuages qui
font l'effet des montagnes. Elles s'élèvent
comme un mur de diamans à l'extrémité de
la plaine de Pæstum. La vue de ce désert
m'inspire une profonde tristesse ; mais une
tristesse douce, parce qu'elle naît d'une im-
pression simple. Il n'en est pas de même de
la tristesse de Rome ! Ici du moins les morts
reposent en paix, le silence règne autour des
tombeaux ; les ruines parent la solitude, et
la foule stupidement insensible, n'insulte pas
aux monumens d'une gloire éteinte. Mais des
troupeaux de buffles errent en liberté dans la
campagne ; ces animaux à l'œil morne, au
poil hérissé, à la tête appesantie, à la dé-
marche lente, forment par leur hideuse fi-
gure, un contraste frappant avec l'élégance
des monumens, à l'abri desquels ils cherchent
à fuir les ardeurs du soleil, et quand on les
voit à moitié endormis, s'étendre sous ces
superbes colonnades, construites par un peu-

ment! Ce qui le frappe et le met en fureur, c'est la mauvaise manière de s'exprimer et de prononcer d'un homme dont il rougit, dit-il, d'avouer qu'il a fait l'éducation.

« Quelle honte ! » s'écrie-t-il, en cheminant toujours sous des torrens de pluie !
« d'entendre le domestique d'un membre de
» l'Institut, bien plus, son filleul, son élève,
» parler français plus mal que le dernier des
» manans ! Va, coquin, je me souviendrai de
» ta *toèle*. »

.Tout en s'échauffant la bile, notre savant oubliait son axiome sur l'inutilité de l'impatience ; il continue :

« Je voulais te faire du bien, misérable,
» mais je le vois, tu n'en es pas digne! et ton
» maudit langage me couvre de confusion! »
Alors s'établit au bord d'un précipice une discussion grammaticale entre le maître et le serviteur révolté. Cependant la pluie devenant trop violente, les guides pressent le pas des mules pour gagner quelqu'abri, lorsqu'au tournant d'un roc, le cheval de somme tombe les quatre fers en l'air, lançant au loin nos paquets épars et qui roulent tout crottés au fond du ravin ! Alors redoublemens de cris !

A la métairie voisine des temples de Pæstum,
le même jour, à neuf heures du soir.

La scène a bien changé depuis deux heures !
Le soleil s'est couché derrière d'épaisses va-
peurs qui s'élèvent peu à peu de la mer, et
qui ont fini par obscurcir tout le ciel. On
n'entend dans la campagne que les cris fati-
gans de la cigale, de cette cresselle des
champs, avant-courière des orages, et l'insi-
pide gazouillement des pinsons. J'ai passé une
grande partie du jour assis sur les murailles,
qui marquent l'enceinte de l'antique Pæstum.
Il en reste trois temples presqu'intacts, au
milieu d'une plaine déserte et nue ; et ces
ruines produisent sur l'ame, une impression
extraordinaire ! Ici l'homme a tout l'avantage

sur la nature. Abattez les temples, Pæstum
n'est plus qu'une solitude sans caractère, une
plaine marécageuse, inculte et entourée de
montagnes arides ; avec ses monumens, c'est
un désert poétique et dont je préfère l'aspect
à celui des plus riantes campagnes. Où sont
aujourd'hui les peuples qui laisseront aux
générations à venir, des modèles du sublime
en architecture ? Je doute que les restes de
nos cités modernes, lorsqu'elles seront aban-
données, deviennent l'ornement des plaines
qui les environnent. Les Grecs avaient trouvé
le juste rapport de l'art avec la nature, avec
l'espèce de nature qui les entourait ; car leurs
chefs-d'œuvre mêmes, transportés chez nous.
ne seraient plus en harmonie avec nos pay-
sages, avec notre ciel, ni avec les conditions
imposées par nos mœurs, à l'architecture mo-
derne. Cette harmonie que la pureté de leur
goût, la poésie de leurs habitudes, et la sé-
rénité de leur climat pouvaient seules pro-
duire, fera durer la gloire de la Grèce, autant
que dureront son soleil, son pompeux climat.
ses grands horizons !... Les ruines grecques
de Pæstum sont aussi supérieures aux chefs-
d'œuvre de Rome, que ceux-ci le sont à nos

édifices modernes ; l'imagination reste con-
fondue devant ces monumens, si simples, si
nobles, et que les Romains appelaient anti-
ques !! Il y a une heure que la couleur ora-
geuse du ciel ajoutait encore à l'imposante
tristesse du paysage. Le soleil voilé, colorait
le dessous des nuages de teintes sanglantes;
et l'horizon n'était qu'une brûlante voûte
d'airain. Mes regards errant vaguement sur
une plaine parsemée de touffes d'acanthes,
de myrtes, de chardons, de férules, ne se re-
posaient que sur les temples. Ces portiques si
bien conservés et d'un goût si parfait semblent
demeurés là pour dire au pélerin : « Tu viens
trop tard, les beaux jours ne sont plus. »
Les peuples modernes ont beau affecter la
grandeur, leur architecture les trahit; ces
annales de l'art sont les seules que la vanité
ne puisse faire mentir. L'architecture est la
physionomie des nations : la nôtre n'est
qu'une grimace. La majesté, le repos, la
simplicité de l'architecture grecque m'ont re-
présenté toute l'antiquité. Les riantes fictions
des poètes se réalisaient pour moi; j'assistais
aux solennités païennes. Je divinisais les for-
ces de la nature ; ma raison se taisait, et mon

sein palpitait de plaisir! La volupté des rêves
est si grande, qu'il faut qu'il y ait quelque
réalité au fond de cette féerie de la pensée!
D'où vient que nous trouvons un charme
véritable à nous tromper ainsi nous-mêmes?
C'est une victoire de l'imagination contre le
positif de l'existence; c'est un esprit né libre
qui se révolte contre la fausse nécessité d'o-
béir à la matière. L'ame se dit : le monde que
je me crée est plus vrai que celui que je vois,
car l'idéal est seul nécessaire; la matière pas-
sera, son type est éternel. Sans doute, il y a bien
de l'orgueil au fond de ces jouissances d'ima-
gination, et leur vanité m'est une preuve de
plus de la supériorité du chrétien qui se les
refuse, sur le poète qui les cherche. Qu'est-
ce que voyager, si ce n'est courir après des
rêveries?

Nous logeons ici chez une espèce de seigneur
qui fait valoir d'immenses possessions dont il
s'est rendu fermier : c'est un agriculteur qui
prétend tirer parti de ce désert, malgré l'air
pestilentiel qui en éloigne les hommes. J'en-
tends de tous côtés la voix des valets hâtant
les pas des bêtes près de rentrer à l'étable;
des femmes traversent la cour, la tête chargée

de vases dont la forme antique rappelle les
plus beaux jours de l'Italie ; elles rapportent
le lait des buffles qu'elles viennent de traire
dans la plaine, et dont on fait des fromages
estimés. Le maître fait retirer sous un han-
gard des chars chargés d'herbe, tandis qu'une
jeune fille appelle autour d'elle les familles
de la basse-cour, qui de tous côtés volent
au-devant de leur nourriture du soir. Ce mou-
vement d'une métairie, à deux pas d'un temple
grec en ruine, ne réveille en mon âme aucun
sentiment pénible. La vie pastorale a de la
dignité, on pardonne au berger de bâtir sa
cabane sur le tombeau d'un héros ; mais on
ne permet pas au bourgeois d'une cité d'ou-
vrir sa boutique sur les ruines d'un arc de
triomphe et de fouler, en les ignorant, des
cendres glorieuses !

Je finis ;.... mon ami ;... j'allais dire Sara :
c'est toujours à elle que je parle, quoique j'aie
promis à Werner de ne plus lui adresser mon
journal. Il craint ma facilité à me laisser do-
miner par tous les caprices de l'imagination.
Mais alors je devrais aussi cesser d'adresser un
journal *à mon ami à venir ;* car ce personnage
fantastique m'est plus nuisible dans ma dis-

position d'esprit actuelle que ne le serait un être réel, même malfaisant. Pourtant je ne veux pas cesser de décrire mes sensations à la vue des singulières contrées que je parcours!

On dit que la nuit que nous allons passer ici peut nous être funeste, à cause du mauvais air, quoique la saison la plus redoutable ne soit pas encore commencée. Je n'ai pas grand'-peur de ce fléau invisible; et, comme il ne tient qu'à nous de n'y pas croire, c'est le parti que je prends, au moins pour cette nuit.

Continuation du Journal.

Ascea, près de l'antique Vegha,
ce 13 mai 1812, à huit heures du soir.

Notre patron est un bien bon homme. Ce début vous paraît présager une médisance? c'est qu'il est un compagnon de voyage insupportable !

Nous avons quitté Pæstum avant-hier ! et grâce à sa manière de diriger notre marche, il nous est arrivé des malheurs sans nombre. Il faut ma patience pour rire comme je le fais de notre allure.

Depuis avant-hier nous avons marché quinze heures par jour, et nous avons fait... le croirez-vous? huit lieues ! Si vous me demandez l'explication d'une telle lenteur, je vous répondrai

avec notre académicien , « *que nous nous som-*
» *mes toujours occupés de ce que nous faisions ,*
» *et non de ce que nous avions à faire ; parce*
» *que des voyageurs doivent voir ce qu'ils voient*
» *sans jamais penser à ce qui leur reste à voir.* »
Notre antiquaire a mis sa sagesse en lieux
communs qu'il relève par une voix de fausset
et un ton impératif plus plaisant qu'agréable.
Qu'un cheval chargé de nos bagages tombe au
fond d'un précipice ; le philosophe de l'Institut
s'écrie : « *Oh ! comme je m'impatienterais, si*
» *l'impatience était bonne à quelque chose !* »
Il ne pense pas que l'impatience, s'il l'éprou-
vait une fois, lui apprendrait la prévoyance,
qui certes est bonne à bien des choses.

J'ai oublié de vous dire de quoi se compose
notre train. Nous sommes trois : M. *** notre
chef, M. Catel et moi ; je ne compte pas le
domestique de M. M*** qui n'est ni homme,
ni brute, espèce de Jocrisse, boiteux, borgne
ou au moins louche, long, à ne pas finir,
aussi laid qu'aucun homme de dix-huit ans
puisse l'être, sale, à faire tache dans la crasse ;
bon homme d'ailleurs, et vêtu d'un reste de
livrée assez semblable à un habit d'invalide ;
il me fait l'effet d'un épouvantail placé sur

une perche au milieu d'un champ pour ef-
frayer les oiseaux. Nous avons chacun un
mulet pour nous porter, ce qui fait quatre,
et de plus un mulet pour notre bagage à tous,
enfin, deux muletiers pour guides. Hier soir,
la pluie nous a surpris au milieu des bois.
M. M*** voyant ses livres, son herbier, ses
dessins et une foule de papiers plus ou moins
intéressans en danger de se perdre, dit tout
bonnement à l'intelligent laquais dont je viens
de vous faire le portrait : Ostermann, cherche
une toile cirée pour couvrir mes livres, car
la pluie les abîmerait, *et il ne faut jamais
laisser arriver un malheur que l'on peut em-
pêcher!* Alors le grand dadet répond du haut
de son long col, sur un ton traînant, nazil-
lard et insolent, que Brunet serait bien heu-
reux d'attraper dans ses rôles les plus chargés,
« Mais, M'sieur.... où voulez-vous donc que
je pêche, de la *toële* cirée, au milieu des boës?
J'n'ai pas d'bons yeux, mais i faut p't-être que
vous y voyiez encore plus mal que moë, d'me
dire d'chercher d'la toële cirée dans un pays
com'ça ! »

Vous croyez que le maître va se fâcher de
l'impertinence de ce niais de comédie? Nulle-

ment! Ce qui le frappe et le met en fureur, c'est la mauvaise manière de s'exprimer et de prononcer d'un homme dont il rougit, dit-il, d'avouer qu'il a fait l'éducation.

« Quelle honte ! » s'écrie-t-il, en cheminant toujours sous des torrens de pluie ! « d'entendre le domestique d'un membre de » l'Institut, bien plus, son filleul, son élève, » parler français plus mal que le dernier des » manans ! Va, coquin, je me souviendrai de » ta *toële*. »

.Tout en s'échauffant la bile , notre savant oubliait son axiome sur l'inutilité de l'impatience ; il continue :

« Je voulais te faire du bien, misérable , » mais je le vois, tu n'en es pas digne! et ton » maudit langage me couvre de confusion! » Alors s'établit au bord d'un précipice une discussion grammaticale entre le maître et le serviteur révolté. Cependant la pluie devenant trop violente, les guides pressent le pas des mules pour gagner quelqu'abri, lorsqu'au tournant d'un roc, le cheval de somme tombe les quatre fers en l'air, lançant au loin nos paquets épars et qui roulent tout crottés au fond du ravin ! Alors redoublemens de cris !

M. M*** reproche à son *élève* de quitter à chaque instant le cheval chargé des bagages pour venir nous dire des impertinences. Ostermann se justifie en accusant son maître d'avoir *commencé la conversation;* et au lieu de ramasser les livres et les valises semés sur la pente de la montagne, qui heureusement n'était pas très-rapide en cet endroit, l'imbécile continue à discourir avec une telle volubilité et en employant des termes si ridicules, que j'aurais défié l'homme le plus grave de s'empêcher d'en rire.

Cependant l'heure avance, le jour baisse, et nous nous voyons menacés de coucher à la belle étoile. Tout le monde s'inquiète, le niais et son maître font enfin silence, nos guides rient et se moquent de nous entr'eux, tout en rattachant tant bien que mal nos paquets sur le dos du mulet tombé, et qui répare la honte de sa chute par une volée de ruades presqu'aussi funestes que la pluie à notre pauvre bagage.

Au milieu de tant d'embarras, nous gagnons à grand'peine le village le plus voisin qui n'est pas celui où nous comptions passer la nuit! Heureusement que M. M*** a reçu du Ministre une provision de lettres de recommandation qui nous assurent partout une assez bonne réception. Notre patron fait des complimens français traduits à sa manière en italien , et il répond toujours d'avance à ce qu'il s'est persuadé qu'on va lui dire. Il ne manque jamais de se tromper ; aussi sa conversation n'est-elle intelligible que pour moi qui devine à peu près ce qu'il a dû penser , car je connais la régularité des mouvemens de son esprit, dont on peut suivre la marche comme celle d'une montre.

Au milieu des embarras sans nombre que nous attire son inprévoyance , je reste calme ! En quittant les gens que j'aime, j'ai perdu la faculté de m'impatienter; tout m'est devenu indifférent comme les personnes avec lesquelles je vis. Dans la colère ; il y a toujours autre chose que ce qui la provoque.

J'excepte de mon indifférence, M. Catel, à cause de sa modestie , de son beau talent qui n'est encore connu que de peu de personnes , et de l'égalité de son humeur. Nous sourions tous deux malgré nous, en voyant l'effet que produit le langage de M. M*** sur les Italiens. Il est impossible d'imaginer des mines plus

comiques que celles qu'ils font en l'écoutant ;
il y a plus d'éloquence dans la grimace du
syndic d'un village napolitain , que dans tous
les discours de notre savant antiquaire ; tant
qu'il parle français , on l'entend un peu ; mais
dès que par malheur, il veut se mettre *à la*
portée de ses hôtes, et leur parler italien ,
personne ne comprend un mot de ce qu'il veut
dire. Son accent gaulois appuyant toujours sur
la dernière syllabe de chaque mot, défigure
la langue du Tasse , au point de la rendre
insupportable , même à des oreilles frau-
çaises; et les gens, chez qui nous jouons ces
parades trois fois par jour, se retournent
souvent vers moi à la fin d'une longue période
gallo-italienne de M. M***, et me disent : nous
n'entendons pas le français.

Gardez-vous de lire cette partie de mes re-
lations à ma mère, qui ne me pardonnerait pas
de rire d'un homme avec qui je vais passer ma
vie, au moins pendant six semaines, et qui s'est
acquis des droits à ma reconnaissance, puisque
sans lui, je n'aurais pu pénétrer dans un des
pays les plus curieux de l'Europe [1]. Mais il

[1] Il faut , à chaque instant, rappeler la date de ces lettres ,
pour expliquer les doctrines surannées de l'auteur. Aujourd'hui

me semble qu'en me moquant tout bas de ses ridicules, je ne lui fais aucun mal : il faudrait être un saint pour ne pas noter au moins des traits dignes d'un pinceau plus habile ; sans ce dédommagement, l'ennui qu'il me cause trop souvent serait insupportable. J'ai toujours cru que la moquerie était due au ridicule ; c'est un contre-poids nécessaire pour rétablir l'équilibre rompu par les prétentions, et il faut le dire, par les succès des sots. Ceci n'est qu'une généralité qui ne s'applique pas tout-à-fait *au bon M. M****.

Nous ne sommes qu'à trois journées de Naples, mais nous pourrions nous en croire bien plus loin. Ce pays est différent du reste de l'Italie. Les manières des gens de la maison où l'on nous a donné l'hospitalité ce soir, méritent d'être décrites : à côté de ma chambre est une grande salle, dans laquelle sont rassemblés en ce moment, mes deux compagnons de voyage, notre hôte, petit propriétaire assez insignifiant, un archiprêtre du village

---

où l'on tient tant à la vérité, c'est un titre pour se moquer des gens, que d'avoir été admis dans leur intimité ; et la première condition requise, pour se permettre de ridiculiser un homme, c'est d'être son ami. (*Note de l'Editeur*)

et un tailleur ambulant qui parcourt le royaume avec sa guitare en sautoir, et fait, tout en fredonnant, des habits aux prêtres, aux femmes, aux brigands, enfin à tout le monde. C'est une espèce de Figaro calabrois à qui il ne manque que d'être mis en scène par un Beaumarchais, pour amuser tout Paris. Il chantait tout à l'heure un petit air que je viens de noter, pendant que M. Catel dessinait une des jeunes servantes de la maison. A notre arrivée, cette fille nous avait présenté du vin qu'elle nous apporta avec beaucoup de grâce, dans un grand vase de forme étrusque placé sur sa tête. La physionomie des gens de ce pays est toute expression ; leur esprit ne reçoit pas une impression qui ne passe par leurs traits ; ils peuvent être rusés, mais ils ne me paraissent pas faux. L'envie de tromper, dans les peuples peu cultivés, est plutôt de l'enfantillage que de la méchanceté ! Tous les hommes de ce pays portent des armes ; ils parlent beaucoup politique, et sont plus au courant des affaires du monde, que moi qui en viens.

Nous avons visité l'antique Veglia, berceau du stoïcisme, puisque c'est la patrie de Zénon ; ce n'est plus qu'un champ labouré, où l'on trouve quelques misérables restes de tombeaux et de murailles antiques.

les moindres plaisanteries, et ils s'intéressent à tout ce qui leur paraît nouveau. Les dessins de M. Catel font leur joie ; ils s'amusent aussi de nos cartes de géographie, et s'appellent les uns les autres pour se montrer le nom de leurs villages, lorsqu'ils l'y trouvent indiqué. Jamais on ne les voit s'impatienter, quelqu'embarras qu'on leur cause ; ils sont toujours de bonne humeur. Sans sa saleté, ce peuple serait fait pour charmer un voyageur, car ce qu'il a de mieux, c'est la figure et l'esprit : on ne demande pas autre chose à des gens qu'on voit vingt-quatre heures dans sa vie.

Ce matin, pendant un intervalle de beau temps, nous nous sommes embarqués pour nous faire conduire à la grotte des *Os*. Là, un tableau frappant s'est offert à nos regards : une suite de côtes entièrement désertes sans être arides, s'avançait à perte de vue dans la mer, comme pour l'emprisonner ; la grotte, dont la voûte est d'une grande élévation semble pourtant assez basse lorsqu'on mesure de l'œil la masse de rocs qu'elle supporte : cette montagne est formée d'un amas d'ossemens pétrifiés. Les animaux auxquels ils ont appartenu sont de ces espèces gigantesques qui n'existent plus.

M. Catel a dessiné des fragmens de leurs squelettes ; c'est de ces os que la caverne tire son nom. Nous admirions la couleur bleuâtre des vagues où se réfléchissent des veines de soufre qui traversent toute la montagne. Les teintes du ciel, rembrunies par des nuages menaçans, s'accordaient avec les formes du sombre paysage qui nous environnait ; le roulis toujours croissant des flots balançait notre barque retirée jusque dans l'intérieur de la grotte, où notre équipage, armé à la manière des Calabrois, avec la ceinture, le poignard et le fusil, formait un groupe pittoresque ; des corsaires siciliens qu'on apercevait à peu de distance, complétaient le tableau.

Les souvenirs ne manquent pas à ces beaux sites. Nous avons vu de loin, sur le chemin d'Ascea, le tombeau de Palinure, pilote d'Enée ; de ce point de la route, nous découvrions le golfe de Policastro, autrefois Sinus Laus : et par un beau temps, nous aurions vu les îles Eoliennes, la Sicile, l'Etna ! Il est dur de parcourir ces lieux fameux sans un ami ; je ne connais Catel que depuis trop peu de temps pour lui donner ce nom, et plus je jouis de la nature, plus j'ai besoin de société.

C'est surtout quand nous sommes vivement
émus que l'esprit des autres devient nécessaire
au nôtre. Une ame sèche peut aisément se suf-
fire à elle-même, elle n'a rien à communiquer ;
mais une vive sensibilité est une mission ; et
que deviendrait le missionnaire sans disciples ?
Les hommes qui n'ont rien en eux sont les
seuls qui puissent se passer des hommes. Je
ne parle pas de quelques ames privilégiées
pour qui la solitude est le chemin du ciel.
Quel fruit retirerai-je de ce voyage ? A quoi
bon tant de mouvement ? Plus je satisfais la
curiosité qui me ronge, plus je reconnais la
nécessité de l'étouffer ; cette inquiétude d'es-
prit que je croyais innocente est insatiable
comme le vice. Werner me l'a bien dit :
Plus on va, plus on voit que la monotonie
règne sur toute la nature : après une plage,
on trouve une autre plage ; un promontoire
doublé vous en laisse découvrir un second ;
partout montagnes entassées sur montagnes ;
et les légères nuances qui distinguent tous ces
sites divers ou plutôt semblables, s'effacent
aux yeux du voyageur fatigué de comparai-
sons ;.... il est donc vrai que l'homme ne
peut varier les phases de son existence que

dans ses rapports avec ses semblables? J'ai
cherché la solitude par amour pour la nou-
veauté, et cette même passion me ramènera
dans la société; c'est encore là que l'imagi-
nation et la curiosité trouvent le plus d'ali-
mens!

M. CATEL est venu m'interrompre pour me mener voir la tempête sur le bord de la mer. La pluie avait cessé; le vent seul continuait à souffler, et avec tant de violence que les vagues semblaient prêtes à escalader les montagnes : la poussière de l'eau atteignait le sommet des rocs. Quel beau Vernet, s'est écrié Catel ! On pourrait faire le même compliment à Homère; entre un homme de génie et la nature, on ne sait quel est le copiste.

En quittant le rivage, nous nous sommes crus obligés d'aller faire une visite au commandant de la batterie, parce qu'il était venu nous voir ce matin. Nous avons trouvé chez lui une société nombreuse; à chaque instant on voyait la porte s'ouvrir, et un nouveau personnage entrait et s'asseyait sans rien dire. Il en est venu de la sorte jusqu'à vingt. Je ne

pouvais concevoir d'où sortait tout ce monde,
car il n'y a que deux maisons à Palinure ;
j'appris que c'était l'équipage d'un bâtiment
marchand qui s'était réfugié pendant la tem-
pête dans l'anse formée par le cap de Palinure.
On attendait un matelot calabrois appartenant
à ce bâtiment et qui devait jouer de la guitare.
Nous sommes restés pour l'entendre ; il m'a
fort amusé. Il est d'un des villages grecs de la
Calabre, et il retourne dans son pays, où il
nous annoncera comme d'*anciens amis* (ce sont
ses expressions). A notre arrivée dans le lieu
qu'il habite et qu'il nomme du joli nom de
Parghelia, tout le village viendra au-devant
de nous en dansant et en chantant, il nous l'a
promis ! Les airs de ce pays ont une couleur
espagnole ; ils m'ont rappelé les Bolleros de
Castro ; les attitudes et la mobile physionomie
du jeune marin calabrois ajoutaient beaucoup
à l'effet de ses chants. Il se faisait accom-
pagner sur la mandoline par un de ses cama-
rades ; et tout en cherchant quelques accords
sur sa guitare, il laissait ses grands yeux
noirs errer de tous côtés d'un air distrait et
sauvage. Sa voix n'avait aucune douceur,
mais *il criait* avec tant de grâce, qu'on lui

pardonnait ses sons aigus et durs. Il a fini par s'excuser de sa manière de chanter, en disant que c'était celle de son pays.

Je n'ai trouvé nulle part, pas même en France, parmi des hommes de cette classe, autant d'urbanité, de vraie politesse, de sociabilité unies à une si grande simplicité. L'indifférence à l'effet qu'on produit, quand elle est jointe à une sorte de grâce naturelle dans l'esprit et dans les manières, produit aussitôt un air noble qui efface les distinctions de rangs. Personne ne possède au même degré que les gens du peuple, en Italie, cette dignité innée qui tient à l'absence d'amour-propre, à la liberté d'esprit. Quand on n'a nulle prétention, on peut conserver quelque chose de risible dans la figure, dans les idées, les manières ou le costume, mais on ne saurait être *ridicule!* Les ridicules viennent du fond, et quoiqu'ils se produisent au dehors et qu'ils soient comme les enseignes de la sottise, leur racine est cachée dans les plus secrets replis du cœur! Les hommes des classes inférieures, en France, ont des ridicules sans nombre, surtout depuis que la révolution a développé leurs prétentions et épanoui leurs vanités, sans calmer leur inquiétude; mais, parmi ces mêmes classes, en Italie, on trouve des modèles de bon goût, de tact, et de mesure. Le jeune matelot calabrois est un des nombreux exemples que je pourrais citer à l'appui de mes éloges.

Outre ses bonnes manières, prises je ne sais où, il a un grand courage. Il vient de se défendre avec une énergie extraordinaire, lui seul, contre un brick anglais qui lui a accordé une capitulation honorable et singulière.

Il gardait une tour bâtie sur un promontoire de la baie de Palinure. Les Anglais voulaient prendre cette tour parce qu'elle protégeait plusieurs barques marchandes, parmi lesquelles se trouvait aussi celle à laquelle appartenait le jeune Parghélien, Joseph Malligrano : il me semble que ce serait lui faire tort que de ne vous le point nommer ! Un officier anglais descend à terre et somme ce jeune homme de se rendre. Celui-ci répond qu'il ne se rendra que lorsqu'il aura vu couler à fond les barques qu'il est chargé de protéger : son père était dans l'une de ces barques. L'officier anglais réplique qu'avant de faire couler à fond les barques, on va faire sauter la tour. Alors le fier Calabrois dit tranquillement:

J'ai deux cents livres de poudre, je vous les donnerai, si vous voulez. Les Anglais, frappés de son calme et de son intrépidité, accordèrent une capitulation au jeune homme, *pour lui seul*, et ensuite, à sa sollicitation, aux barques qu'il défendait. Elles ont mouillé hier à Palinure sans qu'on leur ait tiré un coup de canon. C'est un triomphe ! Il y a un reste d'héroïsme dans ces races grecques transplantées en Calabre ; elles ne démentent pas leur sang, et sont plus grecques que les habitans actuels de la Grèce [1].

Il ne faudrait pas un grand effort d'imagination pour faire du matelot parghélien, un héros antique. Je lui ai fait conter son histoire ; il en parlait avec simplicité. Les hommes du Midi, avec leur apathie, arrivent naturellement aux airs de grandeur, qu'ailleurs les hommes les plus cultivés n'atteignent pas toujours par leurs grimaces dédaigneuses et leur indifférence affectée. Depuis notre rencontre avec les Parghéliens, j'aspire au moment d'entrer en Calabre. Je me reproche

---

[1] Il faut toujours rappeler au lecteur que ce Journal a été écrit en 1812.

d'éprouver tant de plaisir à m'éloigner de ma mère pour deux mois : peu de chose m'attriste, mais un rien m'enivre et me distrait. Ce soir, j'étais content de tout, même de la tempête! Le mouvement de la mer m'épouvantait ; la mort semblait s'agiter sur les flots : la couleur indéfinissable du ciel, le calme de la nuit qui venait surprendre la nature en désordre, les vagues dont la blanche écume atteignait à la moitié de la hauteur d'un énorme pan de rochers, et retombait en cataractes au fond de l'abîme, la sécurité du rivage qui semblait mépriser les assauts de la mer, enfin une épaisse couche de nuages qui s'étendait comme un bandeau sur une moitié du ciel, et me dérobait la vue d'une partie du rivage, tandis que le côté opposé à la tempête était plus brillant que dans les plus beaux jours : tel était le spectacle qui fixait mes regards. A force de le contempler, je me sentis saisi d'une crainte secrète que mon imagination n'a pas manqué de prendre pour un pressentiment. Un jour viendra, me disais-je, où je lutterai contre une mer plus courroucée que celle que je vois ; je voudrai gagner le rivage, et personne ne m'aidera à l'atteindre. Je serai seul, toujours seul au monde, car je suis trop mobile pour être sociable !... En achevant ces mots, je vis que les ténèbres s'épaississaient ; Catel m'avait quitté depuis long-temps : je pressai le pas comme si j'eusse été poursuivi par cette mer dont j'entendais redoubler derrière moi les mugissemens, et j'arrivai hors d'haleine à la porte de notre cabane, où je rencontrai M. *** sortant pour aller à son tour faire une visite au commandant de Palinure.

Palinure, ce 16 mai 1812.

Nous sommes toujours dans notre chau-
mière; il y pleut, il y vente comme sous un
hangard. Dieu sait combien de temps il plaira
aux torrens débordés de nous tenir en prison
sur cette montagne. La route de Policastro
nous est fermée à cause des grandes eaux. Un
paysan qui l'a faite hier a pensé se noyer;
nous ne pouvions tomber sur un gîte plus in-
commode que celui que nous avons ici. Mais
nous y trouvons de quoi nous désennuyer
dans la société que la tempête a réunie au
fond de ce désert. Nos amis, moitié Grecs,
moitié Italiens, sont amusans; je ne veux
pas croire que ce peuple soit aussi faux
qu'on le dit : on voit leurs yeux briller, leurs
gestes s'animer dès qu'on leur raconte quel-
que trait noble ou généreux; ils sont républi-
cains dans l'ame. Tantôt, en entendant faire

le récit d'une belle action par **M.** *** , le ca-
pitaine de la batterie se retourne vers un de
ses amis, et lui dit en napolitain : « Voilà qui
» est agir comme nous autres pensons. » Quel
malheur que de tels hommes n'aient que la
faculté de penser [1] !

Nous nous sommes fait conduire ce matin
au tombeau de Palinure. C'est une masure
antique dans un site solitaire et sauvage ; nulle
inscription ne justifie ni ne réfute l'opinion
vulgaire qui a donné un nom poétique à ce
monument.

[1] Dans les troubles qui suivirent la dernière révolution de
Naples, et dont l'issue a fait peu d'honneur aux armes napoli-
taines, on a remarqué que partout où les soldats se sont trou-
vés sans chefs, ils se défendirent de manière à se faire respecter
des Autrichiens.

Nous avons délogé pour venir nous établir chez le commandant de la batterie, qui habite le *palais* de Palinure, selon le langage des gens du pays. Il est bon homme, et il nous sera fort utile, car il nous procurera demain des chevaux pour nous conduire à Policastro. Sa maison, où nous ne sommes guère plus à l'aise que dans l'autre, est située sur le penchant de la montagne, dans un bois d'antiques oliviers, entre les branches desquels nous apercevons une grande étendue de mer ! On nous assure que la poste pourra partir demain, et je me hâte de fermer ce paquet.

J'y veux pourtant ajouter encore le portrait d'un aveugle avec lequel j'ai fait connaissance ce matin. Il est très-vieux, et sa physionomie a une expression de noblesse que je n'ai vue, dans d'autres pays, à aucun homme de cette classe. Quand je l'aperçus pour la première fois, il était assis près d'une masure qui lui sert de maison. Son air de grandeur et de résignation m'étouna. L'impression de souffrance morale que je crus distinguer sur son visage me parut singulière pour un paysan, et me fit adresser à son sujet quelques questions au garde-côte qui m'escortait (on ne nous laisse pas sortir de la maison, sans avoir chacun deux hommes armés jusqu'aux dents pour nous accompagner. Cette suite nous est imposée, plutôt pour notre dignité que pour notre sûreté, car le pays est assez tranquille en ce moment). Je reviens à mon aveugle. On me conta que lui et ceux de sa famille avaient traîné leur vie accablés sous le poids d'une fatalité physique bien singulière. Ils avaient possédé une fortune honnête, et ils étaient comptés parmi les habitans les plus aisés du pays, avant le singulier genre de malheur qui les a réduits à la mendi-

cité et enfin à la mort, car le vieillard que je
voyais est le dernier de quatre frères. Tous
quatre perdirent la vue, sans aucune cause
apparente, en atteignant l'âge de trente ans;
et celui-ci, malgré toutes les précautions que
le sort de ses frères lui fit prendre, subit,
comme les autres, cette cruelle destinée à la
même époque de sa vie!... Ces malheureux,
n'ayant qu'eux seuls pour parens, et aucun
d'eux ne pouvant plus cultiver leur bièn, ni
diriger leurs affaires, tombèrent entre les
mains de domestiques infidèles, et se trouvè-
rent bientôt ruinés.

Le dernier de cette triste famille survécut
beaucoup aux autres, parce qu'il avait l'ame
plus forte, et un caractère plus gai; il sub-
siste par charité; malgré la plaie dont le ciel
l'a frappé lui et les siens, il est d'une grande
piété, et quelle leçon!... Il m'a dit qu'il re-
mercie Dieu tous les jours de l'avoir mis au
monde! Je m'approchai de lui pour lui don-
ner quelqu'argent. En m'entendant l'appeler
par son nom, le malheureux relève la tête
assez vivement, comme si je l'eusse tiré
d'une profonde méditation. Quand il sent
mon argent dans sa main, la surprise se peint

sur ce visage ennobli par la patience et la
soumission, il entr'ouvre les paupières en se
soulevant avec ses mains qu'il appuie sur le
banc, et il s'approche ainsi de moi, comme
pour raccourcir la distance que ses yeux au-
raient à parcourir s'ils pouvaient me voir.
Mais aussitôt il retombe à sa place, et baisse
la tête avec regret en gardant le silence. Ce
mouvement fut si prompt, que la parole n'en
peut rendre l'impression; mais je trouvai à
l'action de ce malheureux, une vérité déchi-
rante, et j'en fus attendri! C'est l'histoire de
tout le monde! Après quarante ans d'expé-
rience, un aveugle croit encore qu'il peut
voir! Que peut donc le temps, que peut la
nécessité, la réalité, contre notre indestruc-
tible puissance d'illusion?

Les sites de cette partie du pays sont
moins extraordinaires que ceux de la côte
d'Amalfi; mais les rivages sont grands, soli-
taires; les montagnes sont boisées, la végé-
tation est brillante, et les hommes sont spiri-
tuels et obligeans; je ne regrette donc pas
d'avoir entrepris ce voyage. En partant d'ici,
nous suivrons la côte jusqu'à Policastro, puis
nous reviendrons sur nos pas, en rentrant

dans l'intérieur du pays jusqu'à Santo-Lorenzo
de la Padula, où nous retrouverons la grande
route, et où nous pourrons nous procurer
une voiture pour aller jusqu'à Cosence. Il fait
un orage superbe, le tonnerre redouble, le
vent souffle dans les oliviers : un peu plus
fort, et notre toit est emporté; c'est char-
mant !.... Adieu, je suis honteux de me mon-
trer si enfant, mais ce n'est qu'à ma mère que
j'ose avouer à quel point je suis jeune! Tout
le monde, excepté moi, est consterné de ce
temps; c'est celui du mois de novembre en
Normandie : nous nous chauffions tout à
l'heure à un grand feu de noyaux d'oliviers
qui font la plus jolie flamme du monde, une
vraie flamme d'Opera! Les pauvres Italiens se
réfugient sous tous les toits, sous tous les
arbres qu'ils peuvent trouver, ils se sauvent
de la pluie, comme l'oiseau fuit les flèches;
ils ont l'air si misérable par le mauvais temps!
C'est leur soleil qui fait leur richesse !... Ce-
pendant mon amour pour leur *beau climat*, ne
peut me faire renoncer à la vérité, et il ne
m'aveugle pas au point de m'empêcher de
voir que la tempête qui nous retient ici, con-
trarie tout le monde, mais n'étonne personne;

ce qui me prouve qu'il fait souvent ce temps-là dans les montagnes du Cilente au mois de mai.

. Pendant que j'écris, M. Catel fait à l'aquarelle le portrait de notre hôte. Nous n'avons pu de tout le jour mettre le pied dehors de la maison, et quelle maison!.... Une grange divisée par un refend! Les deux compartimens de cette baraque sont honorés du nom de chambres : l'une est habitée par la fumée, et par quatre ou cinq gardes-côtes, qu'on a constitués nos cuisiniers, quoique leur bonne humeur soit tout leur talent! L'autre *chambre* est réservée pour nous trois, sans compter le maître de la maison et les visites. On en a fait une espèce de lit de camp avec quelques matelas étendus par terre, et qui remplissent tout l'espace; c'est là que nous dormons, que nous mangeons, que nous causons *et que j'écris!* Je n'ose entrer dans les détails de saleté qu'engendre une manière de vivre si sauvage. Je m'en distrais au point que je ne pense plus même à essuyer mon assiette; la première fois que j'avais voulu la rapproprier, je l'ai trouvée plus sale qu'auparavant. On ne sait si notre linge salit la vaisselle, ou si la vaisselle salit le linge, c'est une incer-

titude dont je crains de sortir, et j'aime
mieux rester dans le doute jusqu'au moment
du départ, qui sera, j'espère, demain matin :
le départ ou le déluge : voilà notre alternative.

Saint-Giovanni, ce 17 mai 1812, à huit heures du soir.

Nous sommes enfin parvenus à sortir de Palinure, et nous avons fait, non sans peine, douze milles sur le chemin de Policastro. Nos hôtes de Palinure nous ont comblés d'amitié, car c'est plus que de la politesse; ils ne nous ont point accablés de complimens italiens; leurs manières étaient affectueuses, mais franches; quand nous leur paraissions ridicules, ils riaient de nous, le plus drôlement du monde et sans mauvaise intention, comme on se moque de soi-même. Le capitaine Domino, notre hôte, m'avait fait raconter hier plusieurs événemens de notre révolution, et il écoutait ce récit avec un intérêt amusant pour nous tous. Quelques uns de ces hommes s'assemblèrent autour de nous; et, pendant une soirée entière, M. Gatel put faire sur leur physionomie, l'étude des passions les

plus variées et les plus vives, car leurs traits
étaient les miroirs vivans de mes paroles.
Tous ces jeunes gens, sujets de Murat, sont
républicains dans l'ame. Le mot de liberté
produit sur leur imagination un effet qu'il ne
peut plus faire sur nous, qui avons acheté
l'indifférence, ou, comme on l'appelle, la
sagesse au prix du sang de nos parens.

Ce matin, le temps paraissant rétabli, nous
avons voulu nous remettre en marche. Le
capitaine et son lieutenant nous ont escortés
eux-mêmes, jusqu'à une assez grande dis-
tance; grâce à eux, nous avons les meilleurs
ânes et les meilleurs guides du pays. Ils ont
voulu nous donner aussi des provisions pour
la route, et des lettres de recommandation.
Enfin, ces braves gens n'ont manqué à rien,
mais ce qui m'a le plus étonné, c'est que
ceux des hommes du poste qui nous ont servis
pendant trois jours, faisant nos lits, notre
dîner, nous escortant partout où nous vou-
lions aller, n'ont point accepté d'argent,
malgré nos instances réitérées ! Voilà le
premier exemple de désintéressement par-
fait que j'aie vu depuis que je voyage: il
devait m'être donné par ces Napolitains si

décriés, et je crois, si calomniés. tandis que
les braves Suisses ne m'ont laissé voir parmi
eux que la rapacité la plus grossière ; et cela,
non seulement sur les grandes routes et dans
les auberges, mais dans les chalets les plus
retirés des plus hautes Alpes !

Je ne m'attendais pas à trouver l'hospita-
lité patriarcale chez les habitans du Cilente,
chez ces hommes que l'on m'avait dépeints
comme un ramas de *bandits* et de *sauvages*,
dont il n'y avait rien à attendre que des coups
de fusil et de stilet ! Nous avons peine à nous
consoler de n'avoir pu faire quelque présent
à nos hôtes de Palinure, mais en partant de
Naples, nous n'avions pris avec nous que le
strict nécessaire ; et nous priver de la moin-
dre chose ce serait nous mettre dans l'impossi-
bilité de continuer notre voyage. Je n'ai pu
laisser au capitaine qu'une bouteille d'excel-
lent rhum que je m'étais procuré à grande
peine. Ces détails vous paraîtront insipides,
je vous les donne pour vous prouver l'injus-
tice qu'il y a à condamner les gens sur parole.
Rien de si faux que de juger les peuples d'a-
près leurs gouvernemens, car ordinairement
rien n'est plus distinct des pays que leurs

souverains, et cela, pour le malheur du
monde, mais pour la consolation du voyageur observateur et philosophe!

A une lieue de Palinure nous avons trouvé
un torrent. Il nous a fallu plus de trois quarts
d'heure pour le traverser, à cause des détours qu'on est obligé de faire au milieu
même du fleuve, afin de couper le fil de
l'eau, en ayant soin de passer dans les endroits les moins rapides. Les torrens sont le
fléau des voyageurs dans les pays peu civilisés; celui-ci était encore fort dangereux
quand nous l'avons franchi. Un homme y a
péri hier; l'habileté de nos guides nous a
préservés du péril. Ils ont une intelligence
surprenante pour tourner les tourbillons que
forme l'eau dans son cours précipité. Tantôt nous descendions avec elle, tantôt nous
remontions pour atteindre quelqu'endroit
où les flots coulent doucement; mais dans
les incertitudes de notre marche, nous avions
toujours le plus grand soin d'éviter de présenter le flanc au torrent qui, sans cette précaution, nous aurait infailliblement emportés.
A chaque pas que nous faisions, en longeant
le courant du fleuve, nous cherchions à ga-

gner un peu de terrain, et nous nous approchions en biaisant du bord que nous voulions atteindre. Nous avions beau nous cramponner sur nos ânes, de fatigue nos jambes pendaient dans l'eau. Chacun de nous avait deux guides à pied chargés de le soutenir sur sa monture si le mouvement de l'eau lui faisait tourner la tête, ce qui arrive souvent lorsqu'au milieu d'une rivière rapide on abaisse imprudemment ses regards sur le courant. Nous avions en outre un chef de file : c'était le plus habile de nos guides qui marchait seul à pied en avant, portant une longue gaule à la main pour sonder les trous : il avertissait ses camarades des précautions à prendre.

Le seul danger réel que nous ayons couru c'est lorsque ce guide des guides, l'homme le plus expérimenté du pays, s'est englouti un moment dans un sable mouvant; il a disparu, et s'il n'avait retrouvé du fond presque aussitôt, à six pas plus loin, je ne sais ce que nous serions devenus, au milieu du torrent, avec des conducteurs moins habiles que lui, frappés de terreur, et qui n'auraient su comment avancer, ni comment retourner sur leurs pas. Enfin, après une

heure presqu'entière de tours et de retours
dans ce labyrinthe d'eau, nous avons touché
la rive désirée, sans encombre et non sans
plaisir. Le pays est beau, la verdure des
vallées et la forme des montagnes rappellent
les Vosges. Mais les villes et les villages, tou-
jours bâtis sur les sommets les plus aigus des
rochers, me prouvent que c'est l'Italie que
je parcours. Nous avions souvent de belles
échappées de vue sur la mer qu'on découvre,
tantôt entre des pics menaçans, tantôt au-delà
de rians coteaux, couverts d'arbres rares par-
mi nous, et de plantes qu'on appelle délicates
en France. La vigne verdit près du cytise,
dont les grappes d'or donnent au désert l'air
d'un jardin négligé; les myrtes, les cystes,
les genêts épineux croissent à l'ombre des
liéges et des yeuses aux troncs noueux, aux
feuilles épaisses, et ce luxe de végétation
égaie le voyageur. J'aime à voir des guir-
landes de pampres sauvages se détacher par
leur brillante verdure sur l'ombre pâle d'un
bois d'olivier qui leur sert de treillage : on
dirait une illumination au clair de lune ! La
nature, même la plus brute, conserve dans
ces contrées une sorte d'élégance... et ce type

geant pour l'œil de l'administrateur, tourne au profit du peintre et du poëte. Rien n'est moins propre à réveiller l'imagination que le spectacle d'une grande prospérité industrielle; les peintres sont brouillés avec le mortier et le badigeon ; les artistes et les artisans ont beau vivre dans le même lieu, ils ne parleront jamais la même langue, et quoiqu'ils se rencontrent assez ordinairement dans les États qui s'enrichissent, ils appartiennent à des mondes divers : les uns viennent des pays des songes et retournent dans leur patrie, les autres viennent de la terre et restent où ils sont; et pourtant les uns et les autres sont également nécessaires, puisqu'ils entrent également ment dans le plan général.

En arrivant ici, il nous a fallu passer une rivière des plus dangereuses: c'est le Buxentum des anciens. Elle nous a paru moins sûre encore que celle d'hier; peu s'en est fallu qu'elle ne nous forçât à rester la nuit dans une masure abandonnée et sans toiture qui se trouvait heureusement tout près de notre chemin, sur la lisière d'un bois. La soirée était brillante et d'un calme admirable; un vent assez frais qui s'était élevé vers le soir avait dissipé les nua-

ges, et la nature revernie par la pluie et ra-
jeunie par le printemps, semblait revenir d'un
long sommeil. On voyait de jeunes touffes de
cystes, de myrtes, ou de grenadiers relever
de tous côtés leurs têtes humides ; le silence
de cette solitude était si profond qu'on enten-
dait quelquefois la chute des gouttes de pluie
sur les feuilles longues, épaisses et sonores
de l'immobile aloës ; ce doux mouvement de
la nature dans les solitudes de l'Apennin pen-
dant une belle soirée du printemps, fait passer
dans l'ame du voyageur des idées qu'il y vou-
drait fixer, mais qui se dissipent à mesure que
d'autres scènes frappent ses sens.

Le soleil déjà près d'atteindre à l'horizon
lançait ses obliques rayons jusqu'au fond de
la forêt, c'est le seul instant du jour où les
branches touffues des chênes et des châtai-
gners se laissent déborder par la lumière ;
alors les troncs de ces arbres séculaires s'illu-
minent aux feux du soir, comme les piliers
d'un temple éclairé un moment pour une fête !
mais à peine chassées de leur religieux sanc-
tuaire, les ténèbres reviennent avec la nuit
reprendre possession de leur empire.

J'admirais ce spectacle si intéressant, bien

plus que je ne m'inquiétais de l'embarras de notre caravane ; il m'a paru que ma distraction ne plaisait pas à M. M***. Chacun criait à son tour, ou tous criaient ensemble ; chacun se plaignait, donnait son avis, commençait des discours que les autres interrompaient toujours, et tous finissaient par se taire d'un air satisfait, comme si le succès de leur éloquence assurait celui de notre marche. Quand nos guides eurent fait silence, nous tînmes sérieusement conseil pour savoir si nous retiendrions jusqu'au lendemain deux paysans que nous avions pris de force dans les bois où nous nous étions perdus à la descente de la montagne. Ce parti fut adopté à l'unanimité, dans la crainte, si nous laissions aller ces braves gens, de les voir revenir au milieu de la nuit avec une suite assez forte pour nous faire trouver là le terme de notre voyage. Nous les rassurâmes pourtant de notre mieux, et nous leur promîmes une forte récompense. Nous étions déjà dans toute l'ardeur des préparations nécessaires pour bivouaquer, nous parlions d'allumer du feu, de faire du thé, de manger, de dormir, quand un de nos hommes de Palinure se jette à l'eau tout nu

portant ses habits sur sa tête, c'est-à-dire son
caleçon de toile et sa chemise (car tel est
l'équipage de voyage d'un homme du Cilente).
Celui-ci traverse le fleuve avec beaucoup de
temps et de peine, et court chercher à Sicili,
d'où je vous écris, des gens expérimentés et
de forts mulets, car nos ânes, quand même
ils n'auraient pas été fatigués de la longueur
de notre marche, n'avaient pas la taille né-
cessaire pour nous porter sur l'autre bord du
torrent; nous n'espérions aucun fruit du trait
de courage de ce guide, quand, au bout d'une
heure, nous le voyons revenir avec trois excel-
lentes mules conduites chacune par un mule-
tier très-fort. Ces nouveaux conducteurs traver-
sent le fleuve devant nous, nous donnent leurs
bêtes, et nous aident à passer de l'autre côté.

Le pauvre Ostermann qui s'était obstiné
à ne pas vouloir attendre le retour d'une
de nos mules, que nous voulions lui ren-
voyer, a pensé se noyer sur un âne qui a
mal coupé le courant. Son maître n'a pas
manqué de lui dire que nous aurions eu deux
bêtes de moins, et il n'a pas manqué de ré-
pondre à son maître : mais je marchais trop
vite pour recueillir ce précieux dialogue.

Nous voici maintenant chez le maire de Sicili où nous avons trouvé une compagnie plus nombreuse que choisie, car c'est à peu près le village tout entier, rassemblé pour voir ces étrangers qui faisaient tant de bruit de l'autre côté de l'eau. Le maire nous a donné des lits, c'est plus que nous n'espérions. Je vais me coucher : M. M*** n'aime pas que j'écrive longuement; peut-être craint-il que je ne lui lise mon journal.

Nous voilà à l'entrée des Calabres. La nuit dernière nous avons couché à la Chartreuse de la Padule, chez *un commissaire des guerres !* Notre course dans le Cilente s'est terminée heureusement. Nous sommes si reposés, qu'à nous voir, on croirait que nous sortons de Naples. M. M*** surtout, lorsqu'il met ses bas de soie blancs pour monter sur son âne, a l'air tout-à-fait citadin ; il trouve ce costume commode, parce qu'en arrivant dans les villes, il n'a pas besoin d'en changer pour aller dans le monde. Il a depuis quelques jours ajouté un ornement nouveau à sa toilette ordinaire. Il est chauve, comme vous savez, mais vous ne

savez pas qu'il s'est écorché le haut de la tête
en passant dans un bois, et qu'il a mis sur la
plaie un morceau d'amadou qui s'y est attaché
et semble faire partie de lui-même. Chaque
fois qu'il ôte son chapeau, nous et nos guides
nous lui rions au nez. C'est un excellent
homme ; il fait tout ce qu'il peut pour inspirer
de la crainte par son air bourru, mais il n'y
parvient pas. Il me charge toujours de vous
parler de lui ; je l'ai fait une fois et l'ai oublié
quatre.

Ma résignation de voyageur est souvent
mise à l'épreuve dans un pays où l'on rencon-
tre tous les genres d'obstacles qui peuvent
arrêter les curieux. Le passage des rivières
est une grande et difficile affaire, le choix des
gîtes en va devenir une autre dans la saison
qui s'approche, à cause du mauvais air que
développent les chaleurs ; les chemins sont
souvent dangereux : on a peine à trouver des
mulets, et même des ânes ; enfin, les guides
aussi nous manquent. Les habitans des cam-
pagnes ne sortant jamais de chez eux, ne sa-
vent pas si le monde s'étend à plus d'une
lieue de leur masure. Quand on a traversé
quelques hameaux, on marche précédé d'une

armée, car on ne manque pas à chaque chau-
mière de prendre un guide pour ses guides ;
et comme tous ces hommes portent un fusil,
la caravane prend un aspect formidable. Mal-
gré tant d'embarras, on arrive. M. M*** n'est
ni pusillanime, ni délicat, ni embarrassé, ni
exigeant, et il a une activité et une énergie
étonnantes pour son âge ; mais il marche avec
une lenteur fatigante, et il ne peut souffrir
que M. Catel et moi nous le précédions. Je
fais tout ce qu'il veut ; il m'est si indiffé-
rent ! !...

Si j'avais repris la route de Naples ce ma-
tin, après-demain je me serais retrouvé près
de vous. Cette idée m'a tourmenté tout le
jour !

Depuis hier nous n'avons rien vu ni rien
fait qui vaille la peine d'être noté. Le pays
ressemble à tout, hors à l'Italie ! Notre halte
au gîte, deux fois par jour, est assez diver-
tissante. Comme vous pouvez croire, nous arri-
vons sans être attendus ; hier, à Bonabitacolo,
nous avons fait réveiller un syndic (maire) à
une heure après midi. Nous voulions quel-
ques œufs pour nous, du fromage pour nos
gens, et de l'avoine pour nos bêtes ; c'était

beaucoup dans un pays où deux oignons com-
posent tout le bagage d'un voyageur. Le
syndic, encore engourdi du sommeil dont
nous venions de le tirer à une heure si indue,
puisque c'est celle de la sieste, après s'être
prosterné presqu'à terre, nous dit en italien :
« Signori miei, *tutto è vostro tutto, tutto,
tutto!* et avec son *tutto* il nous fermait la
bouche chaque fois que nous voulions de-
mander quelque chose ! Cette scène a duré
une heure. Nous riions, nous nous fâchions,
nous criions, rien n'arrêtait le débordement
de complimens et de louanges que nous dé-
bitait notre hôte d'un ton de sincérité digne
du meilleur acteur. Il nous aimait, il nous
admirait, il nous estimait, sa maison était
la nôtre, *il verserait pour nous son sang!*
Quand il fut au bout de sa tirade, il se mit à
contrefaire le malade et tâcha de se trouver
mal dans son fauteuil. Cette ruse ne lui a pas
réussi ; car nous sommes restés chez lui en
disant que c'était pour le soigner. A la fin
il nous a donné ce que nous lui demandions,
et nous l'avons quitté, enchantés de son
amusante réception. Sans les recommanda-
tions dont M. M*** s'est muni à Naples, nous

serions forcés de renoncer au voyage. Mais il a des lettres du ministre qui lui ouvrent toutes les portes.

AUJOURD'HUI nous avons traversé rapide-
ment, car nous voyagions en voiture, un
pays triste et peu intéressant.

. Les montagnes que nous avons franchies
sont stériles et désolées ; leurs cimes gri-
sâtres, coupées de lignes blanches ou noires,
selon les différentes couches de terres entraî-
nées par les eaux, font l'effet du dos d'une
bête monstrueuse ; ces criques, entièrement
pelées, semblent revêtues de peaux d'élé-
phans. Il y a plusieurs pics de montagnes
très-élevés près de Lago Negro, ville encore
entourée de neige, malgré la chaleur et le
beau temps. Ce qui m'a le plus frappé, c'est
une vallée que nous avons traversée entre
Lauria et Castelluccio. Tout y est pierre, les
montagnes y sont entièrement arides, et leurs
fondemens à découvert se confondent avec les

pierres de quelques maisons bâties dans ce
désert, comme pour rappeler que l'homme
et sa race ont été maudits de Dieu! Des lits
de torrens à sec coupent à chaque instant,
par de blanches ceintures de pierres, le
terrain qui sépare les deux chaînes de monts
pierreux entre lesquels cette infernale vallée
est renfermée, et ces traces d'une onde tarie,
qui déchirent une terre poudreuse, sont comme
les rides empreintes sur le visage d'un vieil-
lard, où l'on reconnaît le chemin des larmes
qui ne peuvent plus couler.

A Castelluccio, où nous sommes, les ar-
bres, la verdure, les eaux, tout recommence,
et la nature renaît! Je regrette les belles
forêts du Cilente, et je crois que nous ne
verrons rien de vraiment beau en fait de
sites, jusqu'à ce que nous retrouvions la mer!
La saleté des villes est extraordinaire, même
aux yeux accoutumés à voir certains quartiers
de Rome et de Naples. L'indifférence des
Calabrois pour toutes les choses qui nous
paraissent nécessaires à la vie, est une leçon
dont nous ne leur savons nul gré. Ils n'ont
pas ce qui fait travailler; ils n'aspirent à
rien, aussi vivent-ils de rien : on les croirait

campés dans leurs gîtes ; ils ne possèdent au-
cuns des meubles et ustensiles qui, ailleurs,
passent pour indispensables ; on leur de-
mande un verre, une assiette, ils n'en ont
pas. Ce matin, en traversant un village, j'ai
vu un homme étriller son cheval avec un
vieux morceau de *latte* qu'il venait de ra-
masser devant moi dans la rue. Mais au sor-
tir de leur maison, ces mêmes hommes
perdent leur insouciance, ils marchent d'un
pas fier et animé, portant leur fusil sur l'é-
paule, et sur la tête un chapeau pointu paré
d'un bouquet de fleurs artificielles, et en-
touré de larges rubans noirs qui pendent sur
le dos. On ne peut croire que cet homme
à l'air martial et libre appartienne au même
peuple que les habitans des villages qu'on
vient de quitter !

Extrait d'une Lettre à ***.

Castro-Villari, ce 23 mai 1812.

Je suis inquiet de vous; la tristesse de votre lettre me cause du remords. Il est si naturel de se croire l'ange gardien des gens qu'on aime, que leurs chagrins nous troublent comme nos fautes. Il me semble que si j'étais resté près de vous, vous n'auriez pas senti tout ce que votre style me fait deviner sans l'exprimer !.....

On nous a invités aujourd'hui à un dîner arrangé pour l'intendant de Cosence, qui passait par Castro-Villari. En sortant de table, le maître de la maison dit à cet intendant qu'il y avait parmi les convives un fameux improvisateur, le baron de Mollo. L'intendant fit demander une guitare, et pria le baron d'improviser des strophes sur l'arrivée de l'Empereur au bord de la Vistule [1].

Après quelques instans de silence, le poète entonna d'une voix sonore des chants qni me semblèrent admirables! La conquête des Indes dont le projet tout chimérique qu'il peut paraître en Asie, fait beaucoup de bruit ici, était comme le sommet de cet édifice poétique, et je n'ai pu m'empêcher d'admirer les voies de la Providence qui a voulu conduire le monde, de façon qu'un poète calabrois pût aujourd'hui faire une ode où le chef des Français est célébré comme le successeur de Bacchus et d'Alexandre!!!.... Qui aurait pu promettre il y a vingt ans de telles couronnes à notre gloire? Je vous ai prouvé que je sais me défendre de l'ivresse du siècle, quand elle pourrait servir à ma fortune; mais l'enthousiasme poétique est désintéressé, *inutile;* voilà pourquoi j'y cède! Le prophète est revenu avec une sensibilité

---

[1] Cette scène se passait au commencement de l'expédition de Bonaparte en Russie.

touchante aux sentimens d'amour patriotique :
« Vous aussi, braves Calabrois., a-t-il dit,
» vous prendrez part à la gloire des Français
» en suivant votre roi sous les drapeaux de
» son frère ! » La physionomie des hommes
qui écoutaient, aussi bien que celle du
poète, contribuaient à me transporter dans
ce monde de la Grèce, où les arts, encore ac-
tifs, faisaient partie de la vie, où ils in-
fluaient sur le sort des Etats, et où on ne les
avait pas mis à la porte en leur faisant la révé-
rence, comme il est arrivé chez les modernes ;
car depuis la destruction des républiques
de la Grèce, sans la religion, les arts eussent
été bannis de la vie réelle.

Nous écoutions les vers et la musique sur
une terrasse bordée de colonnes blanches qui
soutiennent des guirlandes de pampres. Ces
espèces de berceaux, moitié d'architecture,
moitié de verdure, caractérisent et embel-
lissent les habitations italiennes. On les
nomme *pergole*, et ils donnent aux habitudes
des peuples du Midi une élégance, une faci-
lité qu'on n'obtiendrait pas en ne vivant que
dans des chambres. Il y a un genre de persi-
flage et de commérage qui tomberait de lui-

même, si les salons où il règne se changeaient
tout à coup en terrasses bordées de portiques,
sous un ciel majestueux et pur, dans des sites
nobles, grands, poétiques, et qui semblent
préparés pour toutes les vraies jouissances
sociales, surtout pour les jouissances de
l'imagination! Le seul plaisir de vivre a con-
servé aux peuples de l'Italie, qu'on peut
encore dire antiques, une originalité que les
habitudes factices des nations plus modernes
ne laissent pas subsister ailleurs.

Quand l'improvisation sur la conquête des
Indes fut finie, on en demanda une seconde :
M. M*** me dit d'en donner le sujet. Je pro-
posai l'éloge de la Calabre; chacun de nous
s'est senti ému en entendant prononcer ce
chant patriotique, avec tout l'enthousiasme
d'un citoyen. Les esprits italiens sont comme
une mine riche, mais négligée : ils renferment
des trésors, quoiqu'ils produisent peu. Un
Sicilien à côté de qui j'étais assis à table, ne
parlait presque pas, mais laissait tomber des
sentences dont j'ai retenu celle-ci : « Il n'y a
» de bonheur que pour l'homme qui ne com-
» mande à personne, et n'est commandé par
» personne. » Tout ce que j'ai vu et entendu

ce soir, m'a servi à rectifier mon opinion sur
un peuple auquel on ne sait pas assez de gré
de n'être pas plus abaissé qu'il n'est! On prend
son ignorance pour de la bêtise, et sa nullité
politique pour de la lâcheté : jamais les na-
tions, non plus que les personnes, ne de-
vraient être responsables de leur éducation.
La cause de presque tous les préjugés qui
s'accréditent contre ou pour les peuples, c'est
que l'on confond les nations avec leurs gou-
vernemens !

Nous venons de faire un dîner dont le récit peut servir de pendant et de critique au tableau, peut-être un peu embelli, que je vous ai tracé de celui d'hier. Nous étions vingt personnes à table. Le héros de cette fête était le receveur des contributions. Il y avait toute sorte de gens : le chevalier de Cassano, frère du duc, le chevalier M***, des paysans, des militaires, des femmes, des enfans, Catel, moi... Tout cela mangeait à la même table et parlait à la fois. Après le dîner, on fit encore improviser le baron ; il n'était pas en verve ; quand il eut fini, on appela un prêtre qui se trouvait là ; on le fit monter sur une chaise, et chacun s'assit dans le plus grand silence. A ces marques de respect succédèrent bientôt des huées et des éclats de rire qu'excitait le discours de ce prêtre saltimbanque. J'entendais

Extrait d'une Lettre à ***.

Castro-Villari, ce 23 mai 1812.

Je suis inquiet de vous; la tristesse de votre lettre me cause du remords. Il est si naturel de se croire l'ange gardien des gens qu'on aime, que leurs chagrins nous troublent comme nos fautes. Il me semble que si j'étais resté près de vous, vous n'auriez pas senti tout ce que votre style me fait deviner sans l'exprimer !.....

On nous a invités aujourd'hui à un dîner arrangé pour l'intendant de Cosence, qui passait par Castro-Villari. En sortant de table, le maître de la maison dit à cet intendant qu'il y avait parmi les convives un fameux improvisateur, le baron de Mollo. L'intendant fit demander une guitare, et pria le baron d'improviser des strophes sur l'arrivée de l'Empereur au bord de la Vistule [1].

Après quelques instants de silence, le poète entonna d'une voix sonore des chants qni me semblèrent admirables! La conquête des Indes dont le projet tout chimérique qu'il peut paraître en Asie, fait beaucoup de bruit ici, était comme le sommet de cet édifice poétique, et je n'ai pu m'empêcher d'admirer les voies de la Providence qui a voulu conduire le monde, de façon qu'un poète calabrois pût aujourd'hui faire une ode où le chef des Français est célébré comme le successeur de Bacchus et d'Alexandre!!!.... Qui aurait pu promettre il y a vingt ans de telles couronnes à notre gloire? Je vous ai prouvé que je sais me défendre de l'ivresse du siècle, quand elle pourrait servir à ma fortune; mais l'enthousiasme poétique est désintéressé, *inutile;* voilà pourquoi j'y cède! Le prophète est revenu avec une sensibilité

[1] Cette scène se passait au commencement de l'expédition de Bonaparte en Russie.

touchante aux sentimens d'amour patriotique :
« Vous aussi, braves Calabrois, a-t-il dit,
» vous prendrez part à la gloire des Français
» en suivant votre roi sous les drapeaux de
» son frère ! » La physionomie des hommes
qui écoutaient, aussi bien que celle du
poète, contribuaient à me transporter dans
ce monde de la Grèce, où les arts, encore ac-
tifs, faisaient partie de la vie, où ils in-
fluaient sur le sort des Etats, et où on ne les
avait pas mis à la porte en leur faisant la révé-
rence, comme il est arrivé chez les modernes ;
car depuis la destruction des républiques
de la Grèce, sans la religion, les arts eussent
été bannis de la vie réelle.

Nous écoutions les vers et la musique sur
une terrasse bordée de colonnes blanches qui
soutiennent des guirlandes de pampres. Ces
espèces de berceaux, moitié d'architecture,
moitié de verdure, caractérisent et embel-
lissent les habitations italiennes. On les
nomme *pergole*, et ils donnent aux habitudes
des peuples du Midi une élégance, une faci-
lité qu'on n'obtiendrait pas en ne vivant que
dans des chambres. Il y a un genre de persi-
flage et de commérage qui tomberait de lui-

même, si les salons où il règne se changeaient
tout à coup en terrasses bordées de portiques,
sous un ciel majestueux et pur, dans des sites
nobles, grands, poétiques, et qui semblent
préparés pour toutes les vraies jouissances
sociales, surtout pour les jouissances de
l'imagination! Le seul plaisir de vivre a con-
servé aux peuples de l'Italie, qu'on peut
encore dire antiques, une originalité que les
habitudes factices des nations plus modernes
ne laissent pas subsister ailleurs.

Quand l'improvisation sur la conquête des
Indes fut finie, on en demanda une seconde :
M. M*** me dit d'en donner le sujet. Je pro-
posai l'éloge de la Calabre; chacun de nous
s'est senti ému en entendant prononcer ce
chant patriotique, avec tout l'enthousiasme
d'un citoyen. Les esprits italiens sont comme
une mine riche, mais négligée : ils renferment
des trésors, quoiqu'ils produisent peu. Un
Sicilien à côté de qui j'étais assis à table, ne
parlait presque pas, mais laissait tomber des
sentences dont j'ai retenu celle-ci : « Il n'y a
» de bonheur que pour l'homme qui ne com-
» mande à personne, et n'est commandé par
» personne. » Tout ce que j'ai vu et entendu

serions forcés de renoncer au voyage. Mais
il a des lettres du ministre qui lui ouvrent
toutes les portes.

Nous venons de faire un dîner dont le récit peut servir de pendant et de critique au tableau, peut-être un peu embelli, que je vous ai tracé de celui d'hier. Nous étions vingt personnes à table. Le héros de cette fête était le receveur des contributions. Il y avait toute sorte de gens : le chevalier de Cassano, frère du duc, le chevalier M***, des paysans, des militaires, des femmes, des enfans, Catel, moi... Tout cela mangeait à la même table et parlait à la fois. Après le dîner, on fit encore improviser le baron; il n'était pas en verve; quand il eut fini, on appela un prêtre qui se trouvait là; on le fit monter sur une chaise, et chacun s'assit dans le plus grand silence. A ces marques de respect succédèrent bientôt des huées et des éclats de rire qu'excitait le discours de ce prêtre saltimbanque. J'entendais

pierres de quelques maisons bâties dans ce
désert, comme pour rappeler que l'homme
et sa race ont été maudits de Dieu! Des lits
de torrens à sec coupent à chaque instant,
par de blanches ceintures de pierres, le
terrain qui sépare les deux chaînes de monts
pierreux entre lesquels cette infernale vallée
est renfermée, et ces traces d'une onde tarie,
qui déchirent une terre poudreuse, sont comme
les rides empreintes sur le visage d'un vieil-
lard, où l'on reconnaît le chemin des larmes
qui ne peuvent plus couler.

A Castelluccio, où nous sommes, les ar-
bres, la verdure, les eaux, tout recommence,
et la nature renaît! Je regrette les belles
forêts du Cilente, et je crois que nous ne
verrons rien de vraiment beau en fait de
sites, jusqu'à ce que nous retrouvions la mer!
La saleté des villes est extraordinaire, même
aux yeux accoutumés à voir certains quartiers
de Rome et de Naples. L'indifférence des
Calabrois pour toutes les choses qui nous
paraissent nécessaires à la vie, est une leçon
dont nous ne leur savons nul gré. Ils n'ont
pas ce qui fait travailler; ils n'aspirent à
rien, aussi vivent-ils de rien : on les croirait

Lettre à ***.

Nous avons quitté Cassano, ses dîners et ses fêtes; j'en avais assez. On a dansé hier jusqu'à deux heures après minuit, et si tristement, que je me sens comme délivré d'un cauchemar depuis que je ne suis plus *au bal.* Ce plaisir n'est pas naturel aux Italiens. Le temps est superbe, l'air est frais et doux; un soleil éclatant colore la mer des teintes les plus vives, et fait briller la verdure des coteaux, dont les plantes à feuilles épaisses et lisses, semblent vernies; tant elles sont luisantes. La position de Lungro est charmante; bâtie sur le penchant d'une

montagne, cette petite ville domine une
suite de rians coteaux qui s'abaissent insen-
siblement jusqu'à la plaine de Sybaris. On
aperçoit des environs de Lungro, l'embou-
chure du Cratis dans le golfe de Tarente.
C'est à l'endroit où ce fleuve tombe dans la
mer que se trouvait, dit-on, le port de Sy-
baris. On y montre encore une espèce de la-
gune qu'on croit ce port lui-même. Nous n'a-
vons pas été visiter Sybaris, parce que la
route que nous prendrons en revenant de
Reggio nous y conduira sans qu'il faille nous
détourner pour y passer.

Il y a à Lungro des mines de sel qui m'ont
paru peu curieuses; mais les habitans de la
ville sont intéressans. Ils forment une race
à part; ils sont Albanais et suivent le rit
grec; ils ont même un évêque établi à Santo-
Demotino, dans les montagnes. On ne sait
pas positivement à quelle époque ces peu-
plades se sont fixées en Calabre. L'opinion
la plus vraisemblable est qu'elles y vinrent
du temps de Scanderberg : on montre encore
à Lungro une des nombreuses épées de ce
héros qui, sans doute, avait presqu'autant de
cimeterres que la Madonne avait de voiles.

improvisateur , le baron de Mollo. L'intendant fit demander une guitare , et pria le
baron d'improviser des strophes sur l'arrivée
de l'Empereur au bord de la Vistule [1].

Après quelques instans de silence, le
poète entonna d'une voix sonore des chants
qni me semblèrent admirables! La conquête
des Indes dont le projet tout chimérique
qu'il peut paraître en Asie , fait beaucoup de
bruit ici, était comme le sommet de cet édifice poétique, et je n'ai pu m'empêcher d'admirer les voies de la Providence qui a voulu
conduire le monde, de façon qu'un poète
calabrois pût aujourd'hui faire une ode où
le chef des Français est célébré comme le
successeur de Bacchus et d'Alexandre!!!....
Qui aurait pu promettre il y a vingt ans de
telles couronnes à notre gloire? Je vous ai
prouvé que je sais me défendre de l'ivresse
du siècle, quand elle pourrait servir à ma
fortune ; mais l'enthousiasme poétique est
désintéressé, *inutile ;* voilà pourquoi j'y cède !
Le prophète est revenu avec une sensibilité

1 Cette scène se passait au commencement de l'expédition de
Bonaparte en Russie.

touchante aux sentimens d'amour patriotique :
« Vous aussi, braves Calabrois, a-t-il dit,
» vous prendrez part à la gloire des Français
» en suivant votre roi sous les drapeaux de
» son frère ! » La physionomie des hommes
qui écoutaient, aussi bien que celle du
poète, contribuaient à me transporter dans
ce monde de la Grèce, où les arts, encore ac-
tifs, faisaient partie de la vie, où ils in-
fluaient sur le sort des Etats, et où on ne les
avait pas mis à la porte en leur faisant la révé-
rence, comme il est arrivé chez les modernes ;
car depuis la destruction des républiques
de la Grèce, sans la religion, les arts eussent
été bannis de la vie réelle.

Nous écoutions les vers et la musique sur
une terrasse bordée de colonnes blanches qui
soutiennent des guirlandes de pampres. Ces
espèces de berceaux, moitié d'architecture,
moitié de verdure, caractérisent et embel-
lissent les habitations italiennes. On les
nomme *pergole*, et ils donnent aux habitudes
des peuples du Midi une élégance, une faci-
lité qu'on n'obtiendrait pas en ne vivant que
dans des chambres. Il y a un genre de persi-
flage et de commérage qui tomberait de lui-

même, si les salons où il règne se changeaient
tout à coup en terrasses bordées de portiques,
sous un ciel majestueux et pur, dans des sites
nobles, grands, poétiques, et qui semblent
préparés pour toutes les vraies jouissances
sociales, surtout pour les jouissances de
l'imagination! Le seul plaisir de vivre a con-
servé aux peuples de l'Italie, qu'on peut
encore dire antiques, une originalité que les
habitudes factices des nations plus modernes
ne laissent pas subsister ailleurs.

Quand l'improvisation sur la conquête des
Indes fut finie, on en demanda une seconde :
M. M*** me dit d'en donner le sujet. Je pro-
posai l'éloge de la Calabre; chacun de nous
s'est senti ému en entendant prononcer ce
chant patriotique, avec tout l'enthousiasme
d'un citoyen. Les esprits italiens sont comme
une mine riche, mais négligée : ils renferment
des trésors, quoiqu'ils produisent peu. Un
Sicilien à côté de qui j'étais assis à table, ne
parlait presque pas, mais laissait tomber des
sentences dont j'ai retenu celle-ci : « Il n'y a
» de bonheur que pour l'homme qui ne com-
» mande à personne, et n'est commandé par
» personne. » Tout ce que j'ai vu et entendu

ce soir, m'a servi à rectifier mon opinion sur
un peuple auquel on ne sait pas assez de gré
de n'être pas plus abaissé qu'il n'est! On prend
son ignorance pour de la bêtise, et sa nullité
politique pour de la lâcheté : jamais les na-
tions, non plus que les personnes, ne de-
vraient être responsables de leur éducation.
La cause de presque tous les préjugés qui
s'accréditent contre ou pour les peuples, c'est
que l'on confond les nations avec leurs gou-
vernemens !

Nous venons de faire un dîner dont le récit peut servir de pendant et de critique au tàbleau, peut-être un peu embelli, que je vous ai tracé de celui d'hier. Nous étions vingt personnes à table. Le héros de cette fête était le receveur des contributions. Il y avait toute sorte de gens : le chevalier de Cassano, frère du duc, le chevalier M***, des paysans, des militaires, des femmes, des enfans, Catel, moi... Tout cela mangeait à la même table et parlait à la fois. Après le dîner, on fit encore improviser le baron ; il n'était pas en verve ; quand il eut fini, on appela un prêtre qui se trouvait là ; on le fit monter sur une chaise, et chacun s'assit dans le plus grand silence. A ces marques de respect succédèrent bientôt des huées et des éclats de rire qu'excitait le discours de ce prêtre saltimbanque. J'entendais

peu ce qu'il disait; mais au milieu de ses
lazzis, j'ai distingué les noms de Madonna,
de Jésus-Christ et de plusieurs saints, pro-
noncés d'un son de voix nazillard et burlesque.
Quand cette indécente parade fut terminée,
je demandai pourquoi elle avait tant égayé la
société; on me répondit que c'était le sermon
des Capucins que venait de contrefaire un de
leurs plus grands ennemis. Et c'est à juste
titre que ce prêtre leur garde rancune,
ajouta mon voisin, car il y a vingt ans que
les Capucins lui firent une offense cruelle. Il
s'était permis quelques plaisanteries sur leur
ordre, dans un dîner; les Capucins instruits
des propos de ce prêtre, l'engagèrent, sous
un prétexte plausible, à venir dans leur
couvent, et là, ils le traitèrent avec tant de
barbarie, que le pauvre homme portera toute
sa vie les marques de la colère de ces bons
pères. Ceux-ci firent plus de tort que vous ne
pensez à la société, en maltraitant si cruelle-
ment leur ennemi, ajouta mon voisin, car
tout prêtre qu'il est, il tenait très-bien sa
place dans le monde, *avant la vengeance des
Capucins !* Comme on me voyait douter de
cette histoire, on me la fit confirmer par le

héros lui-même, qui me donna les détails les
plus circonstanciés sur son infortune renou-
velée des temps de barbarie : il ne manque à
ce malheureux, pour compléter son histoire,
qu'une Héloïse et un Paraclet.

Je n'ai rien entendu de plus indécent ni
de plus ridicule que son récit. Croirait-on
que de pareils traits se passent dans le pays
le plus catholique du monde ? Je ne sais
que penser d'un peuple qui croit aux mi-
racles de saint Janvier, et se moque de la
Madonne. Mon jugement, sur les Italiens,
varie chaque jour ; ce sont les hommes les
plus trompeurs et à la fois les plus naturels
que j'aie vus ; ils mentent dès que leur in-
térêt l'exige, mais avec tant de finesse, qu'en
eux la fausseté paraît simplicité. Ils conser-
vent dans le vice une naïveté pleine de charme,
mais qui fait frémir quand on voit combien
elle diffère de l'innocence qu'elle joue ; ils
se rendent la vie facile en élaguant ce que
nous appelons chez nous *les devoirs de société ;*
et le temps qu'ils gagnent par là, est tout
employé au profit de leurs passions ou de
leur paresse. Les Italiens ont de l'ambition,
mais ils ont peu d'amour-propre ; ils sont

montagne, cette petite ville domine une
suite de rians coteaux qui s'abaissent insen-
siblement jusqu'à la plaine de Sybaris. On
aperçoit des environs de Lungro, l'embou-
chure du Cratis dans le golfe de Tarente.
C'est à l'endroit où ce fleuve tombe dans la
mer que se trouvait, dit-on, le port de Sy-
baris. On y montre encore une espèce de la-
gune qu'on croit ce port lui-même. Nous n'a-
vons pas été visiter Sybaris, parce que la
route que nous prendrons en revenant de
Reggio nous y conduira sans qu'il faille nous
détourner pour y passer.

Il y a à Lungro des mines de sel qui m'ont
paru peu curieuses; mais les habitans de la
ville sont intéressans. Ils forment une race
à part; ils sont Albanais et suivent le rit
grec; ils ont même un évêque établi à Santo-
Demotino, dans les montagnes. On ne sait
pas positivement à quelle époque ces peu-
plades se sont fixées en Calabre. L'opinion
la plus vraisemblable est qu'elles y vinrent
du temps de Scanderberg : on montre encore
à Lungro une des nombreuses épées de ce
héros qui, sans doute, avait presqu'autant de
cimeterres que la Madoane avait de voiles.

Chez les Albanais transplantés, le costume,
le langage, la religion, les mœurs, tout est
différent des usages du peuple calabrois. Ces
nuances, si fortement tranchées et si long-
temps conservées, au milieu d'une nation
soumise à un gouvernement uniforme, prou-
vent que ce sont les habitudes casanières,
bien plus que les institutions publiques, qui
donnent aux hommes leur caractère. Ceux-ci
me paraissent plus doux, plus calmes que les
Italiens; leur physionomie exprime le repos
et la bonté. Il y a parmi eux beaucoup de
familles où règne une union touchante et
rare en Italie; leurs maisons sont mieux ar-
rangées, plus propres que celles des Napo-
litains, je parle des gens aisés. Enfin ils
ont des idées d'ordre qu'assurément il a fallu
qu'ils apportassent dans ces contrées. Nos
hôtes sont les meilleures gens du monde. J'ai
causé quelque temps avec la grand'mère de
cette famille patriarcale. Cette bonne vieille
a dans les traits une expression de tristesse
angélique. Je lui vantais la beauté de son
pays, la douceur de l'air, la pureté du ciel,
et le repos dont on peut jouir au milieu
d'une aussi belle campagne; vous et vos

montagne, cette petite ville domine une
suite de rians coteaux qui s'abaissent insen-
siblement jusqu'à la plaine de Sybaris. On
aperçoit des environs de Lungro, l'embou-
chure du Cratis dans le golfe de Tarente.
C'est à l'endroit où ce fleuve tombe dans la
mer que se trouvait, dit-on, le port de Sy-
baris. On y montre encore une espèce de la-
gune qu'on croit ce port lui-même. Nous n'a-
vons pas été visiter Sybaris, parce que la
route que nous prendrons en revenant de
Reggio nous y conduira sans qu'il faille nous
détourner pour y passer.

Il y a à Lungro des mines de sel qui m'ont
paru peu curieuses; mais les habitans de la
ville sont intéressans. Ils forment une race
à part; ils sont Albanais et suivent le rit
grec; ils ont même un évêque établi à Santo-
Demotino, dans les montagnes. On ne sait
pas positivement à quelle époque ces peu-
plades se sont fixées en Calabre. L'opinion
la plus vraisemblable est qu'elles y vinrent
du temps de Scanderberg : on montre encore
à Lungro une des nombreuses épées de ce
héros qui, sans doute, avait presqu'autant de
cimeterres que la Madonne avait de voiles.

Chez les Albanais transplantés, le costume,
le langage, la religion, les mœurs, tout est
différent des usages du peuple calabrois. Ces
nuances, si fortement tranchées et si long-
temps conservées, au milieu d'une nation
soumise à un gouvernement uniforme, prou-
vent que ce sont les habitudes casanières,
bien plus que les institutions publiques, qui
donnent aux hommes leur caractère. Ceux-ci
me paraissent plus doux, plus calmes que les
Italiens ; leur physionomie exprime le repos
et la bonté. Il y a parmi eux beaucoup de
familles où règne une union touchante et
rare en Italie ; leurs maisons sont mieux ar-
rangées, plus propres que celles des Napo-
litains, je parle des gens aisés. Enfin ils
ont des idées d'ordre qu'assurément il a fallu
qu'ils apportassent dans ces contrées. Nos
hôtes sont les meilleures gens du monde. J'ai
causé quelque temps avec la grand'mère de
cette famille patriarcale. Cette bonne vieille
a dans les traits une expression de tristesse
angélique. Je lui vantais la beauté de son
pays, la douceur de l'air, la pureté du ciel,
et le repos dont on peut jouir au milieu
d'une aussi belle campagne ; vous et vos

enfans, ajoutai-je, vous devez être heureux !
— Nous l'étions, m'a répondu la bonne
femme, mais depuis trois ans il n'y a plus
de bonheur pour nous. *Nous* avons perdu
deux enfans, et mon fils et sa femme les
aimaient tant, que nous ne pouvons nous con-
soler de leur mort. En disant ces paroles, la
vieille était prête à pleurer, et l'expression
de sa figure me parut si touchante, si an-
tique, qu'elle me reportait aux histoires de
la Bible, et aux tentes des premiers peuples
nomades !

Nous sommes à Cosence depuis hier! Cette ville n'a d'italien que la saleté! En y arrivant il m'a semblé que j'entrais dans quelque vieille cité de Normandie, et si je n'avais aperçu des cochons et des oranges en quantité, je me serais cru à Saint-Lô plutôt que dans la capitale de la Calabre. Les hommes y ont plus d'originalité que les choses! Ce sont des crispins, des scapins qui semblent à l'instant sortis du théâtre pour continuer leurs *lazzis* dans la rue. Ils ont la figure, le costume, l'esprit de ces personnages de comédie, et je me divertis beaucoup à épier leurs ruses nonchalantes! On retrouve ici la nature qui a servi de modèle aux poètes, et l'on voit que ce qui nous paraît outré ou faux, dans nos pièces imitées de Térence, n'est que la peinture fidèle du monde, mais d'un monde

qu'on est allé chercher un peu loin. Qu'il y a
de distance entre le peuple de Cosence et mes
bons Albanais de Lungrò ! Les Calabres sont
une vraie marquetterie, un habit d'arlequin,
où chaque petite peuplade a conservé sa cou-
leur locale, son caractère primitif, sans s'être
jamais confondue avec ses voisins. Le despo-
tisme, qui ne laisse aux hommes aucune ins-
titution publique, les dépouille moins vite
que les gouvernemens populaires de leurs
habitudes privées, parce qu'il ne met en cir-
culation que peu ou point d'idées communes !
Les peuples subjugués ou opprimés croient
se venger en défendant au moins leurs
mœurs.

Les environs de Cosence sont tristes et
dépeuplés. Il y a beaucoup de rizières qui
contribuent à corrompre l'air : on assure que
le séjour de cette ville, en été, est mortel
pour les étrangers ; les gens du pays sont eux-
mêmes sujets à des fièvres, que souvent ils
gardent pendant deux ou trois ans. Il n'est
pas rare ici de voir un homme sortir tran-
quillement de table, ou se retirer du salon
pour aller *attendre* la fièvre dans sa chambre ;
et la ville est remplie d'apothicaires qui tou

font fortune. La première mesure à prendre contre ce fléau du mauvais air qui désole la Calabre, ce serait de tenir à la propreté non seulement des rues, mais à celle des maisons. Nous logeons chez un des premiers personnages de la ville; il a un palais très-grand et très-beau, mais si sale, qu'on le prendrait pour une basse-cour, d'autant que ce sont les poulets qui nous en font les honneurs : chaque fois qu'on ouvre ma porte, toute la volaille arrive dans ma chambre; notez que nous habitons un premier étage très-élevé. Au milieu de tant de négligence, le luxe est dégoûtant, et pendant que je me bats avec un coq dont les cris et les effarouchemens me font mal aux nerfs, je m'impatiente contre les magnifiques peintures qui recouvrent les murs d'une chambre si mal habitée, et je suis tenté de jeter aux poules la courtepointe et les rideaux de damas de mon lit. Dans les villages, au lieu de poulets, ce sont des cochons qui souvent arrivent au milieu de la salle à manger. Je ne me suis déshabillé que deux fois depuis notre départ de Salerne, à cause de la saleté des draps dans lesquels on nous faisait coucher; et cependant nous sommes toujours adressés aux gens

les plus considérables des endroits où nous
nous arrêtons. Il faut être doué d'impartialité
pour que le dégoût qu'inspire la négligence
des habitans de ce pays, n'empêche pas de
leur reconnaître quelques bonnes qualités : ils
ont beaucoup d'esprit, et leurs mines seules
me donnent envie de rire.

  Nous étions conduits hier par de vrais mule-
tiers de Boccace ; c'est une espèce d'hommes
toute particulière : sous un air de rusticité
dont ils profitent adroitement, ils cachent avec
peine leur esprit vif et malin. Ils ne nous par-
lent que pour se moquer de nous ; mais sou-
vent leur sérieux venant à les abandonner au
milieu d'un long discours, prononcé avec une
gravité burlesque, ils détruisent par un éclat
de rire tout l'effet de leur éloquence ; ils ont
trop d'imagination pour n'être pas sujets à se
déjouer eux-mêmes. J'ai le talent de leur
faire abandonner leurs desseins quand ils
complotent contre nous, soit pour nous vo-
ler, soit pour nous quitter à l'improviste et
nous laisser dans l'embarras. Quand je veux
les désarmer, je n'ai qu'à les faire rire, ce
qui m'est facile, parce qu'ils voient que
je me divertis de leurs lazzis : c'est une

race d'hommes moitié singes, moitié en-
fans.

On rencontre sur la grande route, en
approchant de Cosence, les restes de plu-
sieurs maisons brûlées. Nous n'avons jamais
pu obtenir des gens du pays qu'ils voulussent
bien nous dire si ce sont les Français ou les
brigands qui les ont détruites, ni même si
elles ont été ruinées pendant la guerre : vous
voyez jusqu'où les Calabrois portent la pru-
dénce diplomatique. On se loue unanimement
ici du général Manès ; il n'est personne, mule-
tier ou grand seigneur, qui ne parle contre le
brigandage et les brigands : mais il est facile
de pénétrer les pensées cachées sous ces beaux
discours.

A propos de brigands ! nous avons rencontré,
hier, à quatre lieues de Cosence, l'armée des
sauterelles. Il n'y a qu'un an que ces bandes
affamées ont fait irruption dans la Calabre.
C'est un coup de vent qui les apporta ; depuis
lors, elles ont multiplié d'une manière ef-
frayante : le pays est très-affligé de cette nou-
velle espèce de fléau.

- L'intendant de Cosence qui vient de la
Basilicate où les sauterelles sont établies de

temps immémorial, m'a raconté qu'en trois mois, il a vu ramasser dans cette province, sur le territoire de *trois* communes, douze cent soixante et seize boisseaux d'œufs de sauterelles. Ces insectes n'ont qu'un demi-pouce de longueur, ils sont noirs, gluans et dégoûtans; ils tombent par nuées sur les champs, sur les bois, dévorent tout et meurent. Mais ils font autant de mal après leur mort que pendant leur vie, car leurs cadavres infectent l'air et corrompent les eaux. J'ai été incommodé hier de l'odeur putride qu'ils répandent; les chemins en étaient couverts: à l'approche de nos chevaux toute la troupe se mettait en mouvement pour nous donner un libre passage, et leur agilité ne nous laissait pas même le plaisir de les écraser en marchant. Le bruit qu'ils faisaient en se déplaçant ainsi par masses sur une ligne de cinq mulets, était absolument semblable à celui de la pluie lorsqu'elle tombe avec abondance.

Il y avait plus de vingt-quatre heures que j'étais ici, sans que j'eusse encore pu trouver le courage de prendre une plume. Je deviens d'une paresse italienne; je me sens un malaise indéfinissable, je dors les yeux ouverts, j'ai

la tête embarrassée, et les nerfs tellement
agacés que le moindre bruit me cause une
souffrance aiguë ; j'éprouve une faiblesse sin-
gulière, et je ne puis faire un mouvement
violent sans ressentir une douleur qui va au
cœur. Lorsque je demeure en repos, il me
semble que quelque chose s'agite en moi : je
sens des battemens dans tout le corps; si
je restais long-temps ici, j'y tomberais ma-
ladé, tant l'air y est pernicieux! Les bonnes
femmes, en France, lorsqu'elles veulent par-
ler d'un homme perdu, disent : *il court la
Calabre!* Qu'avais-je besoin d'aller si loin
chercher le bonheur?.... Le bonheur, c'est
d'être entouré de gens qui nous aiment, et que
nous aimons, et non de voir chaque jour des vi-
sages nouveaux! Pour les voyageurs, le monde
n'est qu'une apparence, ce n'est pas une réalité.
A force de passer en revue des peuples divers,
on devient étranger partout : on perd les ver-
tus domestiques, l'amour des devoirs civils,
et l'on s'accoutume à regarder les hommes
comme un tas de marionnettes bonnes pour
amuser un quart-d'heure le curieux qui leur
fait l'honneur de s'arrêter devant elles! Com-
bien de sentimens moraux sont sacrifiés à la

passion des voyages! Le voyageur renonce à la considération qui ne s'acquiert qu'en exerçant avec suite les fonctions de son état. Privé de l'approbation, bien plus, de la surveillance de ses concitoyens, il cherche un autre appui moins doux, moins sûr, dans le mépris qu'il affecte d'abord, et qu'il acquiert bientôt pour le genre humain : ce sentiment si triste est fortifié par ses expériences de chaque jour, et par le manque d'études approfondies, puisque le genre de vie que sa frivolité lui a fait adopter ne lui permet aucun travail sérieux, aucune occupation suivie.

Les défauts et les ridicules des hommes sont toujours plus apparens que leurs bonnes qualités, et celui qui ne voit les pays qu'en passant, prend nécessairement une idée désavantageuse de leurs habitans [1]; il a perdu le sentiment national, sans en être dédommagé par l'amour de l'humanité. Il n'appartient à aucun peuple, son chez-lui est toujours chez les autres; en vain la patrie le réclamait, il l'a sacrifiée à des pays qui ne l'adoptent.

---

[1] L'auteur n'a en vue ici que les voyageurs frivoles, ce n'est pas contre les savans qu'il prononce cet anathème.

» aime beaucoup ; je reconnais en vous un
» cœur excellent, infiniment d'esprit (c'est
» M. M*** qui parle), et des sentimens très-
» nobles ; mais vous avez aussi un esprit de
» liberté et un besoin d'indépendance, im-
» possible à conserver au milieu du monde »
(dans le palais de la vérité, il aurait dit : un
peu d'esprit, beaucoup d'égoïsme et des
préjugés inflexibles). « Je ne vous dis pas
» cela comme un reproche ; au contraire,
» a-t-il continué, c'est un éloge aux yeux de
» beaucoup de gens, mais avec ce caractère,
» vous me rendez malheureux, parce que je
» vois que vous seriez véritablement à plain-
» dre de faire ce que je désire. Au reste, je
» n'ai pas le droit de vous reprocher d'être
» ce que vous êtes, votre naturel est si pro-
» noncé, qu'il ôte tout espoir à qui voudrait
» le changer ; vos habitudes de dédain pour
» les indifférens sont devenues plus fortes que
» votre volonté. Vous êtes en révolte perma-
» nente contre la vie sociale, et ce n'est pas
» moi qui ferai ce que n'a pu faire le mon-
» de.....» La suite de cette conversation
serait trop longue à rapporter ; d'ailleurs elle
continua toujours sur le même ton. Avant de

Je me sens mieux aujourd'hui, et je me hâte de vous le dire, de peur de vous inquiéter par mes jérémiades d'hier. J'avais, je crois, un peu de fièvre; mais mon corps est inconstant comme mon esprit, et mes maladies ne durent pas plus que ma mélancolie.

Je viens d'assister à la procession de la Fète-Dieu; j'en ai été peu édifié; il s'y trouvait des figures de Capucin dont on ne voudrait pas dans un tripot de Paris; sans doute ces moines sont à *deux fins*, et ils font le métier de bandits, tout au moins, quand le service divin est fini; pendant la procession, l'évêque se servait de sa mitre en guise de parasol et d'éventail; les prêtres ne pensaient qu'à courir l'un après l'autre pour rallumer leurs cierges obstinés à s'éteindre sans cesse, et le peuple

riait ou bavardait. Je ne connais que la Se-
maine-Sainte de Rome ¹, qu'on puisse com-
parer à la Fête-Dieu de Cosence.

---

1 L'auteur n'avait vu la Semaine-Sainte qu'en l'absence du
souverain pontife.

J'ai été triste aujourd'hui! Que devenir ?
Tout me manque, tout m'abandonne! Sara
était mon enthousiasme, maintenant je ne
sens rien; le grand, le beau me laissent in-
différent.

Depuis que nous voyageons dans la partie
la plus intéressante du pays, le plaisir du
voyage n'est plus mêlé d'espoir : je suis au
but; il faudrait être satisfait, et je n'éprouve
qu'un désenchantement profond. J'ai vu l'Etna,
et j'ai pu rester insensible en découvrant pour
la première fois, cette terre que tant de
poètes ont chantée, dont l'histoire dispute
la gloire à la fable, cette terre de Virgile,
d'Alcibiade, d'Ulysse et de Platon!.... Où
étais-je donc? Il me manquait une partie de
moi-même; l'œil de l'esprit n'était pas ou-
vert!....

Nous descendions une montagne haute et rapide et nous marchions en silence ; tout à coup, au sortir d'une forêt profonde, j'aperçois la mer à mes pieds : mais quelle mer ! éclatante, azurée : c'était comme le ciel renversé. . . . . La mer de Sicile dans tout son éclat!!! Et, sur ma tête, des branches de hêtres qui se courbaient presqu'à terre en forme de voûtes, dont l'obscurité faisait ressortir l'azur éclatant de l'onde ; un autre que moi se serait cru dans un monde fabuleux. Nous quittions la haute chaîne de l'Apennin ; les ondulations d'un vallon formé par les contours adoucis des montagnes inférieures, conduisaient nos yeux jusqu'à la mer, où le regard s'arrêtait sur une pyramide de saphir : c'était Lipari, la plus grande des îles Eoliennes ; elle a une forme parfaitement régulière, qui rend le paysage noble, pompeux, tranquille comme un monument d'architecture. Plus loin vers la gauche, sous les vapeurs enflammées de l'horizon, s'éteignaient les côtes de Sicile, qui ne montraient que quelques sommets de montagnes nageant dans l'espace. Le cratère de l'Etna dominait tout : montagnes et nuages ; et sa cime, glacée et fumante, resplendissait

dans le ciel! Du côté de Reggio, on distin-
guait clairement les rives de la Calabre, le
détroit de Messine et l'île de Vulcain. Nous
sortions d'une suite de vallons solitaires, où
de limpides ruisseaux arrosent, comme dans
les vers du Tasse, des prairies parfumées et
bordées de cystes et de romarins; nous
avions traversé des bois où le hêtre, le cytise
en fleurs, l'alaterne, le myrte toujours verts
protégent le voyageur par leur ombrage, ou
l'enivrent de leurs parfums. Figurez-vous
quelle dut être notre surprise, quand, l'ima-
gination encore occupée du souvenir de ces
tableaux bornés, nous découvrîmes tout à
coup la scène que je viens de vous décrire,
et dont personne ne nous avait annoncé la
poétique magnificence; ici du moins le voya-
geur ne sait pas d'avance ce qu'il est obligé
d'admirer, il n'en devrait admirer que plus
vivement ce qu'il voit! Mais je vous assure
que ma sensibilité s'émousse; je n'ai jamais
reconnu aussi clairement qu'aujourd'hui, qu'il
faut de l'imagination pour voir!

Descendus de la montagne, nous côtoyâmes
la grève. Nulle beauté n'est comparable à celle
de cette côte toute couverte de bouquets d'ar-

bres, de jardins en terrasses, d'élégans édi-
fices, et couronnée d'une antique forêt de
hêtres; tant de prodiges de l'art qu'on dé-
couvre après avoir traversé des déserts,
font croire à la magie, et l'on serait moins
surpris d'arriver au palais d'Armide, qu'à la
petite ville de Paola, patrie de saint François
de Paul, un des plus célèbres thaumaturges
des temps modernes. C'est lui qui, sur le
bruit de ses miracles, fut appelé par Louis xi
pour guérir ce prince; arrivé en France,
il lui répondit qu'il ne pouvait que le pré-
parer à la mort. Si saint François de Paul
a fait mourir Louis xi résigné, ce triomphe
n'est pas le moindre de ses prodiges!

L'éclat du soleil, la pureté du ciel, prê-
taient un charme nouveau à la verdure qui
tapisse cette partie des côtes de l'Italie! Les
montagnes éloignées se teignaient aussi de cou-
leurs inconnues à nos sombres climats. Nous
avancions lentement : vers le soir, le ciel
devint nébuleux; la mer parfaitement calme
parut d'un beau gris de perle, approchant de
la nacre; elle était séparée du ciel par une
bordure d'iris et de violet, dernière trace du
soleil prêt à disparaître entièrement, et déjà

voilé par la brume. Cette ceinture formait un
cercle immense à l'horizon, c'était comme un
arc-en-ciel sur l'eau! Les côtes de Sicile
avaient disparu sous cette zone diaprée, le
vent avait cessé de souffler, et les flots im-
mobiles n'effleuraient plus l'arène. Des nuages
à la Berghem obscurcissaient le soleil, qui,
se montrant par intervalles. laissait tomber
sur les flots des torrens de lumière. La der-
nière fois qu'il reparut la nature était en feu!
Un moment plus tard, il faisait nuit, à peine
pouvait-on distinguer la mer, à ses teintes
un peu plus blanches que le ciel. Il n'y a
point de crépuscule sous ces climats.

A la fin du jour, nous entrâmes à Paola,
ville rendue fameuse par l'ermite dont je
viens de vous parler.

Nous étions partis de Cosence sur les cinq
heures du matin, et en chemin nous avions
visité l'antique Pandosia; c'est-à-dire, que
nous avions gravi au sommet d'un rocher,
pour voir s'il n'y restait aucune trace d'an-
tiquités.

Paola est bâtie sur le penchant des monta-
gnes, à une demi-lieue de la mer. On y
arrive par une route portée sur une suite

d'arcades magnifiques! A l'entrée de la ville,
au-dessus d'une porte élégante, on voit la
statue de saint François placée entre quatre
colonnes, d'un effet singulier. Des édifices
imposans, tous élevés dans un but religieux,
des couvens, des chapelles, des oratoires,
des stations, des croix, des statues de saints,
couronnent les hauteurs dont la ville est en-
vironnée. Paola, avec tous ces asiles de
prière qui la protégent, domine la côte de
Calabre. C'est une forteresse religieuse dé-
fendue par l'esprit du saint auquel elle a
donné naissance. Une allée d'ormes, de peu-
pliers, d'oliviers, d'une antiquité imposante,
sert de promenade aux habitans. Ils viennent
presque tous les soirs, à l'ombre de ces beaux
arbres, jouir du spectacle des montagnes qui
s'abaissent jusques dans la mer, et de la vue de
la ville dont les terrasses couvertes d'orangers,
de citronniers, de grenadiers, forment un ta-
bleau d'autant plus piquant, qu'il est plus dif-
férent des sites qu'on aperçoit du même lieu en
se tournant vers la mer. Et Paola n'est qu'une
petite ville!!... Mais c'est assez décrire!.....
sans jouir de ce qu'on décrit!... Il est minuit
passé, je tombe de fatigue et d'ennui! J'ai

rempli mon devoir de voyageur,...... et j'é-
prouve que la satisfaction de conscience
ne me suffit pas. J'aimerais mieux ne jamais
prendre une plume, que d'avoir toujours à
me servir des mêmes phrases pour peindre
des objets différens. La nature est la langue
du Créateur, et elle est variée ; nos copies
seules sont monotones !... Il faudrait se sen-
tir du génie avant de se permettre de voya-
ger !...

HIER soir, à notre arrivée ici, je n'ai point trouvé de lettres; et on n'attend le prochain courrier que demain! Le chagrin de n'avoir pas de vos nouvelles, me fait comprendre le mal du pays. Je compte les jours et les lieues qui me séparent de Naples. Si nous avions perdu moins de temps, nous pourrions être à Reggio depuis une semaine. Je pense avec effroi à tout ce qui me reste de sottises à entendre et à dire avant de vous revoir! Les conversations quotidiennes avec de nouveaux hôtes, m'assomment et me rendent imbé-cile. Nous faisons deux fois par jour connais-sance avec des intendans, des syndics, des commaudans de place, tous plus puissans et plus ennuyeux les uns que les autres. Ces gens-là ont un protocole de réception pour les étrangers; tous nous disent la même

chose, et nous leur faisons à tous les mêmes
réponses. Quelquefois je suis tenté, pour sou-
lager ma mémoire, d'écrire ce qui s'est dit
à un dîner pour le lire à tous les autres!
L'italien de M. M*** fait merveilles dans ces
conversations; l'effet qu'il produit sur les
Calabrois me paraît toujours nouveau. Les
uns s'en moquent, les autres l'admirent
comme une langue morte, d'autres s'endor-
ment en ayant l'air d'écouter; enfin le lan-
gage de M. M*** est une sorte de pierre de
touche, de l'humeur et du caractère de tous
les gens qui se trouvent dans une chambre.
M. M*** évite avec soin de parler français;
il *veut être entendu de tout le monde*, et ne
pense pas que son italien ne l'est de per-
sonne. Il veut beaucoup d'autres choses qui;
malheureusement, me touchent de plus près
que celles-ci. Il prétend, par exemple, que je
dois me mettre autant que lui, en frais de
complimens et de politesse, pour les per-
sonnes chez lesquelles nous logeons! comme
si c'était à moi qu'on eût donné des lettres
de recommandation; comme si c'était moi
qu'on eût annoncé par une circulaire, à tous
les syndics du royaume; enfin comme si moi

ou rien, ce n'était pas la même chose, pour
des gens qui n'agissent que par peur, ou par
intérêt! Vous trouvez commode, me dit sou-
vent M. M***, de me charger d'amuser une
société inamusable, et de vous retirer dans
votre chambre pour écrire. — Je lui réponds
qu'en demeurant dans le salon, je ne ferais que
m'ennuyer autant que lui, sans lui être bon à
rien, puisque je ne le dispenserais pas d'y
rester. Détrompez-vous, répond M. M***, car
si vous montriez un peu plus d'empressement
aux gens de la maison, je ne me croirais pas
obligé de réparer votre négligence, en redou-
blant de politesse, je m'en reposerais sur
vous du soin de REPRÉSENTER; enfin j'aurais
quelquefois, ce que vous avez toujours : la
liberté! La dernière fois qu'il me tint ce
discours, il le prononça avec un ton d'ai-
greur, qui fit que je lui répondis : Monsieur,
dès que vous croyez que c'est moi qui vous
condamne à la gêne dont vous vous plaignez,
il faut que je renonce à vous accompagner
jusqu'à la fin du voyage.

Je ne veux pas faire plus de frais pour la
société de Calabre que pour celle de Paris,
et je me résignerais plutôt à causer avec les

fermiers du Vexin Normand, et les commères
de la rue Saint-Denis, qu'avec le syndic de
Paola! Entendre parler toute une soirée cons-
cription et imposition à la vue de l'Etna, est
au-dessus de mes forces; je ne suis venu ici que
pour me reposer de ce qu'on fait et dit ail-
leurs, et j'ai cru pouvoir m'accorder mon
congé, d'autant plus innocemment, que je me
regardais absolument comme sans consé-
quence. Si vous m'aviez dit que vous ne me
permettiez de venir à votre suite, qu'à condi-
tion de *représenter* pour vous, j'aurais renoncé
à ce voyage. M. M*** est dans le fond un bon
homme, il fut frappé de la franchise de mes
réponses, et tout en voilant la sienne sous
beaucoup de complimens, il me fit lire au
fond de sa pensée. Peut-être n'a-t-il pas tort;
mais je ne veux pas lui donner raison, moins
par entêtement que par paresse; car si je re-
connaissais son droit, il faudrait y souscrire
en faisant sa volonté, et j'aime mieux conti-
nuer de faire la mienne. M. M*** reprit :
« Vous avez ce qu'il faut pour être aimable,
» je vous le dis comme je le pense, vous savez
» que je ne fais jamais de complimens aux
» gens que j'estime et que j'aime; or, je vous

» aime beaucoup; je reconnais en vous un
». cœur excellent, infiniment d'esprit (c'est
» M. M*** qui parle), et des sentimens très-
».nobles; mais vous avez aussi un esprit de
» liberté et un besoin d'indépendance, im-
» possible à conserver au milieu du monde »
(dans le palais de la vérité, il aurait dit : un
peu d'esprit, beaucoup d'égoïsme et des
préjugés inflexibles). « Je ne vous dis pas
» cela comme un reproche; au contraire,
» a-t-il continué, c'est un éloge aux yeux de
» beaucoup de gens, mais avec ce caractère,
» vous me rendez malheureux, parce que je
» vois que vous seriez véritablement à plain-
» dre de faire ce que je désire. Au reste, je
» n'ai pas le droit de vous reprocher d'être
» ce que vous êtes, votre naturel est si pro-
» noncé, qu'il ôte tout espoir à qui voudrait
» le changer; vos habitudes de dédain pour
» les indifférens sont devenues plus fortes que
» votre volonté. Vous êtes en révolte perma-
» nente contre la vie sociale, et ce n'est pas
. » moi qui ferai ce que n'a pu faire le mon-
» de.....» La suite de cette conversation
serait trop longue à rapporter; d'ailleurs elle
continua toujours sur le même ton. Avant de

nous séparer, nous convînmes que j'accompa-
gnerais M. M*** jusqu'à Reggio, et que de
là, je m'en retournerais à Naples, par la
route la plus directe; cette séparation, qui
ressemble à un divorce pour incompatibilité
d'humeur, n'empêche pas que je ne sois tou-
jours fort bien avec M. M***; j'ai même trouvé
dans l'explication que nous avons eue ensem-
ble, qu'il me jugeait avec une bienveillance
qui m'a touché. Il a fini par m'assurer de son
estime et de son amitié. Depuis deux jours il
redouble d'attentions pour moi; et ce matin,
après m'avoir fait jurer de ne rien publier avant
lui, sur la Calabre, il m'a prié d'achever le
voyage avec lui. J'ai reconnu alors que la vraie
cause de son aigreur était le zèle qui me
fait passer les nuits à écrire, au lieu de me
reposer des fatigues du jour. Il ne veut pas
croire que mes récits ne soient adressés qu'à
vous; il prétend qu'on ne se donnerait pas
tant de peine pour les gens qu'on aime le
mieux, si l'on n'entrevoyait le public der-
rière eux. Il ne me connaît guère! Son désir
de me garder jusqu'à la fin du voyage, me
rend un peu indécis, mais ce qui me déter-
minera à le quitter, c'est la lenteur avec

laquelle il chemine. Il ne sera pas à Naples avant le mois d'août, et je mourrais d'impatience et d'inquiétude, s'il me fallait rester loin de vous jusqu'à cette époque!

Ce pays, comme tout autre, n'a pas rempli mon attente. Les côtes sont admirables; mais, dans l'intérieur des terres, on perd jusqu'au souvenir de l'Italie. D'ailleurs, les difficultés qu'on éprouve sont décourageantes. Dès qu'on quitte la grande route, les muletiers ne savent plus aucun chemin; il faut prendre des guides dans chaque village, et il faut faire marcher ces guides de force, le pistolet à la main, après avoir épuisé menaces et prières! La meilleure partie du jour se passe à perdre ainsi ses paroles; le soir, lorsqu'on arrive au gîte, nouvel embarras! On commence par nous conduire chez le syndic (titre qui répond à celui de maire): il est sorti. Nous attendons; personne ne vient. Nous dépêchons de tous côtés; point de réponse! Les commissionnaires, au lieu d'aller où on les envoie, courent se cacher; enfin, vers la nuit, le syndic rentre; il nous fait des révérences et des billets de logement, et nous voilà à neuf heures du soir, obligés de tra-

verser une ville obscure, sale, montueuse,
avec des mules harassées et des hommes qui
parlent en esclaves et agissent en ennemis!
Ces hommes, quoiqu'ils nous détestent, me
forcent souvent d'admirer leur patience!
Quelque chose qu'on exige d'eux, quand ils
ne peuvent pas se dispenser d'obéir, ils le font
sans proférer une plainte, ni donner la plus
légère marque d'humeur! La patience est
l'orgueil des faibles!

Souvent, quand nous arrivons à la maison
qu'on vient de nous désigner pour asile, nous
y trouvons tout le monde couché. On crie, on
fait tapage : au bout de quelques minutes,
paraît un homme qui ne sait pas lire; on
appelle le voisin. Le voisin arrive, lit le bil-
let dont nous sommes porteurs, et ne manque
guère d'y découvrir quelqu'erreur. Alors il
faut retourner chez le syndic, recommencer
les discussions, réclamer, batailler. Cepen-
dant la nuit s'avance, nous perdons force et
patience, et nous nous asseyons sans parler
davantage, chez l'éternel syndic, qui de
guerre lasse, et pour se débarrasser de nous,
finit par faire ce que nous lui demandions
d'abord : c'est ainsi qu'à onze heures du soir,

nous nous trouvons maîtres d'un et quelque-
fois de deux lits trop sales pour s'y déshabiller,
et où l'on ne s'étend, qu'avec la crainte d'en
emporter la galle, ou au moins force vilaines
bêtes! Voilà ce qui nous attend ordinairement
après une journée longue et pénible. Le ma-
tin, nouveau travail pour rassembler les mu-
letiers; deux fois ils nous ont joué le tour de
décamper pendant la nuit avec l'argent qu'on
leur avait donné à compte. Ces contrariétés
paraîtraient plus supportables dans un pays
ou l'on ne serait pas venu par curiosité. Mais
ici, cette guerre nous fait manquer le seul
but du voyage. Il faut du repos pour jouir
des beautés de la nature ; c'est ce qu'on peut
dire de plus fort contre le voyage de Calabre,
et même contre les voyages en général !

Vous me mandez que mes lettres vous
donnent réellement l'idée de notre vie; ne
vous y trompez pas, une lettre est comme un
tableau : on n'y voit pas ce qui est au-delà du
cadre ; je vous peins bien le sentiment dont
je suis dominé au moment où j'écris; mais
comment rendre celui qui va le suivre? Les
contradictions, les contrastes, les inconsé-
quences qui composent la vie réelle ne peu-

vent entrer dans un récit; la méthode inévitable du style narratif, exclut le désordre de la vérité. Je ne regrette pas d'avoir fait ce voyage, mais il m'apprend que les pays les plus éloignés et les plus différens du mien, lui ressemblent encore trop pour satisfaire mon besoin de nouveauté!

Monte-Leone est une triste ville, dans un triste pays. Le tremblement de terre la détruisit tout entière il y a vingt-neuf ans. La plupart des maisons de la ville actuelle n'ont qu'un étage; si nous ne logions dans celle de l'intendant, qui est encombrée de *conscripts*, nous pourrions nous croire à *Quito!*

Je viens de convenir avec M. M***, que je l'accompagnerais jusqu'à Catanzaro; de cette manière j'aurai moins de chemin à parcourir seul, et je verrai les parties les plus intéressantes du pays. La côte méridionale est ce qu'il y a de plus sauvage en Calabre.

Que vous dirai-je des Calabrois? Je ne puis les définir! Ils sont fiers, dit-on, mais je les vois se laisser assommer de coups par les soldats de notre escorte, puis obéir. La plupart d'entre eux se soumettent à la conscription avec plus de docilité qu'aucun autre peuple de l'Europe; ils ont une telle frayeur de l'autorité, que tous, depuis le muletier jusqu'au baron, chantent les louanges du nouveau général français, et vantent les services qu'il rend à leur pays. Les Calabres, disent-ils, lui doivent une tranquillité parfaite. Voici comme il s'y prend pour l'obtenir : quatre cent soixante et dix brigands dévastaient cette partie du pays l'année dernière; il a publié un armistice en faveur de ceux qui se rendraient ; tous crurent à la parole du général; tous se livrèrent..... Tous furent pendus !......

Dans plusieurs contrées on a défendu d'ensemencer les terres, pour ôter aux brigands les moyens de subsister; et, afin de les priver d'asiles, on a démoli beaucoup de maisons dans la campagne : c'est la fable du jardinier et de son seigneur.

Les Calabres se ressentiront long-temps de cette guerre, et, surtout, de cette pacification du brigandage. Le mot de brigand fait pâlir le plus hardi Calabrois. Quand un soldat veut enlever à des paysans leur cheval ou leur âne, il les appelle brigands; aussitôt ces malheureux abandonnent bêtes et marchandises, et s'enfuient comme des cerfs. Ce mot de bri-

gand, est une parole magique au moyen dé
laquelle on exerce un brigandage plus funeste
au pays, que ne le serait la guerre civile.
Personne ici ne s'entend sur l'application
des termes; et je demeure frappé d'étonne-
ment, quand je vois qu'un peuple entier,
armé pour défendre son roi légitime, se laisse
dire qu'il n'est qu'un ramas de brigands; on
vous raconte ici que les *brigands* ont pris
telle ville, et *qu'ils étaient huit mille!*... On
vous dit : *les brigands* firent leur retraite par
ce défilé, il en périt six cents, mais cinq mille
se sauvèrent. Et si je m'écrie : comment des
brigands? huit mille, cinq mille brigands,
dites-vous?..... Des soldats ne sont pas des
bandits! Appelez-les rebelles , si vous voulez,
mais ces rebelles ne combattent le nouveau
gouvernement, que par fidélité à l'ancien;
après tout , ce sont des armées compo-
sées de vos frères, de vos fils; s'ils étaient
victorieux, ils vous appelleraient aussi des
brigands?

   A ces mots, je vois les gens pâlir, regarder
autour d'eux, et je n'en obtiens plus de ré-
ponse. Ce qui me fait le plus haïr l'injustice,
c'est qu'elle contraint la pensée comme les ac-

tions. Elle change jusqu'au sens des mots ; je crois que je m'accoutumerais aux gouvernemens des usurpateurs, si le mensonge n'était leur premier ministre obligé. Dans ce pays, j'apprends souvent que les hommes qui crient le plus fort contre les désordres et le brigandage, ont été eux-mêmes chefs de quelques bandes fameuses, et que c'est pour effacer le dangereux souvenir de leurs exploits patriotiques, qu'ils sont les premiers à les maudir ! Cette prudence produit des oppositions inexplicables entre les pensées, les paroles et les actions des hommes ! Si l'on vous fait un récit faux, on a soin d'y mêler toujours quelque fait véritable ; si on accuse un homme, c'est en se réservant le moyen de le justifier ! A peine a-t-on prouvé qu'il est un misérable, qu'on devient son avocat ! On l'excuse par *l'intention*, on analyse sa pensée, et si l'on trouve ses actions blâmables, on ajoute que son but était louable, et l'on finit par conclure que tout autre à sa place eût fait plus de mal sans avoir les mêmes excuses ! Comment un pauvre étranger peut-il prétendre à découvrir la vérité, sous des contradictions si artificieusement combinées ? La vieille poli-

tique italienne a été remise en vigueur par
la dernière guerre, et je ne connais rien de
plus fatigant , qu'une conversation cala-
broise, sur les affaires du temps. C'est ici
surtout qu'on peut dire que la parole a été
donnée à l'homme pour lui servir à cacher sa
pensée !

Nous avons passé une nuit à Amanthea,
ville où les *brigands* soutinrent un blocus de
neuf mois, et un siége de quarante-six jours.
La guerre a laissé dans cette ville plusieurs
factions qui s'y perpétuent ; les pères, les
frères, les fils, tout se déteste, se dévore, se
trahit ! C'est le moyen-âge, à l'enthousiasme
près ; et peut-être que c'est la même chose
exactement, et qu'il n'y manque à nos yeux,
que le vernis du temps ! Le nouveau comman-
dant de la place a pourtant rétabli quel-
qu'ordre dans cette malheureuse cité ! et
voici le secret qu'il a employé : Il a donné
des bals deux fois par semaine, en ayant soin
d'y inviter les différens chefs de parti de cette
ville. C'est bien la peine d'être né Calabrois,
de ne prendre aucune part à la civilisation
du siècle, de vivre d'oignons crus , disputés
aux pourceaux, pour déposer les armes au

premier son d'un violon! Si les hommes sont partout les mêmes, à quoi bon voyager! Au reste, il y a autant de nations en Calabre que de villes! Les peuples de la côte ne ressemblent pas à ceux de l'intérieur; les Albanais sont différens des Italiens; les montagnards sont une autre nation que les habitans de la plaine; enfin il n'y a d'accord, ni dans les mœurs, ni dans les opinions de cette nation! Ce qu'on appelle le peuple calabrois, est un composé de tant de peuples différens, que le pays qu'il occupe ressemble à une mosaïque, tant la diversité des races, des costumes, des langages et des habitudes y est frappante!

Dans un Etat composé de tant de parcelles de peuples, les individus tombent dans une incohérence d'idées égale au désordre politique. Vous ne devineriez pas le jurement favori des Calabrois! Il peut servir à vous faire connaître leur genre d'esprit. Dans l'explosion de la plus grande colère, ils s'écrient : « *Santo Diavolo e Gesu Maledetto!* » Voilà comme ce peuple si catholique se joue de sa foi, même en paroles!... On apprend en Italie que l'inconséquence n'est pas toujours le chemin de la folie ; mais qu'au contraire, elle conduit à l'indifférence qui est l'abus de la raison !

Extrait d'une Lettre à ****.

Monte-Leone, ce 4 juin.

Dans ce voyage pénible et intéressant, s'il m'arrive de découvrir quelque plante nouvelle, nouvelle au moins pour moi, quelque montagne fameuse, quelque site plus frappant, que les autres, je suis ivre de joie ; puis vient la tristesse, la satiété, puis je tombe dans une léthargie assez douce ; et puis je recommence.

Ce soir les froids brouillards, qui depuis trois jours me cachaient le soleil, se sont dissipés tout à coup, et m'ont laissé découvrir la mer avec le volcan du Stromboli, toujours fumant, et qui ressemble à un obélisque au milieu d'une plaine. En ce pays la nature est

de provoquer des détails qui nous aidaient à
rétablir, à repeupler cette ville calabroise où
il ne reste d'autre habitation humaine qu'un
tombeau français.....! Les hommes que je
voyais se grouper autour du monument de
Roger, me paraissaient autant de spectres
ressortis de leur terre natale, et cherchant
vainement à reconnaître le foyer paternel.
Nous quittâmes ce lieu sans avoir pu re-
trouver le tombeau d'Adelaïde, femme de
Roger, et reine des Deux-Siciles.

Français; et peut-être aussi d'être mort de-
puis tant de siècles; car il est plus facile de
rendre justice au passé qu'au présent.

Nous avons fait fouiller autour de son tom-
beau, pour découvrir celui de sa femme
Adelaïde. Tout le village est venu assister
à ce travail! Des vieillards nous montraient
la place de leurs maisons; l'un disait : C'est
dans ce champ, sous les décombres de notre
palais ' que mon père est enseveli ;...... un
autre disait : J'ai sauvé ma mère, elle est
restée vingt-quatre heures sous les ruines,
et c'est d'ici que j'ai entendu ses plaintes!....
un troisième ajoutait : C'est là que nous jouions
à la boule, quand on sentit la première se-
cousse : alors, un de ses vieux camarades lui sou-
tenait qu'ils étaient bien plus loin, là-bas, tout
au bout de la grande place, près de la maison
de leurs parens... et en parlant ainsi, cet hom-
me montrait un bouquet de romarins qui s'é-
levait au-dessus d'un champ solitaire et stérile.

Ces conversations rendaient la grande catas-
trophe visible, et nous ne pouvions nous lasser

' Les Italiens un peu riches n'ont pas de maisons, ils n'ont
que des palais (palazzi).

l'autre, et forment des couronnes d'or autour
des palmes vertes et épaisses dont le corps de
l'arbuste se compose. Souvent la pâle verdure
du Yuka, plante qui ressemble en petit au
palmier, contraste avec l'éclat du pampre, qui
tantôt s'élève au plus haut des arbres pour re-
tomber en guirlandes presque jusqu'à terre,
et tantôt rampe abandonné sur le sol, s'entre-
lace avec une foule d'herbes sauvages, de
buissons, et forme sur un sol inculte, de ma-
gnifiques tapis de verdure : on doit ce luxe
indépendant à la paresse des hommes, à l'ac-
tivité d'une nature dont la puissance est toute
dans le soleil. Le territoire de Tropea est ce-
pendant encore un des mieux cultivés de la
Calabre. Des légumes excellens y croissent
en plein champ, protégés par les figuiers à
l'ombre épaisse, par les légers cotonniers,
les orangers à la verdure luisante, les mûriers
aux larges feuilles, les caroubiers toujours
frais, et par les grenadiers en fleurs ! Dans
ces jardins délicieux tous les fruits abondent ;
on y recueille, dit-on, chaque année une in-
nombrable quantité de figues ; les oranges y
sont très-communes, mais on n'en a que l'hiver,
tandis qu'à Reggio, elles durent toute l'année.

Avant d'arriver à Tropea, nous avions traversé un triste plateau de montagnes entièrement dépouillées de végétation, et où la couleur blanchâtre du terrain rappelle les bancs de craie de la Champagne. Mais à peine a-t-on fait une demi-lieue en descendant vers la mer, qu'on se trouve sur le territoire de Tropea, dans le pays enchanté que je viens de décrire. La ville même est remarquable; elle est bâtie sur un rocher qui s'avance dans la mer; à très-peu de distance, un autre rocher plus petit forme un îlot pittoresque : on y a construit un ermitage, et une batterie de canon : l'ermitage tombe en ruines. Je me figure que Tropea avec ses vieilles murailles, ses tours dégradées, ses portes, ses rivages sablonneux, doit ressembler aux villes de Syrie. L'aspect de cette forteresse, au milieu de la Méditerranée, a quelque chose d'historique; en y entrant, je me suis cru à Rhodes ou à Saint-Jean-d'Acre, et mes yeux cherchaient l'étendard du roi de Jérusalem ou des chevaliers de Saint-Jean.....
Je viens de m'interrompre pour jeter les yeux autour de moi !...

Je n'ose continuer d'écrire ! comment se permettre de peindre un tel pays? Admi-

rer et se taire, c'est tout ce que peut faire
un homme en extase devant les beautés de
la création. Je respire un air frais et doux,
la brise agite les branches touffues d'un hêtre
sous lequel je suis venu chercher un abri contre
les rayons du soleil; le ciel est pur, et les va-
peurs blanchâtres, qui, pendant les heures de
la chaleur, me dérobaient la vue des rivages
éloignés, viennent de se dissiper tout à coup.
Oh! pourquoi ne pouvez-vous comme moi par-
courir des yeux cette plaine de Gioia si belle,
mais si funeste aux Français, trompés, pen-
dant la dernière guerre, par ses eaux cor-
rompues et son air empoisonné?

Je distingue dans un lointain montagneux,
à la manière du Poussin, les villes de Palmi
et de Seminara, célèbres, l'une par la magie
de ses sites, l'autre par les désastres du trem-
blement de terre; enfin la Sicile, Messine,
la mer, les îles Eoliennes qui se détachent
sur l'eau comme des pierres précieuses en-
cadrées dans une coupe de jaspe...... Je
trace des mots, mais où sont les couleurs de
cette nature qu'on ne peindra jamais?. J'en-
tends retentir sur la montagne voisine les
chants ou plutôt les cris du pâtre, il s'inter-

rompt par momens pour faire résonner ses pipeaux antiques ; je suis des yeux un ruisseau dont l'eau , si précieuse pour ces champs altérés , se perd dans un ravin , et descend en cascades vers la mer..... Le rossignol mêle ses concerts à toutes les autres harmonies de la nature..... Enfin , c'est un rêve , c'est un délire , c'est le modèle des plus brillans vers du Tasse : pourquoi suis-je seul ? Un autre homme a-t-il jamais éprouvé ce que je sens ? Le détroit est déjà dans l'ombre, l'Etna est lumineux ; à cet instant Messine et ses rivages hardis paraissent se rapprocher de moi ; on pourrait rester des heures, des jours à contempler ce tableau !... Mais la nuit vient, je suis inondé de sa perfide rosée ; il faut rentrer ; le soleil s'est couché dans la mer. Je n'ai pas vu ce grand spectacle , un coteau me le cachait !

J'ai vu à Tropea un intérieur calabrois qui m'a fait envie. Pour la première fois, j'ai senti que je pourrais être bon père de famille. Dans la maison où l'on nous a reçus il y avait six enfans ; tous étaient charmans, surtout l'avant-dernier qui n'avait que quatre ans. Il veut se faire *frate* (religieux), et il disait ce

projet en souriant, d'un air joyeux et enfantin
qui me charmait. Il a les plus beaux yeux
que j'aie vus, ses longs cils noirs font ombre
sur ses joues. Il est frais comme une rose;
c'est de son âge; mais j'ai trouvé à sa petite
figure une expression de douceur, de no-
blesse et de calme très-frappante à quatre ans!
Quelle sera la destinée d'un être si heureu-
sement doué? Son instinct religieux est
comme un avertissement d'éviter le com-
bat..... Est-il vrai qu'il n'y ait de victoire
assurée que dans la fuite? J'ai donné à ce
nouveau Louis de Gonzague une image qui
ressemble parfaitement à mon nouvel ami :
c'est un petit enfant endormi sur la croix.
La mère avait remarqué cette figure en feuil-
letant un exemplaire de l'Imitation que je
porte avec moi. Je ne pouvais rien faire de
plus agréable à ces bonnes gens, que de
couper cette gravure pour la leur offrir;
et j'ai rendu le petit ange heureux pour huit
jours. Je n'oublierai jamais le moment où sa
mère me dit en le voyant sourire : je suis
parfaitement heureuse !..... On peut donc
être parfaitement heureux ! Je vous conterai
une autre fois ma visite à Parghelia, village

voisin de Tropea, où j'ai été pour voir le matelot de Palinure, dont je vous ai parlé au commencement de mon voyage.

n'est resté qu'un pan de murailles auprès d'un
tombeau! Ce tombeau est celui de Roger,
d'aventureuse mémoire, héros normand, fils
de Tancrède et premier roi des Deux-Siciles.
L'église qui protégeait ce monument a été
engloutie, et le tombeau du roi-chevalier,
est demeuré seul au milieu d'une campagne
dévastée!

On a peine à se défendre d'une inquiétude
vague en voyant toutes les pierres, tous les
décombres des deux Mileto cachés par des
arbustes verdoyans : la mort, sous des fleurs,
c'est comme un piège de la nature! On croit,
à chaque pas, qu'on va s'enfoncer dans quel-
qu'abîme nouveau! J'aperçois dans le lointain,
au-delà de la plaine, la montagne la plus méri-
dionale de l'Apennin, l'Aspromonte, dont le
large plateau carré contraste avec le sommet
de l'Etna, qui s'élève en pyramide au-delà du
détroit de Messine; je vois les mers et les
côtes de Sicile : je vois les rochers de Scylla.
Tout ce qui m'environne est fait pour produire
une impression profonde, et les souvenirs
d'une gloire française changent mon admi-
ration en attendrissement! J'aime ce Roger,
je lui sais gré de s'être fait roi, d'avoir été

Français ; et peut-être aussi d'être mort depuis tant de siècles ; car il est plus facile de rendre justice au passé qu'au présent.

Nous avons fait fouiller autour de son tombeau, pour découvrir celui de sa femme Adelaïde. Tout le village est venu assister à ce travail ! Des vieillards nous montraient la place de leurs maisons ; l'un disait : C'est dans ce champ, sous les décombres de notre palais ' que mon père est enseveli ;...... un autre disait : J'ai sauvé ma mère, elle est restée vingt-quatre heures sous les ruines, et c'est d'ici que j'ai entendu ses plaintes !.... un troisième ajoutait : C'est là que nous jouions à la boule, quand on sentit la première secousse : alors, un de ses vieux camarades lui soutenait qu'ils étaient bien plus loin, là-bas, tout au bout de la grande place, près de la maison de leurs parens... et en parlant ainsi, cet homme montrait un bouquet de romarins qui s'élevait au-dessus d'un champ solitaire et stérile.

Ces conversations rendaient la grande catastrophe visible, et nous ne pouvions nous lasser

---

' Les Italiens un peu riches n'ont pas de maisons, ils n'ont que des palais (palazzi).

de provoquer des détails qui nous aidaient à rétablir, à repeupler cette ville calabroise où il ne reste d'autre habitation humaine qu'un tombeau français.....! Les hommes que je voyais se grouper autour du monument de Roger, me paraissaient autant de spectres ressortis de leur terre natale, et cherchant vainement à reconnaître le foyer paternel. Nous quittâmes ce lieu sans avoir pu retrouver le tombeau d'Adelaïde, femme de Roger, et reine des Deux-Siciles.

Avant d'arriver à Tropea, nous avions traversé un triste plateau de montagnes entièrement dépouillées de végétation, et où la couleur blanchâtre du terrain rappelle les bancs de craie de la Champagne. Mais à peine a-t-on fait une demi-lieue en descendant vers la mer, qu'on se trouve sur le territoire de Tropea, dans le pays enchanté que je viens de décrire. La ville même est remarquable; elle est bâtie sur un rocher qui s'avance dans la mer; à très-peu de distance, un autre rocher plus petit forme un îlot pittoresque : on y a construit un ermitage, et une batterie de canon : l'ermitage tombe en ruines. Je me figure que Tropea avec ses vieilles murailles, ses tours dégradées, ses portes, ses rivages sablonneux, doit ressembler aux villes de Syrie. L'aspect de cette forteresse, au milieu de la Méditerranée, a quelque chose d'historique ; en y entrant, je me suis cru à Rhodes ou à Saint-Jean-d'Acre, et mes yeux cherchaient l'étendard du roi de Jérusalem ou des chevaliers de Saint-Jean..... Je viens de m'interrompre pour jeter les yeux autour de moi !...

Je n'ose continuer d'écrire ! comment se permettre de peindre un tel pays? Admi-

l'autre, et forment des couronnes d'or autour des palmes vertes et épaisses dont le corps de l'arbuste se compose. Souvent la pâle verdure du Yuka, plante qui ressemble en petit au palmier, contraste avec l'éclat du pampre, qui tantôt s'élève au plus haut des arbres pour retomber en guirlandes presque jusqu'à terre, et tantôt rampe abandonné sur le sol, s'entrelace avec une foule d'herbes sauvages, de buissons, et forme sur un sol inculte, de magnifiques tapis de verdure : on doit ce luxe indépendant à la paresse des hommes, à l'activité d'une nature dont la puissance est toute dans le soleil. Le territoire de Tropea est cependant encore un des mieux cultivés de la Calabre. Des légumes excellens y croissent en plein champ, protégés par les figuiers à l'ombre épaisse, par les légers cotonniers, les orangers à la verdure luisante, les mûriers aux larges feuilles, les caroubiers toujours frais, et par les grenadiers en fleurs ! Dans ces jardins délicieux tous les fruits abondent ; on y recueille, dit-on, chaque année une innombrable quantité de figues ; les oranges y sont très-communes, mais on n'en a que l'hiver, tandis qu'à Reggio, elles durent toute l'année.

Avant d'arriver à Tropea, nous avions tra-
versé un triste plateau de montagnes entière-
ment dépouillées de végétation, et où la cou-
leur blanchâtre du terrain rappelle les bancs de
craie de la Champagne. Mais à peine a-t-on fait
une demi-lieue en descendant vers la mer, qu'on
se trouve sur le territoire de Tropea, dans le
pays enchanté que je viens de décrire. La
ville même est remarquable; elle est bâtie
sur un rocher qui s'avance dans la mer; à très-
peu de distance, un autre rocher plus petit
forme un îlot pittoresque : on y a construit un
ermitage, et une batterie de canon : l'ermi-
tage tombe en ruines. Je me figure que Tropea
avec ses vieilles murailles, ses tours dégra-
dées, ses portes, ses rivages sablonneux, doit
ressembler aux villes de Syrie. L'aspect de
cette forteresse, au milieu de la Méditerranée,
a quelque chose d'historique; en y entrant,
je me suis cru à Rhodes ou à Saint-Jean-d'Acre,
et mes yeux cherchaient l'étendard du roi de
Jérusalem ou des chevaliers de Saint-Jean.....
Je viens de m'interrompre pour jeter les yeux
autour de moi !...

Je n'ose continuer d'écrire ! comment
se permettre de peindre un tel pays? Admi-

rer et se taire, c'est tout ce que peut faire
un homme en extase devant les beautés de
la création. Je respire un air frais et doux,
la brise agite les branches touffues d'un hêtre
sous lequel je suis venu chercher un abri contre
les rayons du soleil ; le ciel est pur, et les va-
peurs blanchâtres, qui, pendant les heures de
la chaleur, me dérobaient la vue des rivages
éloignés, viennent de se dissiper tout à coup.
Oh ! pourquoi ne pouvez-vous comme moi par-
courir des yeux cette plaine de Gioia si belle,
mais si funeste aux Français, trompés, pen-
dant la dernière guerre, par ses eaux cor-
rompues et son air empoisonné ?

Je distingue dans un lointain montagneux,
à la manière du Poussin, les villes de Palmi
et de Seminara, célèbres, l'une par la magie
de ses sites, l'autre par les désastres du trem-
blement de terre ; enfin la Sicile, Messine,
la mer, les îles Eoliennes qui se détachent
sur l'eau comme des pierres précieuses en-
cadrées dans une coupe de jaspe...... Je
trace des mots, mais où sont les couleurs de
cette nature qu'on ne peindra jamais ? J'en-
tends retentir sur la montagne voisine les
chants ou plutôt les cris du pâtre, il s'inter-

rompt par momens pour faire résonner ses
pipeaux antiques ; je suis des yeux un ruis-
seau dont l'eau, si précieuse pour ces
champs altérés, se perd dans un ravin, et
descend en cascades vers la mer..... Le ros-
signol mêle ses concerts à toutes les autres
harmonies de la nature..... Enfin, c'est un
rêve, c'est un délire, c'est le modèle des
plus brillans vers du Tasse : pourquoi suis-je
seul? Un autre homme a-t-il jamais éprouvé
ce que je sens? Le détroit est déjà dans
l'ombre, l'Etna est lumineux ; à cet instant
Messine et ses rivages hardis paraissent se
rapprocher de moi ; on pourrait rester des
heures, des jours à contempler ce tableau!...
Mais la nuit vient, je suis inondé de sa per-
fide rosée ; il faut rentrer ; le soleil s'est
couché dans la mer. Je n'ai pas vu ce grand
spectacle, un coteau me le cachait!

J'ai vu à Tropea un intérieur calabrois qui
m'a fait envie. Pour la première fois, j'ai
senti que je pourrais être bon père de famille.
Dans la maison où l'on nous a reçus il y avait
six enfans ; tous étaient charmans, surtout
l'avant-dernier qui n'avait que quatre ans. Il
veut se faire *frate* (religieux), et il disait ce

projet en souriant, d'un air joyeux et enfantin
qui me charmait. Il a les plus beaux yeux
que j'aie vus, ses longs cils noirs font ombre
sur ses joues. Il est frais comme une rose ;
c'est de son âge ; mais j'ai trouvé à sa petite
figure une expression de douceur, de no-
blesse et de calme très-frappante à quatre ans !
Quelle sera la destinée d'un être si heureu-
sement doué ? Son instinct religieux est
comme un avertissement d'éviter le com-
bat..... Est-il vrai qu'il n'y ait de victoire
assurée que dans la fuite ? J'ai donné à ce
nouveau Louis de Gonzague une image qui
ressemble parfaitement à mon nouvel ami :
c'est un petit enfant endormi sur la croix.
La mère avait remarqué cette figure en feuil-
letant un exemplaire de l'Imitation que je
porte avec moi. Je ne pouvais rien faire de
plus agréable à ces bonnes gens, que de
couper cette gravure pour la leur offrir ;
et j'ai rendu le petit ange heureux pour huit
jours. Je n'oublierai jamais le moment où sa
mère me dit en le voyant sourire : je suis
parfaitement heureuse !..... On peut donc
être parfaitement heureux ! Je vous conterai
une autre fois ma visite à Parghelia , village

rompt par momens pour faire résonner ses
pipeaux antiques ; je suis des yeux un ruis-
seau dont l'eau , si précieuse pour ces
champs altérés , se perd dans un ravin , et
descend en cascades vers la mer..... Le ros-
signol mêle ses concerts à toutes les autres
harmonies de la nature..... Enfin , c'est un
rêve , c'est un délire , c'est le modèle des
plus brillans vers du Tasse : pourquoi suis-je
seul? Un autre homme a-t-il jamais éprouvé
ce que je sens? Le détroit est déjà dans
l'ombre, l'Etna est lumineux; à cet instant
Messine et ses rivages hardis paraissent se
rapprocher de moi ; on pourrait rester des
heures, des jours à contempler ce tableau!...
Mais la nuit vient, je suis inondé de sa per-
fide rosée ; il faut rentrer ; le soleil s'est
couché dans la mer. Je n'ai pas vu ce grand
spectacle , un coteau me le cachait !

J'ai vu à Tropea un intérieur calabrois qui
m'a fait envie. Pour la première fois, j'ai
senti que je pourrais être bon père de famille.
Dans la maison où l'on nous a reçus il y avait
six enfans ; tous étaient charmans, surtout
l'avant-dernier qui n'avait que quatre ans. Il
veut se faire *frate* (religieux), et il disait ce

souvent, tous ces dialectes dégénérés se fon-
dent dans un jargon barbare : ce serait un
travail intéressant que de mettre en parallèle
l'histoire des peuplades de la Calabre et l'a-
nalyse de leurs idiomes.

Les femmes de Parghelia vivent comme
celles des anciens Grecs. Elles passent leur
temps à travailler dans leur ménage, et rare-
ment elles se mêlent à la société des hommes.
Je les ai vues revenir de l'église où elles avaient
été entendre le salut! elles ont un air de mo-
destie, de réserve qui n'est pas commun
parmi les Italiennes. Avec leurs voiles blancs
et leurs robes de soie, elles me représen-
taient les figures de vierges qu'on trouve dans
les peintures grecques du Bas-Empire. Tout
le monde est parent, à Parghelia, et deux
jeunes gens ne peuvent s'y marier sans dis-
pense. En temps de guerre, les hommes ne
font rien, absolument rien, depuis le matin
jusqu'au soir ; quand le commerce est libre,
ils voyagent. Ils sont tous franc-maçons, ils
n'aiment que les maçons et la maçonnerie, et
je ne conçois pas que j'aie trouvé grâce de-
vant eux, moi ! qui ne suis pas *frère.* Peut-
être faut-il chercher dans cet esprit d'asso-

qui connaît tout le midi de la France ; voyant un étranger, il s'est approché de moi et s'est mis à me raconter ses voyages. Ce bonhomme voulait absolument me conduire chez lui, m'y présenter à sa fille, m'y faire boire, et manger et coucher. C'est la première fois, depuis que je voyage, que j'ai trouvé une hospitalité entièrement libre, franche et désintéressée. J'ai regretté de ne pouvoir en profiter.

Arrivé chez Giuseppe Malligrano, je n'y trouvai que son camarade, que j'avais également rencontré pendant la tempête de Palinure. Nous nous sommes reconnus avec grand plaisir, comme de vieux amis! On m'a fait monter dans une chambre meublée très-proprement, quoiqu'avec une extrême simplicité. Les habitans de ce village sont différens de ceux des autres. Ils ont une sorte de politesse, je dirais presque d'élégance dans les manières qui m'avait frappé dès Palinure, et qui rappelle l'antiquité : leur langage a beaucoup de rapport avec le grec, ce qu'indique le nom seul de Parghelia. Il y a d'autres villages de cette intéressante province où l'on parle sarrazin et vieux français ; mais le plus

ses ondulations en vagues, on la prendrait
pour un superbe tapis d'étoffe de soie damas-
sée. J'étais encore occupé à toucher ce pré-
cieux tissu, quand je vis le soleil entrer dans
la mer. On ne peut rien comparer aux teintes
du ciel et de l'eau dans ce moment! Le ciel
était du pourpre le plus vif, la mer de l'azur
le plus éclatant : ces deux couleurs éteignaient
tout et m'aveuglaient; je ne pouvais distinguer
que les contours des îles Eoliennes et des ro-
chers de Tropea. Le volcan de Stromboli, py-
ramide toujours enflammée, lançait, du milieu
des flots, des nuages de fumée qui, comme
des coupoles hardies, s'élevaient à des hauteurs
prodigieuses, dans un air parfaitement calme...
Mais je ne veux pas me gâter plus long-temps
les beautés de la nature, en tentant inutilement
de vous en donner l'idée!....

Je me répète tous les jours que je ferais mieux de renoncer à écrire ; j'ai assez d'imagination pour chercher à rendre ce que je vois, je n'en ai pas assez pour y parvenir ; le temps, la force me manquent pour tout dire, le goût pour choisir. Le génie serait le meilleur flambeau du goût : le goût est toujours incertain, le génie fait trêve à toute hésitation.

Ce que j'ai vu hier n'était rien auprès des tableaux que j'avais sous les yeux pendant la promenade que je viens de faire aux environs de Palmi ! Je défie votre imagination d'approcher des sites de Palmi : Naples et ses merveilles sont tristes en comparaison de Palmi ! Il n'est point de chagrin, de manie, de mélancolie, de maladie de l'ame qui puisse

résister à la vue de cet Elysée, de ce Paradis
terrestre.

D'où vient la vivacité du plaisir que me
cause la contemplation des beaux paysages?
Il semble que leur aspect me soit un gage
d'immortalité : l'ouvrage révèle l'ouvrier !
Comment douter du génie des Arts devant
un Claude Lorrain? Comment n'être pas sûr
de l'existence de Dieu, quand du haut des
coteaux de Palmi on voit le soleil se coucher
dans la mer de Sicile? Tous les jours des
scènes semblables se représentent à mes yeux,
et tous les jours elles me causent une émotion
nonvelle! Mon ame est une source inépuisable
de plaisir, comme la nature en est une de
beauté.

Je fus surpris ce soir à l'entrée d'un bois
d'oliviers par le coucher du soleil. Les oli-
viers grossissent ici comme des chênes, la
plupart des montagnes en sont couvertes, et
il y a des forêts de cet arbre, qu'on dit re-
monter au temps du Christ. Je m'assis à l'en-
trée d'un bois vraiment sacré : devant moi,
mais très-loin, s'élevait l'Etna ; je voyais pres-
que toute la Sicile ; je distinguais les maisons
de Messine, j'apercevais aussi les îles Lipari

appelées Eoliennes par les anciens ; et plus
près, mes yeux se reposaient sur des coteaux
enchantés, sur des montagnes, nobles, poé-
tiques, dont les superbes rocs s'abaissaient
majestueusement dans la mer, comme pour
être répétés par les eaux, et admirés des
hommes ; enfin, des jardins parfumés, et la
jolie ville de Palmi, au pied d'un énorme
rocher, presqu'entièrement caché sous une
forêt de châtaigniers, complétaient le tableau
le plus suave, le plus riche, le plus pompeux
qui jamais ait séduit l'imagination d'un peintre !
Les couleurs d'un climat brûlant jetées sur cette
scène, au moment où le jour allait finir, m'ont
fait l'effet d'une vision ; j'étais de marbre, j'é-
tais insensible ; l'étonnement, l'admiration
m'avaient anéanti ; je n'éprouverai plus ce que
j'ai senti ce soir : la surprise y entrait pour
beaucoup ; et désormais elle est impossible,
car tant que je vivrai, je me rappellerai avec
reconnaissance, avec attendrissement, les
merveilles de la première nuit que j'ai vu
venir à Palmi !...... Ce que j'éprouvais était
mieux que la vie !..... Mon ame était arrivée
au but, sans avoir passé par la mort !......
Au moment où le disque du soleil a paru

projet en souriant, d'un air joyeux et enfantin
qui me charmait. Il a les plus beaux yeux
que j'aie vus, ses longs cils noirs font ombre
sur ses joues. Il est frais comme une rose;
c'est de son âge; mais j'ai trouvé à sa petite
figure une expression de douceur, de no-
blesse et de calme très-frappante à quatre ans !
Quelle sera la destinée d'un être si heureu-
sement doué? Son instinct religieux est
comme un avertissement d'éviter le com-
bat..... Est-il vrai qu'il n'y ait de victoire
assurée que dans la fuite? J'ai donné à ce
nouveau Louis de Gonzague une image qui
ressemble parfaitement à mon nouvel ami :
c'est un petit enfant endormi sur la croix.
La mère avait remarqué cette figure en feuil-
letant un exemplaire de l'Imitation que je
porte avec moi. Je ne pouvais rien faire de
plus agréable à ces bonnes gens, que de
couper cette gravure pour la leur offrir;
et j'ai rendu le petit ange heureux pour huit
jours. Je n'oublierai jamais le moment où sa
mère me dit en le voyant sourire : je suis
parfaitement heureuse !..... On peut donc
être parfaitement heureux ! Je vous conterai
une autre fois ma visite à Parghelia, village

appelées Eoliennes par les anciens; et plus
près, mes yeux se reposaient sur des coteaux
enchantés, sur des montagnes, nobles, poé-
tiques, dont les superbes rocs s'abaissaient
majestueusement dans la mer, comme pour
être répétés par les eaux, et admirés des
hommes; enfin, des jardins parfumés, et la
jolie ville de Palmi, au pied d'un énorme
rocher, presqu'entièrement caché sous une
forêt de châtaigniers, complétaient le tableau
le plus suave, le plus riche, le plus pompeux
qui jamais ait séduit l'imagination d'un peintre !
Les couleurs d'un climat brûlant jetées sur cette
scène, au moment où le jour allait finir, m'ont
fait l'effet d'une vision; j'étais de marbre, j'é-
tais insensible; l'étonnement, l'admiration
m'avaient anéanti; je n'éprouverai plus ce que
j'ai senti ce soir : la surprise y entrait pour
beaucoup; et désormais elle est impossible,
car tant que je vivrai, je me rappellerai avec
reconnaissance, avec attendrissement, les
merveilles de la première nuit que j'ai vu
venir à Palmi!...... Ce que j'éprouvais était
mieux que la vie !..... Mon ame était arrivée
au but, sans avoir passé par la mort!......
Au moment où le disque du soleil a paru

s'entamer en franchissant la ligne droite que
la mer forme à l'horizon, une colonne de feu
sortie de ce globe échancré, a traversé les
eaux pour venir s'appuyer sur la terre; la
fumée de deux volcans, l'Etna et le Stromboli,
montait majestueusement dans un air pur;
ces deux colonnes semblaient vouloir se re-
joindre et former une arcade immense dans
les dernières hauteurs du ciel : temple
digne d'un culte plus parfait que celui d'un
cœur aussi faible, aussi misérable que le
mien!!.... L'onde brillait de couleurs admi-
rables et d'une variété infinie, mais ce prisme
pâlissant peu à peu, je vis son éclat s'effacer
et faire place à des teintes égales et ternes. Il y
avait alors dans toute la nature un mouvement
doux et ralenti, une sorte d'hésitation, de
balancement qui promettait au spectateur at-
tentif ou le repos, ou une vie nouvelle; car
la fin du jour, dans ces climats, ressemble à
la création d'un monde..... Je me rappelai
tout à coup les derniers chants du Dante.
Oui, m'écriai-je, il avait deviné le Paradis,
à l'aspect de l'Italie! c'est à lui de venir
peindre ce globe de feu, incertain de la
route qu'il va suivre, et lançant du milieu

de sa gloire sur une mer de nacre, sous un ciel de pourpre, des rayons qu'il darde au bout de l'univers!!......

Adieu, je vais me reposer. J'ai la fièvre d'admiration; mais rassurez-vous, elle sera bientôt calmée! il ne me faut que passer une heure avec des ennuyeux, ou, ce qui est synonyme, des inconnus cérémonieux, pour reprendre ma *santé habituelle.*

Encore un mot : nous avons passé cè matin à Seminara; c'est le lieu où le tremblement de terre a été le plus terrible [1]. Des lacs se sont formés spontanément, des vallées profondes se sont ouvertes dans les plateaux de plusieurs montagnes, d'autres ont été comblées, et la ville entière fut renversée : tout cela en deux *minutes!* Les soixante mille personnes qui, dans les différentes parties de la Calabre, furent victimes du désastre, périrent *toutes* pendant ces deux minutes! Quel cri de douleur!!! Un tel désastre rap-

[1] Depuis dix-huit ans, de grands changemens ont dû survenir dans ces contrees, on y a fait des routes; la civilisation, les au-, berges s'y sont perfectionnées, le brigandage y a cessé, et l'auteur se propose d'aller comparer la Calabre ainsi améliorée avec le pays sauvage qu'il a décrit dans sa jeunesse.

pelle les plaies d'Egypte! Passé les premiers
instans, tous les habitans des villes et des
villages eurent le temps de se sauver de leurs
maisons, d'où ils se retirèrent dans la cam-
pagne. On dit que la terre trembla pendant
vingt-deux jours sans interruption. On voit
encore à Seminara des monceaux de ruines.

Cette ville, entièrement rebâtie aujour-
d'hui, est entourée de forêts d'oliviers qui
produisent une telle quantité d'huile qu'on
n'en sait que faire! Les urnes de terre dans
lesquelles on conserve cette liqueur, sont
plus grandes que des tonnes, et leur forme
est parfaitement belle. On les fait à la main,
sans moule ni tour; cet art remonte aux pre-
miers temps du monde. Abraham acheta le
champ d'un potier pour y faire sa sépulture.
Les cuves de Seminara m'ont fait comprendre
la beauté des vases grecs qui, probablement,
se faisaient de la même manière que ceux-ci.

Les femmes de Seminara, de Palmi et des
environs, portent des voiles différens de ceux
des paysannes de Frascati et des campagnes
de Naples. Ces voiles retombent par derrière
presque jusqu'à terre; par devant ils enca-
drent la figure, dont ils cachent une partie

des traits. Ils sont très-pittoresques! Tout ici rappelle l'antique, et peut servir de modèle à l'art : rien de vulgaire, rien de mesquin dans les habitudes de la vie, les usages sont nobles comme les sites!

Nous avons trouvé des orangers sauvages au milieu d'une forêt de chênes; ils croissent isolés au bord d'un ruisseau, dans une clairière inculte. Des vignes vierges montent à leurs branches, et jettent de l'une à l'autre d'élégantes guirlandes. Ce sont les premiers orangers que j'aie vus en plein champ; partout ailleurs on les plante dans des enclos; ceux-ci étaient couverts d'oranges! On nous en promet bien d'autres aux environs de Reggio. Rien n'approche du charme des bois de ce pays. On y voit tous les arbres de nos climats à côté de plantes qui, chez nous, exigent les soins du jardinier. La verdure du myrte efface toutes les autres. Le chêne, le hêtre, le brillant châtaigner, l'aulne si vert, paraissent ternes à côté de cet éclatant arbuste. Il est ici dans sa patrie; il croît en touffes épaisses et qui, sans monter à de très-grandes hauteurs, couvrent autant de terrain que les plus grands arbres.

Les hautes-futaies sont comme à deux étages :
sous les arbres les plus élevés, on trouve une
immense quantité de jolis arbustes, de buis-
sons curieux et de plantes que nous appelons
rares : telles que la férule, le solanum, les
clématites de diverses couleurs, qui, pareilles
aux lianes d'Amérique, forment des berceaux
au-dessus des chemins ; enfin l'églantier odo-
rant, dont les branches flexibles s'entrela-
cent avec celles des arbres les plus élevés,
et, soutenues par ces palissades naturelles,
portent, jusqu'à des hauteurs extraordi-
naires, leurs élégans bouquets de fleurs! On
ne peut faire un pas sans s'arrêter pour ad-
mirer la nature, dans son ensemble ou dans
ses détails! aussi ne marchons-nous pas vite ;
mais je ne me plains plus de notre lenteur.
Nous faisons quatre ou cinq lieues par jour,
et c'est assez dans un si beau pays. Nous
avons un temps admirable, et pas trop de
chaleur ; sous ce ciel si pur, elle est moins
pesante que chez nous. En France, dans les
jours orageux, on est accablé, ici l'air vous
porte, et vous ne le sentez pas! Il est vrai
que les grandes chaleurs n'ont pas encore
commencé.

Nous avons séjourné hier à Scylla dans l'espérance d'y voir pêcher le poisson impérial ; mais le scirocco est venu déranger le temps, agiter la mer et contrarier notre pêche. Le plaisir de contempler à loisir le célèbre écueil de Scylla, m'a bien dédommagé de la perte du poisson spada, qui, tout grand et beau qu'il est, ne vaudra jamais pour moi, les chiens du monstre d'Homère ! C'est à l'imagination des peuples et à l'ignorance des marins qu'est due la réputation de ces rochers si redoutés !

Aujourd'hui que notre raison a tout remis à sa place, nous nous contentons de dire que la cap de Scylla embellit le paysage par sa forme pittoresque, et que rien n'empêche les

bâtimens siciliens, et même anglais, de *pas-
ser* (au lieu de *tomber*) de Charybde en Scylla,
pour venir, pêcher l'impérial près des côtes
de la Calabre.

Scylla est aujourd'hui une ville assez con-
sidérable; sa position m'a paru singulière,
pittoresque, mais moins riante et moins belle
que celle de Palmi. Palmi m'a dégoûté de
tout, et désormais je penserai à ce lieu, comme
on regrette quelqu'un.

Nous avons été bien reçus par le comman-
dant de la place de Scylla, qui nous a fait
boire du vin de Calabre et manger des huî-
tres! Je n'en ai pas moins été révolté des
mesures qu'il a, dit-on, été forcé de pren-
dre, pas plus anciennement qu'avant-hier,
pour faire marcher des conscrits. Les habi-
tans de Scylla ne sont pas frappés de la né-
cessité de quitter père, mère, patrie pour
aller chercher la mort et la gloire en Polo-
gne, ou peut-être en Asie ! Les jeunes gens,
qui devaient former le contingent demandé,
s'étaient presque tous cachés dans les envi-
rons de Scylla ; ne pouvant les dépister, notre
hôte, le *bon commandant* de la place, comme
l'appelle M. M***, fit distribuer, avant-

tion de ce village, et les rochers qui l'entourent paraissent tellement extraordinaires, qu'à présent que je ne les vois plus, il me devient impossible de me les représenter. Je n'en puis croire ma mémoire, et je me défie du souvenir, comme de l'imagination. Les environs de Bagnara sont différens de ceux de Palmi; Palmi est un jardin, Bagnara c'est la Suisse, avec la lumière, la mer et la végétation de l'Italie! Des futaies de châtaigniers couronnent le sommet des montagnes, dont la pente est couverte de berceaux de vignes qui croissent sur des terrasses à étages, toutes parfumées d'herbes aromatiques, et festonnées de lianes pittoresques. Ce sont des précipices de fleurs. Ces hardis amphithéâtres s'élèvent à des hauteurs effrayantes; rien de plus piquant que le contraste du travail de l'homme, avec l'irrégularité d'une nature toujours sauvage, mais dont la bizarrerie est adoucie par une certaine harmonie que je n'ai trouvée que dans les paysages d'Italie! Les formes et la lumière de ces sites pompeux sont presque trop belles pour la vérité, et pourtant ce ne sont pas des tableaux, ce sont des campagnes réelles, des

inventions de la nature. Il semble ici qu'elle
ne veuille pas laisser l'homme embellir la
terre sans se mêler de ce travail, et pourtant
elle se hâte de déguiser les œuvres de l'art
sous un luxe sauvage et primitif. Des familles
de plantes indépendantes croissent sous les
berceaux de pampre, et rampent sur une terré
qu'elles semblent disputer à la culture. Le
micocoulier élève ses branches tortueuses au-
dessus d'un quinconce d'orangers régulière-
ment plantés, tandis que de superbes jasmins
sauvages croissent dans les crevasses dés
murailles qu'ils ébranlent, ou retombent en
guirlandes naturelles le long des rampes et des
terrasses qui sont l'ornement obligé de toutes
les villes du midi de l'Italie. Il semble ici que
la nature révoltée des conquêtes de l'homme,
se moque de la civilisation, non en lui oppo-
sant d'invincibles obstacles, comme dans les
Alpes, mais en l'embellissant, comme dans
la peinture!! Tout ce que je dis est faible,
incomplet ou monotone: il faudrait voir le
triomphe de la lumière sur une mer dont les
nuances varient à chaque instant, comme
celles d'une lame de métal qu'on présente aux
rayons du soleil; il faudrait entendre le mur-

mure du vent dans les arbres ; il faudrait être près de moi !..... A l'ombre où je suis assis en ce moment, je trouve l'air d'une fraîcheur délicieuse ; les branches d'un pin-parasol me garantissent de l'ardeur du soleil, et au-delà d'un ravin, mon œil se repose sur des bois de châtaigniers, dont la pente est si rapide, qu'ils semblent tomber dans la mer. Le pied de la montagne m'est caché, elle descend à pic, et ce précipice me dérobe la vue du rivage et du premier plan des flots. A la distance où je commence à apercevoir l'eau, elle me fait l'effet du ciel, c'est une illusion que j'ai souvent éprouvée dans ce pays !!

Je distingue clairement l'entrée du détroit de Messine ; à voir les sinuosités de ce canal, on le prendrait pour l'embouchure d'un fleuve : plus loin, le phare s'élève sur une pointe avancée de la Sicile ; plus loin encore, l'œil mesure une grande partie des côtes de cette île, et sur la rive de Calabre on voit briller la ville de Scylla, son château, ses écueils fabuleux ; enfin les vaisseaux anglais, les barques de Catane et de Syracuse, et les îles Eoliennes, dont on pourrait dessiner les rochers, complètent le tableau. La description de

ces lieux peut contenter ceux qui ne les voient
pas , parce que des noms fameux ne manquent
jamais leur effet, mais elle ne saurait satis-
faire ceux qui les voient!!... Si j'étais resté
tranquillement à Naples et qu'il prît fantaisie
à quelque visionnaire de m'envoyer des lettres
comme celle-ci, je ne les lirais peut-être pas.
Mais vous voulez que j'écrive! Laissez-moi
donc dire tout ce que je sens! Vous aimez
Naples, ses sites vous enchantent, hé bien
ce que je vois depuis trois jours leur est supé-
rieur!! Je voudrais seulement que du haut
d'une chaîne de rochers formidables , et au-
delà d'une forêt de châtaigniers, vous pussiez
apercevoir une fois cette mer d'azur qui étin-
celle devant moi ; il semble dans des sites pa-
reils, que les lois de l'univers soient renversées.
On voit le ciel sous ses pieds ; on se demande
où l'on est, où l'on va ; on plane, on règne, on
se perd dans un monde aérien, et l'imagination
se repose, car les yeux la dépassent!!.....

Mais je ne veux pas recommencer mes
essais descriptifs ; j'aime mieux vous con-
ter une rencontre que nous venons de faire
sur le bord de la mer. Nous cheminions à
cheval , sans rien dire , la tête baissée , nous

retranchant sous nos chapeaux et nos mou-
choirs dont nous avions fait des voiles ; car la
réverbération des rayons du soleil est terrible
sur la grève. Tout à coup notre caravane s'ar-
rête pour écouter le son d'un instrument. Ce
n'étaient ni les guitares ni les mandolines dont
les accords retentissent souvent dans ces con-
trées ! Je croyais reconnaître un instrument
plus rare : une harpe ; mais je n'osais le dire,
de peur des moqueries de M. M*** ! Nous
faisons quelques pas de plus, et à l'ombre
d'un rocher fort avancé dans la mer, nous
trouvons une halte de musiciens ambulans.
Ils étaient quatre, et deux d'entr'eux avaient
effectivement des harpes. Je leur deman-
dai de quel pays ils étaient, et d'où ils ve-
naient : ils nous dirent qu'ils étaient de Potenza
en Basilicate, qu'ils partaient de Reggio, et
allaient à Naples. Nous leur avons fait jouer
des airs de leur pays : des tarentelles, des
canzonette et beaucoup d'autre musique. Deux
violons accompagnaient les harpes, dont les
sons purs et brillans étaient emportés au loin
sur les flots ! J'ai vu finir à regret ce concert
impromptu ; j'aurais voulu retenir les quatre
troubadours au moins jusqu'à la nuit. Leur

chant ne ressemblait nullement aux cris cala-
brois : il était doux, varié et en accord avec
l'harmonieux paysage, dont la halte des voya-
geurs formait le premier plan ! On voyait
dans le lointain une frégate anglaise, et, plus
près, de nous, quelques barques sorties de
Scylla pour pêcher du poisson à épée ou im-
périal, espèce de monstre fameux dans toute
la Méditerranée. Ces nacelles traçaient len-
tement sur l'eau des sillons que le calme des
airs rendait semblables à des lignes gravées
sur du marbre ! On dit que les pêcheurs de ce
canton parlent grec. Tout est souvenir dans
ces belles contrées ! Aucun pays ne justifie si
bien son histoire par sa physionomie !

Nous avons séjourné hier à Scylla dans l'espérance d'y voir pêcher le poisson impérial; mais le scirocco est venu déranger le temps, agiter la mer et contrarier notre pêche. Le plaisir de contempler à loisir le célèbre écueil de Scylla, m'a bien dédommagé de la perte du poisson spada, qui, tout grand et beau qu'il est, ne vaudra jamais pour moi, les chiens du monstre d'Homère! C'est à l'imagination des peuples et à l'ignorance des marins qu'est due la réputation de ces rochers si redoutés !

Aujourd'hui que notre raison a tout remis à sa place, nous nous contentons de dire que la cap de Scylla embellit le paysage par sa forme pittoresque, et que rien n'empêche les bâtimens siciliens, et même anglais, de *passer* (au lieu de *tomber*) de Charybde en Scylla, pour venir, pêcher l'impérial près des côtes de la Calabre.

Scylla est aujourd'hui une ville assez considérable; sa position m'a paru singulière, pittoresque, mais moins riante et moins belle que celle de Palmi. Palmi m'a dégoûté de tout, et désormais je penserai à ce lieu, comme on regrette quelqu'un.

Nous avons été bien reçus par le commandant de la place de Scylla, qui nous a fait boire du vin de Calabre et manger des huîtres! Je n'en ai pas moins été révolté des mesures qu'il a, dit-on, été forcé de prendre, pas plus anciennement qu'avant-hier, pour faire marcher des conscrits. Les habitans de Scylla ne sont pas frappés de la nécessité de quitter père, mère, patrie pour aller chercher la mort et la gloire en Pologne, ou peut-être en Asie! Les jeunes gens, qui devaient former le contingent demandé, s'étaient presque tous cachés dans les environs de Scylla; ne pouvant les dépister, notre hôte, le *bon commandant* de la place, comme l'appelle M. M***, fit distribuer, avant-hier, des coups de bâton à tous les pères des fils réfractaires. En même temps on envoya quatre soldats dans chaque maison de prêtre (sous prétexte qu'un prédicateur a toujours le pouvoir d'empêcher une rébellion), avec injonction à ces garnisaires d'y manger et d'y boire à discrétion. Vingt-quatre heures après l'exécution de ce bel ordre, c'est-à-dire hier, la moitié des malheureux conscrits s'était livrée au commandant de la place ; ce matin il n'en manquait plus que deux, demain on les aura tous, et les pères, guéris de leurs plaies, les prêtres délivrés de leurs hôtes, mais non de la peur, chanteront les louanges des Français, en vantant les progrès que nos troupes font faire à la civilisation dans ces contrées, si long-temps négligées par leurs indolens souverains.

Tout ce que j'entends dire autour de moi me fait frissonner ; la conversation des officiers de ce corps d'armée, ou les articles du *Moniteur*, c'est la même chose! Quelle puissance que celle de l'homme qui dicte ainsi leurs pensées aux ministres de ses volontés! Pourquoi n'emploie-t-il pas cette force à faire un bien réel? Ce n'est pas en abrutis-

sant les populations qu'on les régénère! Il
n'aura bientôt plus d'armées, il n'aura que des
troupeaux! Chose singulière! ses vices seuls
lui créent des obstacles. Sans son orgueil
despotique, sans son ambition qui tient de
la fièvre, sans le délire impie qui le fait
s'idolâtrer lui-même, et lui persuade qu'il
peut tout justifier par son intérêt personnel,
il y a long-temps que cet homme aurait fait
croire aux nations qu'il voulait leur bien.
Dès-lors, il eût trouvé autant d'alliés sin-
cères qu'il s'est créé d'ennemis déguisés;
en propageant son hypocrite tyrannie, il a
semé la révolte, il en recueillera le fruit,
et le siècle reculera plus qu'il n'a voulu
l'avancer!......

Je ne vous dis rien de Campo San-Gio-
vanni et des environs, ils me paraissent moins
beaux que ce que j'ai vu depuis Tropea. Les
côtes de Sicile, qui en sont très-voisines, y
produisent cependant un bel effet. De Villa
San-Giovanni, on distingue toutes les maisons
de Messine, le port, les vaisseaux, et jus-
qu'aux sentiers qui coupent les montagnes.
Avant d'arriver à Campo, on traverse des
champs d'aloës. Ces plantes ont une tige qui

sort du milieu de leurs feuilles, et s'élève à une hauteur de quinze et même de vingt-cinq pieds. Cette tige, toute garnie de petites branches recourbées vers le ciel, ressemble parfaitement aux candélabres des Juifs; nous arrivons trop tôt pour les voir fleurir : ce serait une illumination ! A présent les lustres ne sont que préparés, ils ne sont point allumés, et la fête n'est pas commencée. A la vérité, pour nous dédommager, la campagne est couverte d'orangers, de citronniers, de grenadiers ! Mais, malgré la beauté de la végétation, cette partie du pays m'a peu frappé, c'est une plaine au pied des derniers sommets de l'Apennin, et séparée de la Sicile par un canal qui ressemble au lac de Genève. On assure même que le terrain est aussi cher ici que dans le pays de Vaud !

REGGIO n'a pas rempli mon attente ! Je me faisais une autre idée d'une ville baignée par la mer d'Afrique, et placée à l'une des extrémités du monde civilisé ! Ses environs sont riches plutôt que beaux, c'est un jardin potager bien cultivé, et, malgré les figuiers, les orangers, arrosés par une multitude de ruisseaux, malgré les palmiers, jetés çà et là sur les coteaux, malgré les grenadiers en fleurs, les aloës, les palma-christi qui croissent en haie au bord des chemins, et ressemblent à des flambeaux placés le long d'une galerie, l'aspect de ce pays n'a rien de très-frappant. Je ne sors pas des bords du lac entre Lausanne et Genève, et je trouve que j'ai fait trop de chemin pour arriver là ! Si les montagnes de Savoie étaient éclairées comme les côtes de Sicile, elles paraîtraient presqu'aussi belles! Je vois la Sicile de bien près, de trop près ; car ce spectacle me donne la fièvre! Je ne puis me consoler de ne pas monter l'Etna.

De toutes les montagnes qu'on découvre de Reggio, c'est la seule qui se présente sous un aspect vraiment imposant! Elle s'abaisse dans la mer avec une majesté étonnante. La ligne inclinée qu'elle dessine sur le ciel depuis son sommet jusqu'à la plage de Catane est longue de douze lieues. Les volcans seuls peuvent avoir des contours si purs et si grands, parce que c'est un feu liquide qui leur donne la forme en coulant lentement de leur cratère jusqu'à leur base. Tout le côté septentrional de la montagne vers Taormina est encore couvert de neige, à cette époque si avancée de l'année!... J'éprouve un plaisir toujours nouveau à voir les vaisseaux passer et repasser au pied de cette prodigieuse pyramide. Rien ne parle à l'imagination comme le doux mouvement d'une barque devant l'immobilité des montagnes! Il semble que l'homme épie le sommeil de quelque ennemi caché, de quelque magicien redoutable, pour aller gagner en silence une retraite inaccessible!!.... Ici, ce ne sont pas

seulement de petites barques qui glissent mys-
térieusement sur les flots, mais de beaux vais-
seaux, armés de tous leurs canons, parés de
toutes leurs voiles et qui se promènent fière-
ment dans le détroit, comme des cygnes sur un
canal! Leur marche silencieuse a une solennité
qui me ravit, et je me surprends à rendre grâce
à la guerre, sans laquelle je n'aurais pas eu le
spectacle que me donnent les évolutions de la
croisière anglaise. J'aime à voir parader tant
de vaisseaux dans ce glorieux bassin, qu'ils
traversent en tout sens; je les suis dans leurs
manœuvres savantes, ils fuient devant moi,
pour revenir bientôt vers le lieu qu'ils vien-
nent de quitter : la rapidité de leur course, la
blancheur de leurs voiles, la facilité de leurs
mouvemens, tous est en harmonie!! Ces for-
teresses de l'Océan paraissent vivre, ces êtres
mus par une intelligence qui n'est pas à eux,
s'avancent irrésistiblement sur les eaux, com-
me l'aigle fend l'air, comme la pensée franchit
l'espace. Il me semble voir des rois parcourant
leur empire, et en les admirant, j'oublie ce
que je suis et ce qu'ils sont!!!.....

Je ne veux pas finir cette lettre sans vous
donner une idée du son de voix des dames de

Reggio. Il y a un cercle de femmes assemblées dans une chambre de la maison que j'habite, mais très-loin de celle où j'écris. Cependant, d'ici, leur conversation imite absolument le bruit des vagues en courroux. Par momens, la tempête se calme et me permet de continuer ma lettre; mais bientôt les hurlemens du vent dans les rochers, les éclats des arbres qui se brisent, le bruit des pierres qui rebondissent en s'écroulant du haut des montagnes, enfin, tout ce que vous pouvez imaginer de sons rudes et discordans me décèle la joie des élégantes de Reggio, et m'apprend qu'il faut cesser d'écrire, et renoncer au repos, dans une maison où il y a deux femmes calabroises!! Elles sont comme tous les Italiens, d'une gaîté folle, ou d'une apathie complète.

Lettre à ***.

Reggio, ce lundi 15 juin 1812.

On dit qu'il faut se distraire, et je commence à croire qu'on a raison! Il me semble que je suis venu à Reggio pour entrer dans le monde; je m'accoutume aux ennuyeux, et je ne me déplais pas dans un salon, pourvu que je ne sois pas obligé d'y parler : nulle part, l'esprit ne se repose aussi complètement, parce qu'il n'y peut pas même s'occuper de ses idées; on n'y pense rien, on n'y sent rien; c'est encore mieux que de dormir, car en dormant, on rêve quelquefois. Dans le monde, les niaiseries prennent la place des affections, cet échange assure la paix à ceux qui le font; et la politesse, le persiflage, les lieux communs, les sottes questions, les réponses qu'on n'écoute pas font passer les heures ! On est heureux à la manière d'une chaise ou d'une bûche. Après tout, je reconnais que la vie du monde èst le meilleur, le seul remède aux écarts de la sensibilité et de l'imagination ! Elle n'a de danger que pour les ambitieux qui y trouvent trop d'alimens à leurs passions : voilà pourquoi elle est sans inconvénient pour moi.

Nous avons rencontré aujourd'hui dans le salon d'une personne considérable de Reggio, un des grands seigneurs du pays ; il nous a donné des renseignemens sur la route que nous allons prendre pour aller à Catanzaro. Nous ne la ferons pas si vite que je le croyais et que je le voudrais ; la chaleur, qu'on dit terrible du côté de la mer Ionienne, nous obligera à nous arrêter tous les jours, depuis dix heures jusqu'à quatre.

Le climat de Reggio est bien différent de celui que nous allons trouver sur le revers méridional des Apennins. C'est un printemps perpétuel, l'air y est pur et doux ; un vent frais souffle tous les jours et tombe vers le soir, quand on n'en a plus besoin. La chaleur

n'est incommode qu'au moment du coucher
du soleil, mais nulle part la brise de mer
n'est si fraîche. et si régulière : elle suit les
courans qui sont très-forts dans le détroit de
Messine. Il y a des jours de scirocco, mais
moins qu'ailleurs, et jamais ce vent si redouté
n'est fatigant à Reggio comme en Sicile.
Une des singularités de la Calabre, c'est la
diversité de ses climats : montez cent pieds,
passez une chaîne de collines, faites une lieue,
tournez un promontoire, vous avez changé de
latitude. Les étrangers ne peuvent croire à
tant de variété de température dans le même
pays. Je suis accoutumé à voyager sans prendre
aucune précaution ; mais en Calabre, j'ai sou-
vent regretté de n'avoir point de manteau, tant
le passage du froid au chaud, de l'été à l'hiver
y est subit et fréquent. L'été on a plus besoin
de se couvrir dans le Midi que dans le Nord.

Les nuits de Reggio sont d'une beauté
incomparable ; les étoiles ont tant d'éclat,
que le fond du ciel paraît beaucoup plus
obscur que chez nous, et le calme du soir
se répand dans ces plaines heureuses, avec
une harmonie qu'on a peine à concevoir, lors-
qu'on les contemple au milieu du jour dans

tout l'éclat de leur aveuglante lumière, et que l'œil cherche en vain à se reposer sur leur mer scintillante, sur leurs grèves éblouissantes de blancheur, ou sur leur ceinture de montagnes aux mille couleurs, plus vives que celles d'aucun peintre. Aujourd'hui j'ai vu la fumée de l'Etna s'élancer sous un ciel sans nuages : autel immense, élevé par la Nature à son Créateur, cette majestueuse pyramide jette incessamment vers l'Eternel des flots d'encens et de flamme;....... c'est le plus pompeux des sacrifices, dans le plus magnifique des temples !......

L'éruption de l'année dernière a été la plus forte qu'on ait vue depuis long-temps. Elle a duré, dit-on, quatre mois *sans interruption;* on suppose ici qu'elle aura fait beaucoup de mal à Catane et aux campagnes voisines.

Reggio a prodigieusement souffert depuis trente ans. Le tremblement de terre la renversa presque de fond en comble. Toutes les rues sont encore encombrées de ruines, et plusieurs maisons à moitié rebâties restent sans portes et sans fenêtres, à cause de la misère ou de la mort des propriétaires.

. **Comment supportez-vous la chaleur? On
assure qu'elle est bien plus incommode à
Naples qu'ici!....**

Suite de la lettre précédente.

Reggio, le jeudi 18 juin, à onze heures du soir.

Mon isolement me pèse! je suis triste, dé-
couragé, je n'ai plus ni pensée claire, ni
désir positif, je ne sens qu'une vague inquié-
tude qui ressemble au regret; pourtant le
regret sait ce qu'il voudrait, moi j'ignore ce
que je souhaite, et ma plus grande peine se-
rait de pouvoir réaliser les inexplicables vœux
d'un cœur insensé : j'ai le mal d'un pays que
je ne connais pas, d'un pays où l'on ne se
sépare plus de ce qu'on aime, d'un pays où
l'on aime..... Comme je rêve que je pourrais
aimer! le dirai-je? je voudrais vous aimer
assez pour ne vous avoir pas quittée!..... Ce
n'est que vous que je puis laisser passer ainsi

derrière les décorations du théâtre, et à qui
je consens de montrer à nu les ressorts les plus
secrets de mon être! On ne peut tout dire
qu'à un cœur qui vous aime..... ou au genre
humain! La tendresse exclusive et l'humanité
comprennent tout!

Je viens de faire une promenade le long
de la mer! Les beautés de la nature ne me
disent rien; je suis dans une veine d'indiffé-
rence; l'enthousiasme m'abandonne, le mou-
vement intérieur me manque, ma vie s'arrête,
et je me sens mis de côté par le temps, comme
une machine dont les rouages ne vont plus;
mes jouissances imaginaires, mon activité
factice s'épuisent, et l'apathie naturelle re-
prend ses droits sur moi! La curiosité est un
mauvais mobile d'action; elle est toujours hors
de proportion avec ce qu'elle va chercher.
L'illusion est son aiguillon, le mécompte est
son aliment!... Ce qu'il faut à l'homme pour
régler son existence, ce ne sont pas les plai-
sirs alambiqués d'un esprit *supercivilisé*, ce
sont les affections simples et les devoirs pré-
cis.... Ah! combien le paysan citoyen est su-
périeur au cosmopolite désœuvré! L'homme
ignorant, grossier, mais consciencieux et que

l'amour de son pays et de sa famille attache à des lieux sans beauté, sans intérêt historique, à des sites plats, sauvages, malsains; un tel homme fait honte au voyageur, qui, en traversant les contrées où ce paysan aime, vit, travaille, meurt, enfin remplit toutes les charges de l'existence, se dit avec tristesse et dédain : comment peut-on passer une nuit dans des lieux pareils? Mon dieu, donne-moi le sort du paysan, et fais-moi éviter celui du curieux ennuyé!! C'est une illusion d'enfant de croire qu'un voyage perpétuel puisse suffire à la vie; malheur à celui pour qui cette illusion se changerait en réalité : il ne lui resterait de cœur, que ce qu'il en faut pour souffrir!... Je parle contre moi, dont les rêveries favorites sont des plans de voyage par tout l'univers! mais cette passion d'errer sans but, comme toute autre passion, ne laisse de repos qu'à ceux qui la combattent! Jusqu'ici, j'ai toujours été le jouet de mon cœur; l'impression du moment m'a tenu lieu de souvenir, d'avenir..... Je me passionne aisément, mais pour la douleur plus que pour le plaisir : de là ce penchant à la sauvagerie, cette jouissance des pleurs, qui peut être une manie

excusable dans la première jeunesse, mais
qui deviendrait dans l'âge mûr un égoïsme
raffiné. Un homme qui passerait sa vie à rê-
ver ainsi la tristesse, aurait toutes les préten-
tions des gens de bien, sans avoir aucun de
leurs mérites : il serait roide comme la vertu,
faible comme le vice et malheureux comme
l'orgueil!... J'ai trop écrit!... je ne puis plus
voir une plume sans dégoût. Cependant je
me sens mieux depuis que je vous ai fait lire
dans le fond de mon ame ! .

Reggio, ce 19 juin.

ENFIN nous quittons Reggio demain! J'en
suis ravi! avec une ame aussi agitée que la
mienne, c'est un tourment que de rester en
place! Nous avons beaucoup vu la société de
Reggio, et elle a trompé mon attente comme
autre chose : je m'accoutume à mes mécomp-
tes, ils sont un des attributs de l'engouement;
il faut supporter les défauts incorrigibles de
son esprit, comme ceux de ses amis. Dans
mes illusions je croyais aux habitans de ce
pays des formes rudes, mais une sorte de fierté
sauvage : je n'ai vu parmi eux que des
hommes à demi cultivés, qui vivent dans
une fausse aisance, avec un luxe mesquin. Ils
n'ont pas le courage d'être riches, ils n'en
ont que la prétention! Les prétentions d'un
genre quelconque sont un défaut rare parmi
les Calabrois de l'intérieur des terres ; leur

ambition se borne à porter un fusil sur l'é-
paule en allant se promener ; mais aux ap-
proches de Reggio, on trouve un peuple per-
fectionné par le commerce, c'est-à-dire qui a
changé ses vertus particulières contre les
vices du monde entier. Les habitans de ces
plaines heureuses n'ont pas la physionomie
expressive, spirituelle et originale des peu-
ples du Cilente et du territoire de Cosence.
La liberté, nécessaire au négoce, ne ressem-
ble à rien moins qu'à l'indépendance. Je n'ai
trouvé de vrais Calabrois que sur les côtes
sauvages de Paola, d'Amanthea ou dans l'in-
térieur des montagnes. Ces hommes-là ont un
caractère énergique et martial que n'ont plus
les marchands de Palmi, de Scylla et de
Reggio. Les contrastes de mœurs sont aussi
frappans dans le royaume de Naples que la
variété des climats. Quant à Reggio et ses
environs, mon dernier comme mon premier
mot sur ce canton : c'est qu'il est le pays de
Vaud des Calabres.

On ne voit presque pas les femmes, elles
restent enfermées tout le jour, et ne sortent que
la nuit. Nous avons cependant dîné une fois
avec la belle fille de notre hôte, qui est un

des plus riches personnages de la ville. Sa bru est une jeune femme fort blanche et fort jolie, dont la sensibilité ne m'a pas paru exagérée. Elle n'a pas les nerfs aussi délicats que bien d'autres Italiennes. On a écrasé son chien dans une porte, et pendant qu'on emportait le corps sanglant de la pauvre bête, la dame, qui faisait la conversation, n'a pas seulement tourné la tête pour demander ce qui arrivait. J'ai tort, peut-être, mais je n'aimerais pas mieux être son fils ou son mari que son chien. Elle nous a donné envie de rire par sa manière de répondre aux complimens de M. M***! — « D'où vient que » vous parlez si bien français, lui disait-il? » — Je me suis beaucoup exercée, répondit » imperturbablement la dame, avec les offi- » ciers de l'état-major du général ***. »

Voilà bien long-temps que je n'ai reçu de vos nouvelles, c'est une peine, même d'esprit; car je ne sais que dire à ceux qui ne me répondent pas. Je suis las de parler comme un aveugle, sans savoir l'impression que produisent mes paroles!

Nous nous sommes réveillés ce matin au bruit du canon. J'ai couru à ma fenêtre et

j'ai vu trois barques canonnières anglaises,
que les courans, si redoutables dans ce dé-
troit, avaient entraînées sous les batteries de
la ville. On a voulu les forcer d'amener,
mais notre artillerie n'a point porté; elles
ont riposté et se sont éloignées. Cette petite
canonnade m'a amusé, quoiqu'elle ne donnât
pas l'idée d'un combat! D'ailleurs, sous un
ciel si pur, entouré de paysages si tranquil-
les, si rians, il faudrait se sentir atteint soi-
même pour croire au sérieux de la guerre.
Ici tout est pompeux, solennel; tout parle de
plaisir, de fêtes; tout se change en spectacle,
tout se passe en représentation : on oublie
la mort, et même la vie !

Je suis contrarié! M. M*** vient de me dire qu'il est décidé à ne partir que lundi, parce que l'intendant de la province, que nous avons vainement attendu jusqu'à présent, arrive dimanche. Nous n'avons que faire de cet intendant, car le général *** nous a donné toutes les lettres nécessaires. Mais M. M*** a la manie de se croire une puissance, et il prétend qu'il serait ridicule à lui de partir la veille de l'arrivée de l'intendant. Notez que tout le monde ici nous porte sur les épaules; qu'on ne veut plus nous donner à dîner, et que nous sommes réduits à

manger à la taverne, parce que M. M***,
par politesse, veut toujours faire la conver-
sation en sortant de table, ce que les Cala-
brois détestent; ils aiment mieux dormir
que de causer, surtout à cette heure-là.

Pour se tirer du cabaret de Reggio, M. M***
vient d'écrire au général ***, et de s'inviter
à dîner demain chez lui, avec M. Catel et moi.
Je ne ferais que rire des ridicules de notre
érudit, s'ils ne nous forçaient souvent à per-
dre des jours, des semaines, sans plaisir
pour nous ni pour les autres!! Nous ne man-
quons jamais de choisir les endroits les moins
intéressans pour y séjourner, et nous passons
comme des flèches dans des lieux enchantés.
Le voyage de Calabre ne convenait pas du
tout à M. M*** qui n'est qu'antiquaire; pour
voir ce pàys, il faut les yeux d'un poète ou
d'un peintre. Il ne me montre pas ce qu'il
écrit, mais d'avance, je suis sûr que son
voyage est illisible. Ce n'est pas en courant à
la recherche de quelque pierre antique, ou
soi-disant telle, ce n'est pas en feuilletant
quelques vieux parchemins dans une biblio-
thèque de couvent, que l'on apprend à con-
naître un pays où la nature est tout, puisque

les révolutions physiques y ont partout effacé
la trace de l'histoire ! M. M*** est une vraie
commère d'érudition, il ne voit rien qu'en
petit, il n'est frappé que des détails, et son
esprit est complètement dépourvu de l'imagi-
nation nécessaire pour saisir l'ensemble des
choses. Il ne voyage qu'afin de trouver des
livres ou d'en faire, jamais pour jouir de ce
qu'il voit; il serait excellent pour écrire les
notes de son ouvrage, je le crois incapable
d'en faire le texte. Une petite anecdote, une
mauvaise gravure, une inscription insigni-
fiante l'occupe beaucoup plus long-temps que
Pæstum : mais Pæstum a été décrit !..... Il
n'avait vu en moi qu'un grand jeune homme
bien paresseux, et il ne peut se pardonner de
n'avoir pas deviné le zèle d'un écrivain de
profession, sous mon air d'indifférence. Il
sent si peu la nature, qu'il veut toujours s'ex-
pliquer pourquoi un site est admirable, mais
comme son analyse ne lui fait trouver que
deux ou trois raisons, toujours les mêmes,
il conclut de la stérilité de son imagination,
que tous les paysages se ressemblent. « Cette
» vue est belle, parce qu'il y a des arbres
» sur la montagne, cette autre est pittores-

Vous ne répondez jamais, notre correspondance est boiteuse, comme dit Mme de Sévigné ; cependant un véritable ami n'est pas à dédaigner, fût-il au bout du monde, fût-il à Reggio ! On se repose de tout, lorsqu'en descendant dans son cœur, on y trouve l'amitié !

Vous croyez que nous partons demain lundi, comme je l'ai écrit à ma mère ; il n'en est rien. M. M*** a un penchant irrésistible pour les intendans ; et il s'est encore laissé enchaîner au char de celui de Monte-Leone, à qui notre hôte veut donner un grand déjeûner. Je suis entièrement décidé à partir seul, si quelque nouvelle invitation retient M. M*** passé mardi !

J'ai assisté ce matin à une scène curieuse; le dirai-je? c'est la messe !! mais la messe de Reggio ne ressemble pas à toutes les messes ! Le pavé de l'église est jonché de femmes prosternées, vêtues de noir et enveloppées d'un voile énorme qu'elles s'attachent par derrière, à la manière des Siciliennes, et qu'elles relèvent depuis le bas de la robe jusque par dessus la tête, pour se cacher presqu'entièrement le visage. Cette draperie a quelque chose de semblable à l'antique, et ses plis majestueux rappellent plusieurs bas-reliefs que j'ai vus à Rome.

Au moment de la consécration et de la communion, tout le peuple à genoux s'est précipité le front contre terre, et les hommes, les femmes, les enfans pleurant, sanglotant, se donnèrent tous à la fois des coups si violens sur la poitrine, qu'au premier moment je fus épouvanté du bruit sourd qui retentissait dans l'église. Ces démonstrations toutes extérieures ne m'ont pas touché, parce qu'elles ne m'ont pas paru partir de l'ame. Les torrens de larmes commencent à couler

au premier son de la cloche du sacristain ;
mais la douleur s'apaise comme par miracle,
aussitôt que le prêtre est relevé, et la com-
ponction du pécheur fait place à une gaîté
mondaine et à une vivacité de conversation
qui donne aux églises de Reggio l'apparence
d'un marché : c'est la *bourse* du dimanche !
On pleure à la messe par habitude, c'est une
politesse au bon Dieu, mais on n'y pense pas
plus à lui qu'aux gens auxquels on ôte son cha-
peau dans la rue. Quand la messe fut finie, je
sortis avec la foule, plus étonné qu'édifié de la
singulière dévotion des habitans de Reggio !

IL est bien tard pour commencer un récit; mais je ne me coucherai pas sans vous dire ce que je viens de voir.

J'étais sorti ce soir, à neuf heures, pour respirer l'air doux et frais de la nuit. Je marchais lentement dans le lit d'un torrent desséché, et qui, pendant l'été, sert de promenade aux habitans de Reggio. La lune répandait une vive clarté et marquait distinctement les contours des palmiers égyptiens et des édifices à demi mauresques qui entourent la ville. Rien n'égalait l'élégance orientale de ces tableaux nocturnes, assez semblables à des dessins à l'encre de la Chine sur du papier de couleur. Le gazouillement des oiseaux troublait seul le silence de cette nuit majestueuse, tandis que mes regards étaient comme forcés de s'arrêter sur l'étoile de Vénus, le

plus brillant des globes de feu suspendus dans
le ciel! Je m'étais assis sous un mûrier, tout
à coup j'entendis les accords lointains d'une
guitare; je prêtai l'oreille et m'avançai du
côté d'où venait le son, en ayant soin de mar-
cher toujours à l'ombre des arbres, de peur
que la vue d'un étranger ne fît taire le trou-
badour calabrois! Enfin, je l'aperçus au pied
d'une terrasse, sur le haut de laquelle on
voyait un groupe de jeunes filles, en longs
voiles blancs; elles étaient assises auprès d'un
grand feu de paille.

· Un des plaisirs de la jeunesse calabroise,
même pendant les étés les plus brûlans, est
d'allumer des feux à certains jours de fête, et
de tourner autour! Les rayons de la lune con-
fondaient leur clarté avec l'éclat de la flamme
et produisaient une lueur magique. Un pal-
mier balançait au-dessus de cette terrasse ses
branches si souples et si légères, que le vent
d'un feu de paille suffisait pour les agiter! La
troupe des oiseaux faisait silence, on eût dit
qu'ils n'osaient lutter contre des accens plus
doux, plus amoureux que ceux de la fauvette
et de la tourterelle sauvage! Le jeune Cala-
brois chantait des romances siciliennes, en

s'interrompant souvent pour faire entendre quelques airs de danses nationales! Le mouvement si animé de cette musique, comme celui du fandango espagnol, rend la gaîté à l'homme le plus mélancolique, et l'entraîne au plaisir malgré lui!!... Quand le jeune musicien se taisait, les femmes, du haut de leur terrasse, lui répondaient par des cris et de grands éclats de rire. A quelque distance de cette bande joyeuse, une pauvre famille de pêcheurs, rangée en cercle devant la porte d'une masure, récitait les prières du soir. Le vieux père tenait le livre qu'il lisait à la clarté d'une lampe fixée contre une des colonnes de la *pergola*, et la mère de famille entourée de tous ses enfans, répondait à voix basse aux versets des litanies psalmodiées par le vieillard! Ces accens religieux arrivaient jusqu'à moi, à travers les sons de la guitare et les chants voluptueux de l'Orphée sicilien, comme pour m'avertir de me défier des tentations du monde! Je restai long-temps à contempler cette scène. Elle était nouvelle pour moi, quoique j'eusse traversé l'Italie entière; et je croyais lire un chapitre de quelque vieux roman espagnol! A la fin il fallut m'éloigner, mais non sans m'arrêter souvent pour écouter les sons confus de la guitare, de la voix amoureuse et de la voix pieuse confondus par la distance et apportés par le vent! Je suis rentré, l'imagination frappée d'un tableau si différent de tout ce que j'ai vu ailleurs, et je vous ai écrit! De quoi ne dédommagerait pas une pareille soirée? Pour compensation, nous passons demain la journée entière en fête; mais, après-demain, je pars avec ou sans M. M***. Adieu; je veille comme une lampe!...... plus que ma lampe; car la voilà qui s'éteint!...

FIN DU TOME PREMIER.

Lightning Source UK Ltd.
Milton Keynes UK
UKHW022230280119
336364UK00008B/962/P